STRATÉGIES D'ENTREPRISE ET ACTION PUBLIQUE DANS L'EUROPE INTÉGRÉE (1950-1980)

AFFRONTEMENT ET APPRENTISSAGE DES ACTEURS

FIRM STRATEGIES AND PUBLIC POLICY IN INTEGRATED EUROPE (1950-1980)

CONFRONTATION AND LEARNING OF ECONOMIC ACTORS

P.I.E. Peter Lang

Bruxelles · Bern · Berlin · Frankfurt am Main · New York · Oxford · Wien

EUROCLIO est un projet scientifique et éditorial, un réseau d'institutions de recherche et de chercheurs, un forum d'idées. EUROCLIO, en tant que projet éditorial, comprend deux versants : le premier versant concerne les études et documents, le second versant les instruments de travail. L'un et l'autre visent à rendre accessibles les résultats de la recherche, mais également à ouvrir des pistes en matière d'histoire de la construction/intégration/unification européenne.

La collection EUROCLIO répond à un double objectif : offrir des instruments de travail, de référence, à la recherche ; offrir une tribune à celle-ci en termes de publication des résultats. La collection comprend donc deux séries répondant à ces exigences : la série ÉTUDES ET DOCUMENTS et la série RÉFÉRENCES. Ces deux séries s'adressent aux bibliothèques générales et/ou des départements d'histoire des universités, aux enseignants et chercheurs, et dans certains cas, à des milieux professionnels bien spécifiques.

La série ÉTUDES ET DOCUMENTS comprend des monographies, des recueils d'articles, des actes de colloque et des recueils de textes commentés à destination de l'enseignement.

La série RÉFÉRENCES comprend des bibliographies, guides et autres instruments de travail, participant ainsi à la création d'une base de données constituant un « Répertoire permanent des sources et de la bibliographie relatives à la construction européenne ».

EUROCLIO is a scientific and editorial project, a network of research institutions and researchers, and an ideas forum. EUROCLIO as an editorial project consists of two aspects: the first concerns studies and documents, the second concerns tools. Both are aimed at making the results of research more accessible, and also at opening up paths through the history of European construction/integration/unification.

The EUROCLIO series meets a dual objective:
- to provide reference tools for research,
- to provide a platform for this research in terms of the publication of results.

The series thus consists of two sub-series that satisfy these requirements: the STUDIES AND DOCUMENTS series and the REFERENCES series. These two series are aimed at general libraries and/or university history departments, teachers and researchers, and in certain cases, specific professional circles.

The STUDIES AND DOCUMENTS series consists of monographs, collections of articles, conference proceedings, and collections of texts with notes for teaching purposes.

The REFERENCES series consists of bibliographies, guides and other tools. It thus contributes to the creation of a database making up a "Permanent catalogue of sources and bibliographies on European construction".

Sous la direction de / Edited by
Éric Bussière, Université de Paris-Sorbonne (France),
Michel Dumoulin, Louvain-la-Neuve (Belgique-Belgium),
& Antonio Varsori, Universitá degli Studi di Padova (Italia)

STRATÉGIES D'ENTREPRISE ET ACTION PUBLIQUE DANS L'EUROPE INTÉGRÉE (1950-1980)

AFFRONTEMENT ET APPRENTISSAGE DES ACTEURS

FIRM STRATEGIES AND PUBLIC POLICY IN INTEGRATED EUROPE (1950-1980)

CONFRONTATION AND LEARNING OF ECONOMIC ACTORS

Marine MOGUEN-TOURSEL (ed.)

Euroclio n° 37

Avec le concours du Centre de recherches historiques
(CNRS-EHESS)

© P.I.E. PETER LANG S.A.
Éditions scientifiques internationales
Bruxelles / Brussels, 2007
1 avenue Maurice, B-1050 Bruxelles, Belgique
pie@peterlang.com ; www.peterlang.com

ISSN 0944-2294
ISBN 13 : 978-90-5201-045-8
US ISBN 13 : 978-0-8204-6690-3
D/2007/5678/02

Imprimé en Allemagne / Printed in Germany

Information bibliographique publiée par « Die Deutsche Bibliothek »
« Die Deutsche Bibliothek » répertorie cette publication dans la « Deutsche Natio-
nal-bibliografie » ; les données bibliographiques détaillées sont disponibles sur le
site http://dnb.ddb.de.
Bibliographic information published by "Die Deutsche Bibliothek"
"Die Deutsche Bibliothek" lists this publication in the "Deutsche Nationalbibliografie";
detailed bibliographic data is available in the Internet at <http://dnb.ddb.de>.

Table des matières / Table of Contents

8

Remerciements

Je tiens à remercier l'ensemble des contributeurs de cet ouvrage pour avoir, avec beaucoup de gentillesse, apporté leur pierre à la réalisation de ce projet avec lequel je souhaitais clôturer mes deux années de Marie Curie Fellowship à l'Institut d'études européennes de l'Université catholique de Louvain. Mon objectif était d'insérer mes travaux portant sur le lobbying des industriels de l'automobile sur la Commission européenne des années 1960 aux années 1980 dans un contexte plus large et de développer une approche pluridisciplinaire en invitant deux collègues juristes et un collègue économiste à participer à l'atelier de travail. Et je suis heureuse que Michel Dumoulin (Université catholique de Louvain), Matthias Kipping (York University Toronto) et Éric Bussière (Université Paris IV Sorbonne) aient accepté, en qualité de présidents de séance, d'animer les débats. Nos travaux représentent une première contribution à l'étude de ce thème qui mériterait de bien plus amples développements. Mes remerciements vont tout particulièrement à Neil Rollings qui a, de surcroît, relu et corrigé avec patience l'ensemble des textes en anglais, y compris quand les textes connaissaient plusieurs versions ou lui étaient transmis avec retard.

Le projet n'aurait pas pu être mené à bon port sans le soutien, scientifique et financier, de mes deux laboratoires :

l'Institut d'études européennes de l'Université catholique de Louvain, présidé à l'époque de la tenue de l'atelier, en juin 2003, par Michel Dumoulin qui a prêté une oreille bienveillante à l'idée naissante de ce projet et m'a guidée dans la recherche d'un financement dans un pays dont les arcanes ne m'étaient pas familiers. Le soutien du Fonds national de la recherche scientifique (FNRS) à la tenue de ce colloque lui doit beaucoup. Pour la publication des actes, c'est encore lui qui a suggéré de proposer le manuscrit à P.I.E. Peter Lang et a contribué à rendre la publication possible.

le Centre de recherches historiques de l'École des Hautes Études en Sciences Sociales (EHESS), ensuite, qui a donné une nouvelle impulsion à ce projet. Patrick Fridenson, aux côtés duquel je travaille actuellement, a, d'emblée, accepté de rédiger une postface ; et Christiane Artz a fait preuve de sa grande expérience pour permettre à ce projet d'être mené à bien.

Acknowledgements

I would like to thank all contributors of this book each of whom have, very kindly, played their individual parts in bringing this project together. This project was a way to put an end to my two years Marie Curie Fellowship at the Institute for European studies of the Université catholique de Louvain. My aim was to give a broader framework to my studies dealing with the lobbying of car producers on the European Commission from the 1960s to the 1980s and to develop a pluridisciplinary approach while inviting two colleagues in Law and one economist to participate in the workshop. And I am glad that Michel Dumoulin (Université catholique de Louvain), Matthias Kipping (York University Toronto) and Éric Bussière (Université Paris IV Sorbonne) accepted to act as Chairman during the different sessions. Our work represents a first contribution to the study of a topic which would deserve much larger developments. My special thanks go to Neil Rollings who has, in addition, read and correct with a lot of patience all the texts written in English even when I delivered to him several versions or when they were given to him with a certain delay.

This project would not have been completed without the scientific and financial support of my two laboratories.

The Institute for European Studies of the Université catholique de Louvain, which was headed at the time that this workshop occurred in June 2003 by Michel Dumoulin who attentively followed this emerging project and guided me in the search for funding in a country whose structures were not familiar to me. The support of the Fonds national de la recherche scientifique (FNRS) is very much related to his action. For the proceedings, he suggested to submit the manuscript to P.I.E. Peter Lang and helped to make the publication possible. Then, the Centre for Historical Research of the École des Hautes Études en Sciences Sociales (EHESS) gave to the project a new drive. Patrick Fridenson, with whom I am now carrying out research, immediately accepted the request to write a postface and Christiane Artz showed her great experience in helping to make possible the completion of this project.

Liste des sigles utilisés / Abbreviations

AASHO	American Association for State Highway Officials
ABCC	Association of British Chambers of Commerce
ADPVI	Association pour le développement de la productivité des véhicules industriels
AFNOR	Association française de normalisation
BSI	British Standards Institution
CBI	Confederation of British Industry
CE	Communauté européenne
CECA	Communauté européenne du charbon et de l'acier
CEE	Communauté économique européenne
CEMT	Conférence européenne des ministres des Transports
CGP	Commissariat général du plan
CII	Compagnie internationale pour l'informatique
CNUCED	Conférence des Nations Unies pour le commerce et le développement
CU	Charge utile
DIN	Deutsches Institut für Normung
EADS	European Aeronautic Defence and Space
EC	European Community
ECSC	European Coal and Steel Community
EDF	Électricité de France
EEC	European Economic Community
ENI	Ente nazionale idrocarburi
ERT	European Roundtable of Industrialists
FBI	Federation of British Industries
F&A	Fusions et acquisitions
FEB	Fédération des entreprises de Belgique
FIB	Fédération des industries belges
FNTR	Fédération nationale des transporteurs routiers
GATT	General Agreement on Tariffs and Trade
GEIE	Groupement européen d'intérêt économique
GM	General Motors
IDE	Investissements directs à l'étranger
IRI	Istituto per la ricostruzione industriale

MAN	Maschinenfabrik Augsburg-Nürnberg
NEDC	National Economic Development Council
NEDO	National Economic Development Office
OCDE	Organisation de coopération et de développement économiques
OECE	Organisation européenne de coopération économique
OEEC	European Organisation of Economic Co-operation
OTAN	Organisation du Traité Atlantique Nord
PIB	Produit intérieur brut
PME	Petites et moyennes entreprises
PTR	Poids total roulant
PTCA	Poids total en charge autorisé
R&D	Recherche et développement
SABENA	Société anonyme belge d'exploitation de la navigation aérienne
SAVIEM	Société anonyme de véhicules industriels et d'éléments mécaniques
SE	Societas europeae
SMMT	Society of Motor Manufacturers and Traders
SNECMA	Société nationale d'étude et de construction de moteurs d'avion
SOMUA	Société d'outillage mécanique et d'usinage d'artillerie
SPRL	Société privée à responsabilité limitée
SWA	Scottish Whisky Association
UNICE	Union des industries de la Communauté européenne
VAT	Value Added Tax

Quelques jalons préliminaires sur l'ajustement entre les acteurs dans l'Europe intégrée

Marine MOGUEN-TOURSEL

Centre de recherches historiques –
École des Hautes Études en Sciences Sociales

L'idée de l'atelier de travail qui a donné matière à cette publication est née de discussions avec mes collègues de l'Institut d'études euro-péennes de l'Université catholique de Louvain, Arthe Van Laer, Julien De Beys et Frédéric Mertens de Wilmars. Nous nous sommes rendu compte que, par delà nos différentes disciplines (M. De Beys et Mertens de Wilmars sont juristes), nous nous penchions sur une même thématique : la façon dont les différents acteurs interviennent dans la politique industrielle communautaire en cours d'élaboration (ou en panne ?) et à quel point ce processus d'ajustement de leurs idéaux et de leurs intérêts est difficile (nous observions tous des blocages de l'intégration euro-péenne qui persistaient pendant plusieurs décennies), mais peut conduire à un apprentissage de leurs nouvelles tâches et responsabilités.

C'est cette thématique que nous avons souhaité étudier sur la longue durée et à travers quelques interventions transversales de collègues ju-ristes et économistes. Nos travaux portent principalement sur l'automo-bile. L'étude de l'informatique et des télécommunications leur apporte un contrepoint[1].

L'affrontement des acteurs apparaît clairement à travers les cas d'étude, reflet de divergences d'intérêt, que ce soit les entreprises, les ministères nationaux ou les institutions européennes (notamment Com-mission et Conseil). Il suffit d'ailleurs d'une opposition frontale de deux acteurs – souvent deux pays au sein du Conseil – pour que l'ensemble

---

[1] Nous regrettons d'ailleurs vivement que la publication ne puisse présenter les contri-butions de deux collègues qui ont participé à l'atelier : Pierre Mounier-Kuhn sur l'informatique et Werner Bührer sur la sidérurgie.

du processus soit bloqué. Ce blocage est alors dû à la règle de l'una-nimité et, plus largement, peut être mis en relation avec l'attitude des autres acteurs caractérisée par la méconnaissance de ce nouveau terrain d'intervention entraînant des changements de stratégie (tâtonnements) ou même une abstention persistante.

La Commission européenne elle-même a dû se familiariser avec des sujets souvent techniques et difficiles, mais également se pencher sur son propre rôle (dans quelle mesure devait-elle intervenir dans la régula-tion, prendre la main en jetant les bases d'un marché concurrentiel ou, dans un interventionnisme plus poussé, à travers les tentatives d'élabo-ration d'une politique industrielle communautaire, ces deux aspects for-mant deux des trois parties du livre), ce qui n'était pas sans provoquer des frictions en son sein. Dans quelle mesure également devait-elle « bâtir du neuf » ou se fonder sur des modèles préexistants, appartenant à un des pays membres ou extérieurs à l'Europe (américains ou issus des organisations internationales) ?

Il est également intéressant de remarquer l'absence sur ces dossiers, pour nos années d'étude, de certains acteurs, et non des moindres, en particulier le Parlement européen et les consommateurs.

Ce livre essaie donc d'étudier, à travers des cas concrets, la naissance difficile et conflictuelle d'une expertise des acteurs sur le terrain nou-veau de l'Europe intégrée. Les différents acteurs participent à la délimi-tation du cadre communautaire (à travers l'élaboration des normes tech-niques, les autorisations de fusions, l'harmonisation de la fiscalité, la fixation des tarifs douaniers, la régulation des aides d'État, la définition d'une société européenne, etc.) et doivent ensuite appréhender et expéri-menter la marge de manœuvre dont ils disposent par rapport à ce cadre.

Les pages qui suivent n'ont pas l'ambition de brosser un tableau ex-haustif, mais seulement de poser quelques jalons pour que le lecteur saisisse la façon dont nous avons voulu circonscrire notre objet d'étude.

L'histoire de l'intégration européenne ne se limite pas à une appro-che institutionnelle : de plus en plus, les chercheurs mettent l'accent sur le rôle des différents acteurs socio-économiques dans le processus d'intégration et, inversement, les implications qu'entraîne ce processus dans l'exercice de leur métier. Mais il nous semble que, si l'attitude des branches industrielles à l'égard du processus d'intégration européenne est maintenant assez bien connue (notamment à travers l'étude des orga-nisations professionnelles), le niveau microéconomique des firmes méri-tait une analyse un peu plus approfondie.

Nous souhaitons donc nous situer délibérément au niveau des firmes, en essayant de rendre compte de leur diversité, si ce n'est au plan de leur taille (nous avons privilégié les grandes entreprises) du moins à celui de leur implantation géographique. Concernant ce dernier point, notre ouvrage se place dans une approche comparative au plan européen, en faisant intervenir des spécialistes de la France, de l'Allemagne, de l'Italie et du Royaume-Uni, mais également de l'Union européenne et ses rouages décisionnels. Ayant été contraints de limiter nos travaux dans le temps, nous avons été obligés de délaisser l'approche syndicale, pour ne conserver que celle des industriels. Enfin, nous souhaitons conserver une chronologie ouverte, de 1958 aux années 1980, et croiser les approches de plusieurs disciplines sur ces questions, notamment juridiques, historiques et économiques.

À travers l'étude de trois secteurs industriels (automobile, informatique et télécommunications) apparaissent les grands problèmes d'histoire industrielle de l'intégration européenne : articulation entre politiques technologique et industrielle, coopération européenne face au dynamisme commercial et technologique des États-Unis, logiques divergentes des grands groupes européens au sein des réorganisations des années 1960-1970, indépendance nationale, libéralisme et tentatives de création de champions européens. En filigrane, au fil des contributions se pose la question de la définition d'une entreprise européenne[2], qui non seulement aurait le statut juridique de « société européenne », mais également des caractéristiques de management européen (hauts managers de l'entreprise provenant d'autres pays européens), des caractéristiques financières d'implantation sur plusieurs pays à travers les Investissements directs à l'étranger (IDE), etc. Quels ont été les rôles réciproques des entreprises et des rouages communautaires dans ce processus ? L'Union européenne a-t-elle pris en charge un projet de politique industrielle à cet égard ? L'a-t-elle souhaité ? A-t-elle établi les bases juridiques, réglementaires, politiques pour le mettre en œuvre ? À l'inverse, les industriels ont-ils été demandeurs, concilians ou réticents ? Peut-on dresser par pays ou par secteur industriel une typologie de leurs comportements ?

I. Une autorité publique à plusieurs niveaux

Une des questions principales de ce livre est de s'interroger sur le champ de l'État. Reste-t-il des espaces d'interventions nationales ou peut-on parler d'un dépérissement croissant des réglementations nationales ? Doit-on suivre Alan S. Milward qui pointe du doigt le fait que l'après-guerre s'est caractérisée à la fois par une nouvelle affirmation de l'État national et une importance accrue donnée aux institutions euro-

---

[2]   Cf. *infra* pour plus de précisions, point VI : Vers une entreprise européenne ?

péennes[3] ? Depuis la mise en œuvre des traités européens (traité de la Communauté européenne du charbon et de l'acier, traité de Rome et Euratom), les instances communautaires ont progressivement élargi leurs compétences, en reprenant aux États nationaux un certain nombre d'attributions concernant notamment les questions de politiques commerciale et industrielle. Les avancées communautaires sont plus ou moins marquées selon les textes considérés. Les traités CECA et Euratom, notamment, accordent – dans leurs secteurs respectifs – des compétences plus larges aux Communautés en matière de politique industrielle que le traité CEE. Ce dernier se limite à poser les conditions préalables d'une politique industrielle commune, à savoir la réalisation d'un Marché unique, et à aborder quelques aspects d'une politique industrielle commune (règles de concurrence, liberté de circulation de la main-d'œuvre et des capitaux, droit d'établissement). Par exemple, à propos des questions fiscales, les deux premières directives du 11 avril 1967 concernant l'harmonisation des taxes sur le chiffre d'affaires ont tracé le cadre et jeté les bases du système commun de taxe sur la valeur ajoutée. Toutefois, ces documents laissaient subsister la possibilité de nombreuses et importantes divergences quant aux modalités d'application de la taxe, l'article 19 de la deuxième directive se bornant seulement à préciser que ces divergences devaient être réduites progressivement ou supprimées. Ce transfert de compétences, qui reste par conséquent à questionner, nous semble soulever un certain nombre de problèmes, tant en ce qui concerne la mise en œuvre de cette nouvelle répartition (conflits de compétence, etc.) que les objectifs mis en avant par les nouveaux maîtres du jeu que sont les instances communautaires.

Peut-on dire que la place de l'État dans ses fonctions de régulateur au sein de l'Union européenne est en train d'augmenter ou de se réduire ? Ce point fait l'objet de controverses. Nous nous positionnons ainsi dans le débat sur le désengagement de l'État en étudiant les configurations nationales et sectorielles et la façon dont les instances communautaires considèrent leur propre rôle à cet égard. Quelles sont les politiques publiques en termes de réglementation, qu'il s'agisse de droit de la concurrence, droits et normes spécifiques, formes de propriété intellectuelle, normes environnementales, etc. ? Peut-on conserver l'hypothèse de travail selon laquelle des normes bien conçues peuvent susciter l'éclosion d'innovations qui compensent les coûts liés à la

---

[3]   Milward, A. S., *The European Rescue of the Nation-State*, London, Routledge, 1992.

réglementation, comme l'ont montré les travaux de Porter et van der Linde[4] ?

Plus largement, quelle est l'influence des États et des institutions européennes sur les firmes dans le cadre d'une économie globale de marché ? L'un et l'autre ne sont-ils pas également privés d'action concrète de politique industrielle par cette nouvelle conjoncture ?

II. Entreprises, institutions et implantations territoriales

Cet ouvrage pose clairement la question des liens entre les entreprises et le territoire sur lequel elles sont implantées. L'implantation comme le départ d'une firme d'un territoire donné sont lourds de conséquences notamment sur les plans environnemental et social. Cela amène souvent les pouvoirs publics à essayer d'influencer le processus, par exemple quand les perspectives d'emplois locaux sont alléchantes ou les risques environnementaux trop importants.

Inversement, toujours dans ce rôle complexe d'interface entre les firmes et leur environnement, peut-on développer l'idée selon laquelle les nouvelles réglementations publiques correspondent davantage pour les firmes à de nouvelles « opportunités » qu'à des « contraintes » supplémentaires, en suivant le vocable retenu dans un article[5] par le responsable des normes techniques de l'organisation professionnelle automobile française, le Comité des constructeurs français d'automobiles ?

Si l'on pousse plus loin l'hypothèse d'une intervention efficace des firmes dans le modelage de ces nouvelles réglementations publiques, ne peut-on pas montrer que, parfois, les entreprises ont eu trop de poids dans les prises de décision, faisant reculer certaines décisions de politiques publiques souhaitables pour la communauté au bénéfice de décisions favorisant uniquement la firme considérée ? Au Royaume-Uni, Ford a ainsi convaincu le gouvernement de renoncer à son projet d'« étiquetage énergétique » pour les voitures. Il s'agissait, à l'instar de ce qui existe pour les appareils ménagers, d'apposer une étiquette sur les véhicules, en les classant selon leur bilan énergétique[6].

Dans le cadre d'une économie mondialisée comme nous la connaissons depuis le courant des années 1970, ces volontés réciproques d'influence ne sont-elles pas devenues caduques ? La naissance d'entre-

---

[4]   Porter, M. E. et van der Linde, C., "Towards a New Conception of the Environmental-Competitiveness Relationship", *Journal of Economic Perspectives*, 1995, n° 9, p. 97-118.

[5]   Serre, P., « La coproduction de la norme automobile », *Réalités industrielles*, décembre 2002.

[6]   *Libération*, 3 février 2004.

prises toujours plus grandes, financées par des actionnaires répartis à travers le monde et prêtes à délocaliser pour trouver la main-d'œuvre meilleur marché, n'a-t-elle pas brisé tout lien entre l'entreprise et le territoire pour donner naissance à un nouveau leadership international ?

III. Régulation communautaire et entreprises

Quel est le lien qui existe entre la création du Marché commun – suivie par le renforcement des institutions européennes – et l'évolution de l'activité des firmes ?

Les nouvelles régulations communautaires ont infléchi l'activité des firmes pour plusieurs raisons. La volonté des institutions européennes de mettre en œuvre un Marché unique au plan communautaire a été un facteur puissant d'évolution à la fois en cherchant à abolir les obstacles non tarifaires aux échanges entre les États membres (notamment en essayant d'harmoniser les normes techniques nationales, en changeant les pratiques des marchés publics et en commençant à libéraliser nombre de secteurs) et en s'appuyant sur une politique de concurrence (en réduisant les aides d'État, en contrôlant les cartels au sein de l'Union européenne, etc.)[7]. Les firmes européennes n'ont d'ailleurs pas attendu les incitations communautaires pour s'adapter à la nouvelle donne. Elles ont, en particulier, multiplié les investissements directs (IDE) dans d'autres pays de l'Union. Mais nous nous garderons bien de prendre ces changements pour comptant et nous nous efforcerons, au fil des analyses ici développées, de vérifier l'impact réel de ces évolutions quant aux aides d'État, à la mise en œuvre de standards européens, aux modifications des pratiques de marchés publics, etc.

Les grandes firmes ont créé un système politique sophistiqué qui leur permet de développer des alliances à plusieurs niveaux, à travers une nouvelle « coordination politique » qui rapproche leurs positions sur les sujets qu'elles abordent et modifie les systèmes nationaux de régulation politique[8]. Ainsi, on peut remarquer la sophistication du modèle d'influence et la convergence des positions des différentes firmes.

---

[7] Woolcock, S., and Wallace, H., "European Community Regulation and National Enterprise", in Jack Hayward (ed.), *Industrial Enterprise and European Integration. From National to International Champions*, Oxford, Oxford University Press, 1995.

[8] Coen, D., "The European Business Interest and the Nation-State : Large-Firm Lobbying in the EU and Member States", *Journal of Public Policy*, 1998, n° 18/1, p. 75-100. Le cœur de ses travaux sur l'action publique dans l'Union européenne concerne les relations entre les milieux d'affaires et les instances publiques. Sa thèse, soutenue en 1996 à l'Institut universitaire européen de Florence, s'intitulait déjà "The Firm as a Political Actor in European Union".

En ce qui concerne le premier point, nous pouvons dire que la firme est confrontée à de nouveaux interlocuteurs (ce qui nous renvoie à la question du transfert des compétences du plan national au plan européen). Elle apprend à faire du lobbying direct depuis le début des années 1990. En effet, au cours des deux décennies précédentes, elle passe par son gouvernement national et sa fédération professionnelle[9]. Une des causes essentielles de cette nouvelle démarche des firmes découle du pouvoir de décision à Bruxelles. Tant que les firmes peuvent compter sur le droit de veto de leur gouvernement national, elles s'en satisfont. Mais quand les votes au Conseil des ministres sont pris à la majorité qualifiée, elles doivent prendre de nouvelles dispositions pour faire entendre leurs voix. Mais pour des pays comme la France, l'Allemagne et l'Italie où le monde des affaires peut exercer un lobbying sur l'État de façon institutionnalisée, un certain temps a été nécessaire pour reconnaître que les canaux nationaux perdaient de leur importance.

Dans le nouvel environnement institutionnel, les responsables des départements européens des firmes reconnaissent qu'ils ne cherchent plus seulement à suivre de près les évolutions des directives européennes et à présenter occasionnellement leur position à la Commission européenne. Pour effectuer un lobbying direct, le moyen le plus efficace est de développer une vaste expertise sur de nombreux sujets et d'établir de façon solide la réputation de la firme. Cette opération mène à la création d'une identité.

Cette notion d'identité nouvelle nous mène au deuxième point, la convergence des positions des différentes firmes. Un lobbying européen efficace passe désormais par la mise en œuvre d'un système organisationnel qui coordonne les alliances politiques potentielles et renforce les canaux politiques déjà en place. Pour repérer les partenaires potentiels de lobbying, la firme doit faire preuve d'une réelle acuité politique. La création d'alliances *ad hoc* a été particulièrement visible dans les débats de la haute technologie, notamment les télécommunications, les normes de télévision et les logiciels informatiques. Mais on peut l'observer également dans les secteurs plus traditionnels de l'industrie lourde, sur des sujets tels que les aides d'État et la concurrence.

Les firmes ont essayé d'adoucir en termes d'image cet engagement politique de plus en plus marqué : elles ont alors utilisé les filiales ou leurs organisations professionnelles comme des *sweetener lobbyists* pour œuvrer au sein des États nationaux. On assiste donc bien à une redéfinition de la façon dont les firmes ont utilisé les canaux nationaux

---

[9] Cf. les travaux de Wyn Grant.

de lobbying et les connexions entre les intérêts de la sphère publique et le monde des affaires.

Mais ces travaux sont surtout basés sur la situation européenne récente (depuis l'Acte unique). Il peut être intéressant d'essayer de tester leurs hypothèses de travail sur les années antérieures (années 1960 et, surtout, 1970 pendant lesquelles l'intégration européenne faisait l'objet de discussions, de projets et d'analyses, mais n'était encore qu'embryonnaire dans les secteurs industriels qui nous intéressent ici).

IV. L'étude du secteur des transports

La politique communautaire dans le secteur des transports a longtemps été assez limitée. Cela tient probablement au fait que ce domaine était considéré comme trop complexe et trop spécifique pour être intégré dès le départ dans les domaines d'intervention de la politique communautaire. Cela apparaît très clairement dans le premier rapport général sur l'activité de la Communauté[10].

> Les caractères particuliers des transports, service indispensable au développement de toutes les activités productrices, avec sa structure particulière résultant d'une évolution historique, son rôle social et stratégique, l'importance des investissements réalisés et à prévoir, l'apparition et le développement rapide de nouveaux moyens et l'intervention étendue des pouvoirs publics, expliquent que les négociateurs du traité de Rome n'ont pu définir d'une manière détaillée les conditions et les moyens selon lesquels les transports devraient être intégrés dans le Marché commun.
>
> Aussi le traité prévoit-il avant tout que les objectifs généraux définis par lui devront être poursuivis dans le cadre d'une politique commune des transports, tout en prescrivant de manière plus précise certaines tâches dont l'accomplissement est lié à d'autres parties du traité ou doit conduire à la réalisation d'un objectif particulièrement important. [...] Deux séries de tâches précises sont prévues par le traité : d'une part, celles qui visent à faciliter l'établissement du Marché commun des marchandises (articles 79 à 81) ; d'autre part, celles qui ont pour objet d'assurer des réglementations uniformes des transports internationaux et de permettre l'accès des transporteurs d'un État membre aux transports dans les autres États membres (article 75 § 1).
>
> [...] Le traité ne donne pas d'indication sur les lignes directrices selon lesquelles devrait être engagée l'élaboration de la politique commune.

Nous pouvons remarquer à quel point le texte du traité est flou et peu directif pour la définition d'une politique commune des transports. Les différents acteurs ont donc encore toute latitude pour modeler cette poli-

---

[10] Premier rapport général sur l'activité de la Communauté, 1er janvier 1958-17 septembre 1958, Chapitre VI, Les transports.

tique à leur profit. C'est de cette constatation qu'est née l'idée de cet ouvrage, pour réfléchir à la marge de manœuvre des différents acteurs en matière de transports.

Quel est le paysage européen en termes de transport à la fin des années 1950 ?

Si plusieurs traits sont communs aux systèmes de transport dans les six pays, les différences entre eux sont beaucoup plus nombreuses et profondes.

Dans tous les pays membres des Communautés européennes, les pouvoirs publics attachent une grande importance au rôle joué par les transports dans l'économie générale et concluent à la nécessité pour l'État d'intervenir sous une forme ou sous une autre dans l'organisation des transports. D'ailleurs, les États ont d'une façon plus ou moins complète les charges d'une part importante des investissements de transports, celle des infrastructures. Enfin, les structures professionnelles respectives et, pour une part, les situations administratives des entreprises des différents modes de transport intérieur sont relativement comparables dans les six pays : liens étroits entre l'État et les chemins de fer, multitude d'entreprises privées à caractère souvent artisanal pour les deux autres modes de transports.

Mais nous pouvons constater qu'à d'autres points de vue, la situation dans le domaine des transports présente des disparités accusées. Ces disparités apparaissent d'abord dans les politiques poursuivies par les États membres pour organiser leurs transports. Ces politiques s'inspirent toutes, à des degrés variables, de deux tendances opposées : d'un côté, celle qui consiste à réglementer les transports en fonction de considérations d'intérêt général, de l'autre, celle qui s'efforce au contraire de les placer le plus possible dans des conditions comparables à celles des autres secteurs industriels et commerciaux. Les mesures prises pour harmoniser et coordonner les modes de transport varient selon l'importance relative attachée à l'un ou l'autre de ces grands principes en cherchant parfois à les concilier et sont, en fait, très différentes d'un pays à l'autre.

Ces différences se manifestent notamment dans les systèmes de tarification, tant en ce qui concerne les réglementations appliquées aux prix et conditions de transport (tarifs obligatoires avec ou sans possibilité de dérogation, publicité des prix, liberté contrôlée ou complète), qu'en ce qui concerne les principes et les modes d'établissement des prix. Le sort des trois modes de transport intérieur[11] n'est d'ailleurs pas le même à ce sujet : tandis que les transporteurs routiers demeurent, à certaines exceptions près, libres de fixer les prix de gré à gré, il existe généralement

---

[11] Le transport aérien n'est pas compris dans les attributions de la Communauté.

pour les voies navigables intérieures des régions de fret fixes et des « tours de rôle » ; les chemins de fer sont la plupart du temps soumis à des tarifications obligatoires, encore fortement marquées par le système *ad valorem* et qu'assouplit parfois la possibilité de passer des contrats secrets.

Cependant, une orientation semble aller en s'accentuant, qui tend à rapprocher davantage les prix et tarifs pratiqués des prix de revient des prestations rendues. Cette orientation, si effectivement elle s'affirmait, modifierait considérablement les systèmes classiques de tarification et aurait sans nul doute des conséquences favorables pour une répartition plus rationnelle des trafics entre les modes de transport.

Toutefois, l'application du principe d'une tarification reflétant les prix de revient suppose l'existence de méthodes éprouvées et admises pour calculer les prix de revient. Or tel n'est pas le cas. Les calculs de prix de revient en matière de transport soulèvent des difficultés considérables qui, en dépit des études poursuivies tant par les États que par les organisations professionnelles intéressées et certaines institutions internationales, sont encore loin d'être résolues. Parmi ces difficultés, on peut citer les procédés de détermination des frais d'infrastructure, leur imputation aux catégories intéressées, le choix des moyens à mettre en œuvre pour couvrir ces frais, la normalisation des structures comptables et des données statistiques.

Des divergences apparaissent également à propos des systèmes fiscaux appliqués aux transports ainsi que dans les régimes sociaux, ce qui contribue à différencier d'une manière artificielle le coût des transports entre les six pays. L'extrême diversité qui caractérise les transports en Europe rend à la fois particulièrement nécessaires et difficiles les efforts de rapprochement. Les premières mesures que le traité prévoit en matière de transport constituent le point de départ de cette politique de rapprochement.

Ce n'est que depuis le milieu des années 1980 que le projet d'établissement d'un marché libéral des transports routiers dans la Communauté a fait de grands progrès. Un tel délai dans la mise en œuvre des premières aspirations du traité de Rome nous laisse supposer que les divergences entre les stratégies des différents États membres n'ont pas été aisées à aplanir.

La question la plus fondamentale en ce qui concerne l'établissement d'un Marché unique pour le transport en Europe a été l'introduction du cabotage, l'opération qui permet à des transporteurs de proposer leurs services sur le marché intérieur d'un autre pays du Marché commun. Des textes allant dans ce sens ont été appliqués à partir de 1990 et 1993. La libéralisation du cabotage supprime la protection des marchés nationaux de transport. Les États nationaux ne peuvent plus restreindre l'accès à leur marché domestique pour des transporteurs non résidents. La libéralisation du cabotage entraîne donc la confrontation des marchés nationaux avec la concurrence internationale, affectant du même coup les opportunités stratégiques d'acteurs nationaux et mettant à mal des arrangements réglementaires bien établis.

Cette nouvelle politique européenne à l'égard du cabotage a été appliquée très différemment dans les pays européens : une volonté de conserver la situation précédente pour le Royaume-Uni, un début de libéralisation en Allemagne[12], un retour vers une situation régulée par l'État en France (après un moment de libéralisation), une libéralisation entraînant une stimulation économique aux Pays-Bas et un interventionnisme croissant en Italie.

V. Champions nationaux, champions européens

Jean-Jacques Servan-Schreiber a largement contribué à stigmatiser le danger de l'invasion de produits et de firmes américains sur le marché français et à le mettre à l'ordre du jour de l'agenda politique français des années 1960. Toutefois, loin de prôner la mise en place de champions nationaux, compétitifs au plan international, pour contrer ce danger, il propose directement de passer à un champion européen pour des secteurs particulièrement vulnérables (électronique, informatique, recherche spatiale, etc.).

La France est un des pays européens qui ont le plus axé leur politique industrielle sur la création de champions nationaux. Cherchant à théoriser ce nouveau courant, ce sont des chercheurs américains de Harvard Business School, Mac Arthur et Scott, qui qualifient dès 1969, dans leur étude de la planification industrielle française, cette nouvelle politique de « volonté de créer un champion national ». Ce n'est pas le cas de tous les pays européens. En Allemagne, par exemple, la politique industrielle a eu pour but d'aider les secteurs considérés comme essentiels (notamment l'ingénierie, l'automobile, la chimie, les industries électriques et électroniques, l'acier, etc.) à être très compétitifs au plan international. Ainsi, décrire la relation entre l'économie privée et l'État dans ce pays sous des vocables tels que « champions nationaux » ou « entreprise nationalisée » ne correspondrait à aucune réalité[13].

---

[12]   Nous pouvons signaler à cet égard que le secteur des transports est l'un des plus réglementés en République fédérale pour les prix, les quantités et la qualité.

[13]   Esser, J., "Germany : Challenges to the Old Policy Style", in J. Hayward (ed.), *Industrial Enterprise and European Integration. From National to International Champions*, Oxford, Oxford University Press, 1995, p. 48-75.

La politique industrielle française s'inscrit dans le contexte de compétition internationale accrue, conséquence de la libération des échanges initiée en 1949 au sein de l'Organisation européenne de coopération économique, qui a fait craindre en particulier la prise d'assaut des marchés européens par les firmes et les produits américains.

Lorsque la politique d'un champion national est devenue inopérante, dans le cadre du marché plus global des années 1980, la France, souvent suivie par l'Italie et, dans une moindre mesure, par l'Espagne et la Belgique, a tâché de promouvoir auprès des institutions européennes, notamment à travers le mémorandum de septembre 1983, celle de champions européens. Afin d'y parvenir, les institutions européennes ont cherché à augmenter les barrières douanières extérieures à l'Union tout en abaissant les barrières intérieures, réviser le droit des sociétés européennes en précisant la définition d'une firme et d'un produit européens, modifier les pratiques de commandes publiques et encourager la coopération des entreprises, notamment dans le secteur des nouvelles technologies. Cette politique a conduit à quelques succès (comme pour Airbus), mais n'a pas été poursuivie du fait de l'opposition des gouvernements britannique et allemand[14].

VI. Vers une entreprise européenne ?

Peut-on observer un embryon d'entreprise européenne depuis les années 1950, ou du moins une tendance en ce sens ? Quelles en sont les caractéristiques économiques, politiques, juridiques, sociales et culturelles ? On peut déjà observer quelques traits communs aux entreprises en Europe : la persistance de la propriété et de la gestion familiales au sein des grandes entreprises jusqu'à la Seconde Guerre mondiale, une intervention de l'État antérieure à cette période de la guerre à laquelle succède un désengagement variable d'un pays à l'autre, et une petite taille des entreprises. Mais les spécificités nationales restent marquées en ce qui concerne, par exemple, la formation des dirigeants patronaux, les pratiques managériales et le mode de financement des entreprises. Au final, les particularismes nationaux ont-ils pesé plus lourd que leurs caractéristiques communes ?

Trois axes semblent permettre d'avancer dans l'étude de cette réalité de l'entreprise européenne, difficile à définir et mouvante selon les acteurs et les périodes.

L'étude de l'entreprise européenne peut s'effectuer sous l'angle des facteurs économiques, en premier lieu la taille et la structure du marché

---

14 Hayward, J., "Introduction: Europe's Endangered Industrial Champions", in J. Hayward (ed.), *op. cit.*

européen. Les fusions se sont-elles multipliées afin de permettre aux firmes d'atteindre une taille minimale optimale ? Ou au contraire, comme l'explique Youssef Cassis dans l'éditorial de la revue *Entreprises et Histoire* consacrée à « l'Entreprise européenne »[15], restent-t-elles assez limitées, tout au moins en ce qui concerne les fusions de grande envergure ? Les pionniers mis à part (Royal Dutch et Shell en 1906, Lever Brothers et Margarine Unie en 1929), on n'en recense qu'une demi-douzaine depuis la fin des années 1980 : ASEA Brown Boveri, AstraZeneca, Aventis, EADS, Corus et Arcelor, à savoir deux dans l'acier, deux dans la pharmacie, une dans l'aéronautique et la défense et une dans le matériel électrique. Les cas de rachats d'entreprises, que l'on distingue des fusions « entre égaux », sont plus nombreux, mais portent rarement sur des entreprises de premier plan. Ensuite peut-on s'interroger sur les motivations de la maximisation de la taille, à savoir si elle est destinée à garantir des économies d'échelle ou plutôt, comme l'indique Patrick Fridenson dans le cas de l'industrie automobile, à rassurer les actionnaires et les analystes financiers[16]. Afin de comprendre ce mécanisme économique d'évolution des entreprises européennes, sans doute est-il également éclairant de se pencher sur les facteurs socioculturels, notamment les mentalités, les pratiques et les cultures d'entreprises ayant cours en Europe et voir s'ils œuvrent dans le même sens que les facteurs économiques ou non.

En second lieu, l'étude peut porter sur les produits auxquels ces entreprises donnent naissance. Si l'on prend l'exemple de l'industrie automobile, ces véhicules répondent à des standards européens, produits de l'harmonisation technique entre États membres des Communautés européennes améliorant la sécurité des véhicules, leur consommation d'énergie et leurs émissions de bruits[17]. La question se pose de savoir comment ces standards sont constitués par rapport aux modèles préexistants, notamment le modèle américain, qui les a largement inspirés. Une fois élaborés, sont-ils les outils d'un Marché commun intégré ou plutôt une arme de politique commerciale à l'égard des ensembles industriels rivaux (notamment les États-Unis pour les années 1950, 1960 et 1970, et le Japon pour les décennies suivantes) ? On peut se demander dans quelle mesure le produit et les usages de l'automobile en Europe ont été

---

[15] Cassis, Y., « Globalisation, entreprises et identité européenne », *Entreprises et Histoire* n° 33, octobre 2003.

[16] Fridenson, P., « Étendue et limites de l'Europe automobile », *Entreprises et Histoire* n° 33, octobre 2003.

[17] Pour les questions environnementales : Moguen-Toursel, M., "Strategies of European Automobile Manufacturers Facing Community Environmental Standards", *Business and Economic History On-Line*, vol. 1, 2003. Pour les questions d'harmonisation technique, voir sa contribution dans le présent recueil.

modifiés par ce processus d'harmonisation technique. Peut-on parler d'une « euromobile » ? Certainement, si l'on considère les spécifications automobiles. Mais si l'on prend en compte les critères suivants : obtention du permis de conduire, prix d'une voiture neuve, répression des infractions aux règles de conduite et contrôle technique des véhicules, on arrive à la conclusion qu'en dépit des progrès accomplis, il existe encore une forte diversité des pratiques au sein de l'Union européenne[18]. Néanmoins, l'industrie automobile décide d'un commun accord de ne pas suivre la « nouvelle approche »[19].

Enfin, le troisième axe d'étude peut concerner l'entreprise européenne en tant que fruit d'une politique industrielle. S'agit-il d'une politique industrielle communautaire, ce que pourrait confirmer, notamment, le fait que la société européenne ait maintenant une existence juridique spécifique[20], qu'elle reçoive des commandes publiques par les Communautés européennes et qu'elle ait envisagé des mesures temporaires de soutien, en particulier pour les nouvelles technologies[21] ? Au contraire, est-elle encore largement influencée sur un sujet donné par tel ou tel État membre qui conserve la haute main sur ses destinées ? Cet axe d'hypothèses repose la question initiale du rôle de l'État. Dans quelle mesure l'Europe remplace-t-elle l'État-nation ou ce rôle s'est-il entièrement effacé ?

Notre objectif est de questionner cette notion d'entreprise européenne, en observant ses premières manifestations en confrontant les regards et les attentes des différents protagonistes (industriels, États, Union européenne, etc.) ou, en contraire, en expliquant les raisons qui ont freiné ou totalement bloqué son développement.

---

[18] Fridenson, P., *op. cit.*

[19] Le succès mitigé de cette harmonisation des standards a d'ailleurs conduit les institutions européennes à imaginer une « nouvelle approche » de ces questions, axée sur la reconnaissance mutuelle des produits entre États et le principe d'accords librement consentis par les différents partenaires.

[20] Toutefois, le processus d'élaboration d'un statut juridique pour une société européenne a été particulièrement long, comme l'indique Frédéric Mertens de Wilmars dans sa contribution.

[21] *Dixième rapport général sur les activités de la Communauté* (1er avril 1966- 31 mars 1967), « Vers une politique communautaire », où il est précisé que des efforts communautaires pour aider les entreprises seront mis à l'étude dans le cas de la construction navale et des textiles, qui connaissent des difficultés, et dans celui de l'électronique, secteur en expansion qui est particulièrement en butte avec une forte concurrence américaine.

VII. Les objectifs de l'ouvrage

Comment grandit la compétence européenne ? Quels sont les facteurs qui amènent l'État à étendre ou réduire son domaine d'intervention (société civile, tensions présentes au sein de l'État, etc.) ?

Pouvons-nous étendre le modèle dégagé pour le transport à d'autres secteurs ? Il nous a semblé intéressant à cet égard de retenir les secteurs de l'informatique et des télécommunications. Pouvons-nous arriver à élaborer une typologie des avancées en termes de politique industrielle communautaire ?

Nous allons étudier en détail les rapports de la firme avec les institutions européennes et les ministères nationaux, mais également opérer un changement de point de vue : avec notamment l'intervention de Giuliano Maielli sur la Fiat, c'est désormais le point de vue intérieur à la firme qui est développé.

Les trois parties retenues pour le découpage général du livre sont les suivantes :

Comment se fait l'extension des compétences au niveau de la Communauté européenne (nouvelle attribution des compétences, repositionnement des acteurs économiques et sociaux en fonction de cette nouvelle grille de compétences, etc.) ?

Quelles sont les stratégies d'entreprise par rapport aux efforts communautaires pour libérer le marché et assurer une concurrence équitable (réglementation de la concurrence en Europe, redéfinition des aides d'État, harmonisation fiscale, harmonisation des réglementations techniques en matière de sécurité et d'environnement, ouverture des contrats publics, etc.) ?

Quelles sont les stratégies d'entreprise par rapport aux efforts communautaires pour élaborer une politique industrielle (intervention des autorités publiques dans les domaines de la recherche, de la coopération industrielle, des approvisionnements, des investissements, politique régionale, droit des sociétés – Groupement européen d'intérêt économique, société anonyme européenne –, création d'entreprises européennes possédant une taille critique permettant de résister à la concurrence extra-européenne, etc.) ?

À travers ces axes, nous tenterons de répondre aux questions suivantes : comment ces nouvelles réglementations publiques sont-elles perçues par les entreprises ? Peut-on les associer à un facteur de perturbation ou de stimulation ? En particulier, ces nouvelles réglementations sont-elles uniquement des sources de coûts supplémentaires pour elles, ou arrive-t-il qu'elles leur fassent faire des économies ou de réelles améliorations technologiques ? Plus largement, comment les firmes réagissent-elles à (ou anticipent-elles) ces nouveaux cadres d'exercice de leurs fonctions, en ce qui concerne notamment les changements de stratégies, les innovations, etc. ? Les contributions couvrant la période d'étude de 1958 aux années 1980, nous tâcherons de nous référer pour l'ensemble de ces axes d'étude à une chronologie fine.

Preliminary Remarks on the Changes among Economic Actors Involved in an Integrated Europe

Marine MOGUEN-TOURSEL

Centre de recherches historiques –
École des Hautes Études en Sciences Sociales

The idea of the workshop from which this publication emerged arose from discussions among colleagues of the Institute for European Studies of the Université catholique de Louvain: Arthe Van Laer, Julien De Beys, and Frédéric Mertens de Wilmars. Despite our different backgrounds (M. De Beys and Mertens de Wilmars are in Law Studies), we realised that we were all working on a similar issue, i.e. how economic actors interacted in the elaboration of Community industrial policy (or, at least, its first manifestations). In particular, there was the extent to which the confrontation between ideals and interests turned out to be difficult – intervening in and blocking the integration process – but which eventually led economic actors to learn and accept new tasks and responsibilities.

The aim of this book is to address those issues for three particular sectors over a sufficiently long period of time, using both economic and legal perspectives from colleagues in Law and Economic Studies. The three sectors are the car industry, the computer industry and the tele-communications industry[1].

The interaction and confrontation of economic actors appear clearly through the different case studies, reflecting divergences in interest among firms, national administrations and European institutions (in particular the Commission and the Council). A confrontation between two such actors, most frequently between two countries of the Council,

---

[1] Unfortunately we were not able to include the contributions of two colleagues who took part in the workshop: Pierre Mounier-Kuhn on computer industries and Werner Bührer on steel industries.

turned out to be sufficient to block the whole integration process. This is clearly linked to the unanimity rule but also to the behaviour of the other actors who, with insufficient knowledge of this new field of intervention, had to change their strategy or simply decided not to commit themselves.

The European Commission itself had to get familiar with technical and difficult new issues, as well as reconsider its own role. For example, to what extent did it have to regulate in order to implement a competitive market policy or, alternatively, intervene more heavily to set up a common Community industrial policy (which in turn caused tensions inside the organisation)? Also, to what extent did it have to build European foundations from scratch or, alternatively, use existing models from European Member States (or outside Europe, such as American or international organisations)?

It is also interesting to see that other key actors, such as the European Parliament or European consumers, were absent on these issues.

Based on actual case studies, the book analyses the long and difficult process for those involved of building expertise in the new field of an integrated Europe. These economic actors have taken part in the delimitation of the Community framework, through the elaboration of technical standards, mergers' authorisations, tax harmonisation, tariffs settlement, State aids regulation, European society definition, and so on. In turn, these actors learned how the framework operated and responded by lobbying to increase their room for manœuvre within the framework.

The following does not try to give an exhaustive account of the issues at stake, but offers preliminary remarks to the reader about our analytical approach.

The history of European integration is not just an institutional one: more and more, researchers are working on the role of the various socio-economic actors in the integration process and the implications of this process for their own work. But we consider that, if the attitude of industrial sectors towards the European integration process is now rather well known (mainly through the study of professional organisations), firms deserve greater study. For this book we would like to look at firms, privileging big enterprises, highlighting the differences in their geographic situation. We use a comparative approach on a European level, having contributors specialised in national frames (French, German, Italian, British, etc.) but also in the European Union itself and its decision-making. Considering that the workshop did not last more than one day and a half, we have been obliged to leave apart the study of trade unions and focus on industrialists. Lastly, our aim was to work on a long period, from 1958 to the 1980s and cross the approaches of different disciplines on these issues, i.e. law, history, and economics.

Through the study of three industrial sectors (automobile, computing and telecommunications) appear important issues concerning industrial history of European integration: the connection between technological and industrial policies, European co-operation in the face of the commercial and technological dynamism of the United States, divergent logics of big European groups facing reorganisations during the 1960s and 1970s, national independence, liberalism and attempts to create European champions. All the contributions raise issues relating to the notion of a European firm, which would have the legal status of a "European company", but also characteristics of a European management (top managers coming from other European countries), financial characteristics of operations in several European countries through cross-border direct investments, etc. What have been the reciprocal charges of firms and European authorities in this process? Was the European Union leader on this project of a Community policy? Was it in favour of its implementation? Did the EU establish a juridical, regulatory and political basis for its implementation? On the contrary, did industrialists push for this project of a Community policy, or have they been conciliating or reticent? Is it possible to draw a typology of their attitudes, and would this be by country or by industrial sector?

I. A Multi-Level Public Authority

One of the most essential questions considered by this book is the extent of the State. Do national intervention frameworks remain dominant or could we speak of a shift away from national regulation? Can we follow Alan S. Milward for whom the post-Second World War period is characterised both by a new affirmation of the national state and a growing importance given to the European Institutions[2]? Since the implementation of the European treaties (European Coal and Steel Community, Treaty of Rome and Euratom), the European institutions progressively enlarged their competencies at the expense of nation states, especially within the field of commercial and industrial policies. The transfer of competencies is not set out in the same way in each treaty. ECSC and Euratom treaties give larger competencies to the European Institutions in their respective fields with regard to industrial policy than the EEC treaty. The last of these only implements the preconditions for a European industrial policy, i.e. the creation of a Single Market, and deals with some aspects of the issue (competition policy, free movement of

---

[2]   Milward, A. S., *The European Rescue of the Nation-State*, London, Routledge, 1992.

workers and capital, right of establishment). For instance, considering tax issues, the first two directives of 11 April 1967 dealing with tax harmonisation on turnover put the basis of a common system of value added tax. Nevertheless, these documents still make it possible to maintain numerous and important national diversity. Article 19 of the second directive only indicated that national diversity should be progressively reduced or suppressed. This transfer, who still has to be questioned, gives rise to certain interrogations considering the new allocation of competencies (conflicts of competencies, etc.) and the objectives set by European Institutions.

Can we notice an enlargement or a reduction of the role of the state as a regulator in the European Union? This point is controversial. Therefore we intend to question the issue of the withdrawal of the state by studying national and sectoral configurations and the way Community Institutions are facing up to their own obligations in this respect. What are public policies in respect of regulation, concerning competition law, specific standards and laws, industrial property, environmental standards, etc.? Can we maintain the working hypothesis according to which well-thought out standards can provoke innovation development which compensate for costs induced by regulation, as Porter's and van der Linde's works has pointed out[3]?

More generally, what is the influence of states and European Institutions on firms in the context of a global market economy? Are not these two levels of public authority equally deprived of concrete action in industrial policy by this new conjuncture?

II. Firms, Institutions and Territorial Embeddedness

This book deals with the question of the links between the firms and the territory in which they are embedded. The establishment, as well as the departure of a firm from a given territory, carries a lot of consequences in particular on the environmental and social levels. This eventually leads public authorities to try to influence the process, for instance when local employment perspectives are attractive or when environmental risks are big.

Taking the problem from the opposite side, but still dealing with the complex nature of the interconnection between firms and their environment, can't we develop the idea that new public regulations mean "new opportunities" for firms more than "additional constraints" as suggested

---

[3]   Porter, M. E. and van der Linde, C., "Towards a New Conception of the Environmental-Competitiveness Relationship", *Journal of Economic Perspectives*, 1995, n° 9, p. 97-118.

in an article[4] by the director for technical standards of the French professional organisation for cars?

If we are questioning further the hypothesis of efficient interventions by firms in the shaping of these new public regulations, can't we indicate that firms sometimes have too much influence on the decision-making process, provoking the withdrawal of decisions of public authorities which would have been favourable to the Community, giving space to decisions which are only suitable for the considered firm? In the United Kingdom, Ford convinced the government to put aside its project on "energy efficiency labels" for cars. The objective was – as it already exists for household appliances – to put a label on cars in order to highlight their energy efficiency[5].

In the framework of a globalised economy as we have experienced since the mid 1970s, have these attempts of mutual influence not become meaningless? Did not the birth of ever growing firms, financed by shareholders all over the world and ready to delocalise to find cheaper local workforce, break all relations between the firm and the territory to give birth to a new form of international leadership?

III. Community Regulation and Firms

What is the link between the implementation of the Common Market – followed by the reinforcement of European Institutions – and the evolution of firms' activities?

New Community regulations influenced firms' activity for several reasons. The wish of European Institutions to implement a Single Market at a Community level was a powerful factor of evolution, by trying to suppress non tariff barriers to trade between member states (in particular through the harmonisation of national technical standards, the modification of public procurement habits and the liberalisation of several industrial sectors) and developing a competition policy (through the reduction of state aids, the control of cartels in the European Union, etc.)[6].

In fact, European firms did not wait for Community encouragement to adapt to the new position. They have in particular carried out cross-border direct investments in other member states. We have tried during

---

[4] Serre, P., « La coproduction de la norme automobile », *Réalités industrielles*, December 2002.

[5] *Libération*, 3 February 2004.

[6] Woolcock, S., and Wallace, H., "European Community Regulation and National Enterprise", in J. Hayward (ed.), *Industrial Enterprise and European Integration. From National to International Champions*, Oxford, Oxford University Press, 1995.

our works to assess the real impact of these evolutions, concerning state aids, the implementation of European standards, change of public procurement habits, etc.

Big firms have implemented a sophisticated political system which lets them develop multi-level alliances (through a new form of "political co-ordination" which makes their positions more similar on considered topics and modifies national systems of political regulation)[7]. We can notice the growing complication of the model of influence and the convergence of the different firms' positions.

Concerning the first point, one can say that the firm is confronted by new interlocutors (which is linked to the issue of transfer of competencies from the national to the European level). Firms have learned to lobby directly since the beginning of the 1990s. During the 1970s and 1980s, its main tools of lobbying were its national government and its professional organisation[8]. One of the main causes for firms modifying their way of influencing the European Institutions is the decision-making process in Brussels. When the firms can count on the veto right of their national government, they are satisfied with that. But when votes at the Council of ministers are taken by a qualified majority, firms have to take new measures in order to make their voices heard. But for countries like France, Germany or Italy, where business circles can lobby the state in an institutionalised way, it took a certain amount of time to realise that national channels were losing ground.

In the new institutional environment, people in charge of the European departments of firms recognise that their aim isn't to follow the modifications of European directives and to present occasionally their positions to the European Commission. In order to lobby directly, the most efficient way is to develop unqualified expertise on numerous issues and to establish a good reputation for the firm. This process leads to the creation of an identity.

This notion of new identity leads us to the second point, i.e. a convergence of the positions of different firms. Nowadays efficient lobbying is connected with the implementation of an organisational system which co-ordinates potential political alliances and develops and reinforces the political channels already in action. In order to identify poten-

---

[7]   Coen, D., "The European Business Interest and the Nation-State: Large-Firm Lobbying in the EU and Member States", *Journal of Public Policy*, 1998, n° 18/1, p. 75-100. His research is oriented to EU public policy and concerns more specifically EU Business-Government relations. He already defended a PhD in 1996 at the European University Institute in Florence titled "The Firm as a Political Actor in European Union".

[8]   Cf. studies done by Wyn Grant.

tial lobbying partners, the firm has to develop a real political sensitivity. The creation of ad hoc alliances was particularly noticeable in the discussions on high technology (especially telecommunications, TV standards and software). But we can notice it also on more traditional sectors of industry, on issues such as state aid and competition.

Firms tried to soften, in terms of image, this political engagement which was more and more visible: they used their subsidiary firms or their professional organisations as *"sweetener lobbyists"* in order to act within the framework of nation states. We therefore find a new definition of the way firms used national channels of lobbying and the connections between the interests of the public sphere and the business circles.

But these studies are mostly based on the recent European situation (since the Single Act). Therefore it could be interesting to try to test this hypothesis on previous decades (1960s and 1970s, during which the European integration was discussed, forecast and analysed but was only at its outsets for the industrial sectors on which we are focussing).

IV. The Study of the Transport Sector

Community policy in the sector of transports was very limited for a long time. This is probably due to the fact that the sector was considered as too complex and too specific in order to be integrated from the beginning into the interventionist aspects of Community policy. This appears clearly in the first general report on the activities of the Community[9].

> The particular characteristics of transports, an indispensable service for the development of all productive activities, with its particular structure resulting from historical evolution, its social and strategic role, the importance of investments realised and foreseen, the appearance and rapid development of new modes and the large intervention of public authorities, explain that the negotiators of the Treaty of Rome could not define in a detailed way the conditions and ways according to which transports should be integrated in the Common Market.

> Therefore the treaty foresees above all that the general objectives it will define will be pursued in the framework of a common transport policy, while prescribing more precisely some tasks, the accomplishment of which is related to other parts of the treaty or should lead to the realisation of a particularly ambitious objective. [...] Two ranges of precise duties are foreseen in the treaty: on the one hand, those the aim of which is to facilitate the establishment of a Common Market for products (articles 79 to 81); on the other

---

[9] First general report on the activity of the Community, 1 January 1958-17 September 1958, Chapter VI, Transports.

hand, those which aim to obtain uniform regulations for international transports and to allow the access to haulage contractors from one member state
to transports in other member states (article 75 § 1).

[...] The treaty does not give indication on guidelines according to which
the elaboration of a common policy should be thought.

We can notice how vague and non directing the text of the treaty is
in defining a common policy for transport. Different actors have therefore every opportunity in order to modify this policy according to their
aspirations. From this observation is born the idea of this book, in order
to think about the room for negotiation of the different actors in the field
of transport policy.

What is the European landscape in terms of transport at the end of
the 1950s?

Although they have some characteristics in common, the six member
states' transport systems present rather sharp and numerous differences.

In the six member states, public authorities considered the role of
transport in the global economy as important and conclude that it was
necessary for the state to intervene in a way or another in the organisation of the sector. The states were in charge of the finances of part of
transport, i.e. the infrastructures. Lastly, the professional structures and,
in part, the administrative positions of the different enterprises operating
each mode of transport domestically were relatively similar in the
six countries: close links between the state and the railway company,
and numerous private enterprises, mostly in the style of a cottage industry, for the two other modes of transport.

But we can notice that, from other points of view, the situation in the
field of transport presents sharp disparities. These disparities appear first
in the policies made by the member states to organise their transport
systems. These policies were all inspired, to different degrees, by two
opposite tendencies: on the first hand, the tendency to regulate transport
according to public interest considerations and, on the other hand, the
tendency which tries to place the transport sector as much as possible
under similar conditions to those of other industrial and commercial
sectors. The measures taken to harmonise and co-ordinate the various
modes of transport vary according to the relative importance attached to
one or other of these major principles, while still trying to reconcile
them, and are in fact very different from one country to another.

These differences appear in particular in tariff systems concerning
regulations applied to prices and transport conditions (compulsory
tariffs with or without the possibility of derogation, price advertising,
controlled or with complete freedom), as well as to principles and defi-

nition of prices. The fate of the three interior modes of transport[10] is therefore different on this matter: while haulage contractors are still, with a very few exceptions, free to fix prices as they want, generally very rigid conditions of price fixing exist for interior waterways; railways mostly have to follow compulsory tariffs, still strongly influenced by the "*ad valorem*" system, sometimes smoothed by the possibility of concluding secret contracts.

Nevertheless, recent trends increasingly suggest that products' prices are determined on the basis of cost prices. This orientation, if it was to become permanent, would considerably modify classic systems of tariffs and would have, without any doubts, favourable consequences in favour of a more rational repartition of traffics between different modes of transport.

Nevertheless, the application of the principle of a tariff which takes cost prices into account supposes the existence of tested and accepted methods of calculating cost prices. But, it is not the case yet. Calculations of cost prices in the field of transport raise important difficulties which, despite studies carried out by the states as well as by professional organisations and some international institutions, are far from being solved. Among these difficulties, we can mention the process of determination of infrastructure costs, their imputation to interested categories, the choice of tools to implement to cover these costs, the standardisation of accounting structures and statistical data.

Divergences also appear concerning fiscal tools applied to transport as well as to social regimes, and these contribute in an artificial manner to differentiate the costs of transport between the six member states. The extreme diversity which characterises transport in Europe makes the attempts to harmonise European transport systems particularly necessary and difficult at the same time. The first measures foreseen by the treaty constitute the starting point of this harmonisation policy.

It is only since the mid-1980s that the project of establishing a liberal market for road transport in the Community has improved greatly. Such a delay in the implementation of the first aspirations of the Treaty of Rome allows us to presume that the divergences between the different member states were not easy to overcome.

The most fundamental question concerning the establishment of a single market for transport in Europe was the introduction of cabotage, the operation which allows haulage contractors to tender in the domestic market of another country in the Common Market. Some texts authorizing this process have been implemented from 1990 and 1993 onwards.

---

[10]   Air transport is not included in the attributions of the Community.

Cabotage liberalisation suppresses the protection of national transport markets. National states can no longer limit the access to their domestic markets for non-resident haulage contractors. This cabotage liberalisation implies therefore the confrontation of national markets with international competition, modifying the strategic opportunities of national actors and destabilizing well-settled regulatory arrangements.

This new European policy concerning the cabotage was applied diversely in European countries: a determination to maintain the previous situation by the United Kingdom, the beginning of liberalisation in Germany[11], the return towards a situation regulated by the state in France (after a period of liberalisation), liberalisation provoking an economic stimulus for the Netherlands, and growing interventionism in Italy.

V. National Champions, European Champions

Jean-Jacques Servan-Schreiber made a key contribution in highlighting the danger of an invasion of American products and firms into the French market and to put it on the French political agenda in the 1960s. Nevertheless, instead of asking for the implementation of a national champion, competitive on an international market, he proposed to elaborate directly a European champion for particularly vulnerable sectors (electronics, computer, space research, etc.).

France is one of the European countries which directed its industrial policy most towards the creation of national champions. In order to develop a theoretical approach, American researchers at Harvard Business School, Mac Arthur and Scott, qualified as early as 1969, in their study of the French industrial planning, this new political policy of "wishing to create a national champion". This is not the case of all European countries. In Germany, for example, the industrial policy aimed to help sectors considered as essential (in particular engineering, car industry, chemicals, electric and electronic industries, steel, etc.) to be competitive on an international scale. Therefore, to describe the relation between private economy and the state in this country as "national champions" or "nationalised enterprise" would not correspond to any proper reality[12].

French industrial policy has to be considered in the context of growing international competition, which was a consequence of the trade

---

[11] The sector of transports is one of the most regulated in the Federal Republic of Germany for prices, quantities and quality.

[12] Esser, J., "Germany: Challenges to the Old Policy Style", in J. Hayward (ed.), *Industrial Enterprise and European Integration. From National to International Champions*, Oxford, Oxford University Press, 1995, p. 48-75.

liberalisation initiated by the Organisation of European Economic Co-operation in 1949, and it was this that led to fears of an invasion of European markets by American firms and products.

When the policy of national champion became inoperative, in the framework of the more global market in the 1980s, the French, often followed by the Italians and in a lesser extent by Spain and Belgium, tried to make European Institutions adopt, in particular through the September 1983 memorandum, the policy of European champions. In this perspective, European Institutions tried to raise tariff barriers around the EU while reducing interior barriers, to revise European society law by defining European firms and products more precisely, to modify public procurement habits, and to encourage firm co-operation, in particular for new technologies. This policy has led to several successes (such as Airbus), but it was not pursued because of the opposition of British and German governments[13].

VI. Towards a European Enterprise?

Can we notice a trend towards a European enterprise since the 1950s? What are their economic, political, legal, social and cultural characteristics? We can already observe several features common to firms implanted in Europe: the persistence of family run and owned firms among big firms until the Second World War, an intervention of the state prior to this period of war followed by a withdrawal of the state varying in nature from one state to another, and a small size of firms. But national specificities remain strong concerning, for example, the education of top management, managerial and financing practices. Did national particularities have more weight than their common characteristics?

We can develop the study of European enterprises in three directions, in order to better define this moving reality according to actors and periods.

The study of a European enterprise can be made under the perspective of economic factors, in particular the size and structure of the European market. Were mergers and fusions growing in order to let firms reach an optimal size? Or, on the contrary, as Youssef Cassis explains in the editorial of the Review *Entreprises et Histoire* dealing with European firms[14], are they rather limited in number, at least concerning mergers between big enterprises? With regard to pioneering firms

---

[13] Hayward, J., "Introduction: Europe's Endangered Industrial Champions", in J. Hayward (ed.), *op. cit.*

[14] Cassis, Y., « Globalisation, Entreprises et identité européenne », *Entreprises et Histoire*, n° 33, October 2003.

broken apart (Royal Dutch and Shell in 1906, Lever Brothers and Margarine Unie in 1929), we can only count six of them since the end of the 1980s: ASEA Brown Boveri, AstraZeneca, Aventis, EADS, Corus and Arcelor, i.e. two in steel industry, two in pharmacy, one in aerospace and defence and one in electric equipment. The cases of buy-out of firms, which we have to distinguish from mergers between equals are more numerous, but concern few of the largest enterprises. We can also study the motivations of size maximisation of firms, to guarantee scale economies or rather, as indicates Patrick Fridenson for the car industry, to reassure shareholders and financial analysts[15]. In order to understand properly this economic evolution of European firms, it is interesting to consider in particular socio-cultural mentalities, practices and enterprise cultures in force in Europe and observe if they intervene in the same direction as economic factors or not.

Then, we can study the products made by these firms. As far as the car industry is concerned, these vehicles correspond to European standards, produced by the technical harmonisation between member states of the European Communities improving vehicles' safety, consumption, and noise and exhaust emissions[16]. How have these standards been constituted in comparison with pre-existing models, in particular the American model which inspired them to a large extent? Once elaborated, have they been tools for an integrated common market or rather a commercial barrier for rival industrial groups (in particular the United States for the 1950s, 1960s and 1970s, and Japan for the following decades)? We can evaluate to what extent the product and use of cars in Europe has been modified by this technical harmonisation process. Can we speak about a "eurocar"? Certainly, if we consider vehicle specifications but if we consider the following criteria: licence documents, the price of a new car, the penalties for infringing driving rules and technical inspection, we can reach the conclusion that despite improvements accomplished, there still exists a wide variety of practices in the European Union[17]. Nevertheless, the can industry decided by common agreement not to follow the "new approach"[18].

---

[15] Fridenson, P., « Étendue et limites de l'Europe automobile », *Entreprises et Histoire*, n° 33, October 2003.

[16] For environmental issues: Moguen-Toursel, M., "Strategies of European Automobile Manufacturers Facing Community Environmental Standards", *Business and Economic History On-Line*, vol. 1, 2003. For technical harmonisation issues, see her contribution in the book.

[17] Fridenson, P., *op. cit.*

[18] The qualified success of standards harmonisation has led European Institutions to think about a "new approach", based on mutual recognition of products of different states and the principle of freely accepted agreements by different partners.

Last, the third perspective is to consider the European enterprise as the resultant of an industrial policy. Is it a Community industrial policy, which could be confirmed in particular by the fact that the European firms have now a specific legal existence[19], that they receive public procurement by European Institutions and that they considered temporary aid measures, in particular for new technology sectors[20]? On the contrary, is this industrial policy mostly influenced on a particular topic by certain member states? The fundamental issue is that of the extent of the state. What is the link between firms and public institutions? To what extent does Europe replace the nation-state or has this function completely disappeared?

Our objective is to question this notion of a European enterprise while observing its first appearance and confronting the perspectives and expectations of the various actors (industrialists, states, European Union, etc.), while also explaining the reasons which hindered or totally blocked its development.

VII. The Book's Objectives

How does European competency grow? What are the factors which leads the state to extend or reduce its field of intervention (civil society, tensions in the framework of its structure, etc.)?

Can we spread the model developed for the transport sector to other sectors? It seemed interesting for us to work on the computing sector.

Can we elaborate a typology of progress in terms of Community industrial policy?

We are going to focus on the relations between firms and European Institutions and national ministries, but also use a different perspective: in particular with the contribution of Giuliano Maielli on Fiat, we are working from the point of view of inside the firm.

The book will present three different issues into three parts:

The extension of the competencies of European institutions (the new allocation of competencies, reactions of economic and social actors considering this new allocation, etc.).

---

[19] Nevertheless, the elaboration process of a legal status for European firms was particularly slow as Frederic Mertens de Wilmars points out in his contribution.

[20] *Tenth general report on the activities of the Community* (1 April 1966-31 March 1967), "Towards a common policy", where it is indicated that Community efforts in order to help firms will be studied in the case of shipbuilding and textiles, which are facing difficulties, and for electronics, expanding sector en expansion which is facing a strong American competition.

Firms' strategies in relation to attempts of European organisms to free the market and obtain a fair competition (competition rules in Europe, new definition of state aids, tax harmonisation, harmonisation of technical rules considering safety and environment issues, opening of public procurement, etc.).

Firms' strategies in relation to attempts of European Institutions to shape an industrial policy (public interventions in the field of research, industrial co-operation, supplies, investments, regional policy, company law – the European Economic Interest Grouping, the European company statute –, creation of a European society of a size sufficient for competing successfully with others, etc.).

Through these three fields, we would like to answer the following questions:

How are these new public regulations perceived by firms? Are they a source of concern or an incentive? In particular, are these new regulations only producing additional costs for firms, or do they allow firms to save money or realize technological improvements?

More generally, how did firms react to (or did they anticipate) these new frameworks of competencies, concerning in particular changes of strategies, innovations, etc.? Do these new rules only imply additional costs for enterprises or do firms manage to save money or obtain real technological improvements?

In the following case studies, which cover the period from 1958 to the 1980s, these general issues are addressed.

Première partie

La redistribution des compétences entre États nationaux et institutions européennes

First Part

The Redistribution of Competencies between National States and European Institutions

L'intégration européenne et la dynamique technologique des grandes entreprises

Jean-Christophe DEFRAIGNE

Institut d'études européennes
Université catholique de Louvain

Pour comprendre le processus d'intégration européen qui se poursuit depuis plusieurs décennies et ses implications en termes de transferts de compétence des États membres vers des institutions supranationales européennes, il est indispensable d'analyser le problème fondamental auquel les grandes entreprises industrielles européennes ont été confrontées au cours du XXe siècle. C'est en effet principalement ce problème que vise à dépasser la construction d'un espace économique intégré en Europe, aussi bien lors des premières tentatives avortées de la première moitié du XXe siècle qu'au cours des différentes étapes de construction européenne, de la CECA jusqu'à l'avènement de l'euro et à l'élargissement.

I. La genèse du plus vaste marché national intégré au monde, l'émergence des *prime movers* américains et « l'invasion commerciale » américaine de l'Europe

Ce problème fondamental porte sur le lien entre la création d'un vaste marché intégré et les possibilités que ce dernier offre aux firmes qui le servent en termes d'économies d'échelle et d'apprentissage (on se reportera à l'annexe à la fin de ce chapitre pour la définition de ces concepts économiques). Au cours du dernier quart du XIXe siècle, grâce aux progrès en matière de transport, de communication, de distribution et de marketing, les États-Unis deviennent un marché intégré constitué d'une masse importante de consommateurs relativement homogènes[1]. Cela donne lieu à l'émergence de firmes géantes, bénéficiant de nouvelles technologies basées sur la production standardisée à grande échelle et de nouvelles méthodes de gestion (avec l'adoption notamment de ce que Chandler appelle la forme multidivisionnelle de l'entreprise qui comprend la création de départements spécialisés comme la recherche & développement, la finance ou le marketing)[2]. Ces firmes bénéficient d'économies d'échelle sans précédent, elles opèrent à une « taille minimale optimale » plus importante qu'auparavant (voir annexe). Ces firmes américaines qui passent à la production à grande échelle standardisée et aux nouvelles techniques de gestion que cette dernière rend possibles, voient leurs coûts de production baisser de manière spectaculaire. De par leur taille et leur expérience de la production à grande échelle, elles érigent des barrières à l'entrée dans les secteurs d'activités qui rendent plus difficile l'accès par des firmes entrantes potentielles. Ces firmes que Chandler nomme les *prime movers* (« les premiers entrants ») deviennent donc plus compétitives que leurs concurrentes européennes de plus petite taille, elles le font en adoptant une série de modifications de leurs systèmes de production, de gestion et de rémunération des facteurs que certains auteurs par la suite regrouperont sous l'appellation de « fordisme ». Comme le développement de ces *prime movers* sur le marché national américain est de plus en plus problématique vu le degré élevé de concentration de chaque industrie (notamment après la vague de fusion américaine sans précédent du tournant du siècle) et l'importance croissante des barrières à l'entrée, ils décident de s'étendre sur les marchés d'outre-mer ce qui est d'autant plus facile du fait des progrès dans le transport ferroviaire et maritime de la fin du XIXe siècle[3].

Dès lors, les produits manufacturés de ces *prime movers* américains commencent à pénétrer massivement les marchés européens. Des filiales des plus grandes firmes américaines commencent à apparaître dans les économies européennes les plus développées. Au cours de la première moitié du XXe siècle, les dirigeants économiques et politiques européens contemporains parlent alors d'« invasion commerciale américaine », d'« américanisation du monde » ou encore d'« aliénation étrangère » (*Überfremdung*)[4].

---

[1]   Defraigne, J.-C., *De l'intégration nationale à l'intégration continentale*, Paris, L'Harmattan, 2004, p. 49-50 ; Rezneck, S. in H. F. Williamson, *The Growth of the American Economy*, Englewood Cliffs, New York, Prentice-Hall Inc., 1970.

[2]   Chandler, A. D., *Scale & Scope, the Dynamics of Industrial Capitalism*, Cambridge, Harvard University Press, 1990.

[3]   Defraigne, J.-C., *op. cit.*, p. 68.

[4]   *Ibid.*, p. 74, p. 116.

II. Les premières tentatives de résolution du problème de fragmentation de l'espace européen et de la taille minimale optimale

Dès la première moitié du XXe siècle, de nombreux capitaines d'industrie et politiciens européens sont conscients du problème que pose la relative petite taille des grandes entreprises européennes et la fragmentation de l'espace économique européen. Sur le vieux continent, chaque économie nationale reste protégée par d'importantes barrières. D'abord, il y a les barrières douanières qui ne vont cesser de se relever partout en Europe jusqu'à la fin de la Seconde Guerre mondiale. Ensuite subsistent des barrières techniques liées à l'absence d'harmonisation (souvent pour des raisons protectionnistes) des standards techniques européens (alors que les États-Unis disposent de standards techniques harmonisés dès les années 1880). Des barrières générées par les politiques et les fluctuations monétaires fragmentent l'espace européen lorsque le système de l'étalon-or est abandonné après la Première Guerre mondiale. Finalement, il existe des barrières résultant d'impératifs militaires et stratégiques à une époque où la menace de conflits armés entre nations européennes est permanente.

De ce fait, le vieux continent est fragmenté entre plusieurs économies nationales difficilement perméables par la concurrence intra-européenne. Il n'existe pas en Europe une vaste demande aussi homogène que sur le marché américain. L'étroitesse de chaque marché national fait que les plus grandes firmes nationales n'arrivent pas à opérer à la taille minimale optimale comme le font leurs concurrentes américaines. Elles ne bénéficient donc pas des mêmes économies d'échelle du fait de l'extrême difficulté (voire souvent l'impossibilité) d'atteindre un volume de production standardisée comparable à celui des *prime movers* américains[5].

Pour pallier ce problème, plusieurs tentatives de construire un espace économique intégré en Europe voient le jour au cours de la première moitié du XXe siècle.

Des projets de coopérations européennes ambitieux sont mis en avant, comme notamment celui du président Aristide Briand à la fin des années 1920 qui vise à promouvoir la création des États-Unis d'Europe de façon à permettre de résister à la fois au modèle soviétique et à la concurrence capitaliste américaine mais ils ne débouchent sur aucune avancée concrète du fait des logiques protectionnistes contradictoires entre les grandes économies européennes.

---

[5] Defraigne, J.-C., *op. cit.*, p. 106.

Des solutions de pis-aller consistent alors à tenter de s'organiser au niveau européen entre firmes, notamment par la création de cartels européens dans plusieurs secteurs comme l'acier, les machines électriques et la chimie afin de bénéficier d'une meilleure position de négociation face aux géants américains. Cette cartellisation européenne reste une construction fragile qui ne débouche que sur des résultats décevants. Incapable de réaliser une rationalisation des capacités de production au niveau européen, elle ne permet à aucune firme européenne d'opérer à la taille minimale optimale comme le font leurs concurrents américains. La cartellisation européenne, trop instable, ne résiste pas au choc de la crise des années 1930.

Pour plusieurs économies européennes, la solution est alors de se replier sur les empires coloniaux comme le font la Grande-Bretagne (surtout après la conférence d'Ottawa en 1932), la France et même une petite économie traditionnellement ouverte comme la Belgique avec le Congo au cours de la fin des années 1930. Mais cette option n'est pas accessible à toutes les puissances industrielles européennes, et notamment à l'Allemagne.

Pendant la première moitié du XXe siècle, les dirigeants économiques et politiques allemands tentent de dépasser leurs problèmes de débouchés extérieurs et de pénétration croissante de la concurrence américaine sur les marchés européens par la constitution d'un espace économique européen intégré sous leur influence. Dès le début du siècle cet objectif se retrouve au premier plan des préoccupations géostratégiques allemandes : d'abord, avec la réalisation du projet « listien » du Bagdad Bahn (l'axe ferroviaire Berlin-Badgdad) qui doit assurer aux produits manufacturés allemands un accès privilégié aux marchés d'Europe Centrale et de l'Empire Ottoman ; ensuite, avec les buts de guerre allemands en 1914, notamment avec la création d'une Union douanière comprenant les États voisins de l'Allemagne, inspirée du concept de *MittelEuropa*[6]. Des projets similaires renaissent dans les années 1930 avec le concept de *Grossraumwirtschaft* et les accords de *clearing* multilatéraux mis en place par le gouvernement nazi. Le projet nazi d'un nouvel ordre européen tente également d'imposer le concept d'un espace économique européen, une zone monétaire reichsmark protégée de la concurrence américaine. Les firmes allemandes domineraient cet espace mais pas exclusivement. Des projets d'interpénétrations de capitaux avec les petites économies limitrophes ainsi que fusions dans des secteurs stratégiques comme l'automobile (avec Renault et Fiat)

---

[6]   Droz, J., *L'Europe Centrale: Évolution historique de l'idée de Mittel Europa*, Paris, Payot, 1960 ; Soutou, G.-H., *L'or et le sang : les buts économiques de la Première Guerre mondiale*, Paris, Fayard, 1989.

créeraient des firmes européennes de taille « mondiale » capables de faire face aux *prime movers* américains[7]. Ces tentatives visant un créer un espace européen intégré dominé par les grandes entreprises alle-mandes déboucheront sur les deux conflits sanglants qui déchireront l'Europe pendant la première moitié du XXe siècle.

III. L'intervention décisive de l'administration américaine dans les premières étapes vers la création d'un marché européen intégré

Paradoxalement, c'est une influence extérieure à l'Europe qui per-mettra de poser les premiers jalons de la construction européenne par delà les logiques protectionnistes nationales qui prévalaient jusqu'alors. L'administration américaine va utiliser le levier que lui fournit l'aide du Plan Marshall auprès des économies européennes pour promouvoir la création d'un marché européen intégré et contenir les oppositions, no-tamment britanniques, à un tel projet. L'administration américaine désire une reconstruction rapide de l'industrie européenne pour deux raisons.

La raison principale est l'opposition au communisme. Pour Washing-ton, il s'agit de contenir l'URSS et de marginaliser les partis commu-nistes en Europe. Sur le plan stratégique, il est nécessaire pour les administrations Truman et Eisenhower de renforcer les capacités indus-trielles européennes de façon à créer une base industrielle militaire susceptible de fournir l'équipement nécessaire en cas de conflit avec l'URSS en Europe. Sur le plan politique, les dirigeants américains veulent opposer l'*American way of life* au projet communiste[8]. En créant l'avènement d'une société de consommation de masse par l'accrois-sement du pouvoir d'achat des ouvriers européens, les officiels améri-cains espèrent détourner les travailleurs d'un projet révolutionnaire anticapitaliste. Les officiels américains chargés de l'administration du plan Marshall pensent que la création d'un marché intégré européen est un moyen indispensable pour réaliser cet objectif. À leurs yeux, seul un tel marché, d'une masse comparable au marché américain, permettra aux firmes européennes d'atteindre la taille minimale optimale « améri-caine ». Ces économies d'échelle liées à la production de masse standar-disée permettront aux firmes européennes d'engranger des gains de

---

[7] Defraigne, J.-C., *op. cit.*, p. 131-134.

[8] Ellwood, D. W., *Rebuilding Europe: Western Europe, America and Postwar Recon-struction*, New York, Longman, 1992 ; Hogan, M. J., *The Marshall Plan: America, Britain and the Reconstruction of Europe, 1947-1952*, Cambridge, Cambridge Uni-versity Press, 1989.

productivité qui pourront ainsi accroître les salaires sans affecter les niveaux de profits. Un marché européen intégré créera la possibilité de généraliser le modèle fordiste en Europe et un cercle vertueux (économies d'échelle – gain de productivité – accroissement des salaires – consommation de masse – nouvelles économies d'échelle) aux effets stabilisateurs sur le plan politique[9].

L'autre raison de cette volonté américaine de reconstruction de l'industrie européenne est la nécessité de créer des débouchés pour son industrie en proie à une crise de surproduction générée par la difficile reconversion industrielle de l'après-guerre. La reconstruction européenne par le biais du Plan Marshall se traduit par des importantes commandes de biens américains, notamment de machines-outils.

Par le biais de ses aides financières et technologiques (le Plan Marshall favorise certains transferts de technologie et de techniques de gestion), l'administration américaine dispose d'un levier important pour imposer son projet d'intégration européenne. Le rôle américain est décisif dans les premières étapes de la défragmentation du marché européen, de l'après-guerre jusqu'aux négociations qui débouchent sur le traité de Rome. D'abord, en soutenant financièrement et politiquement (notamment contre les tentatives de torpillage britanniques) l'Union Européenne des Paiements, le gouvernement américain contribue en grande partie à empêcher que le problème du *dollar gap* ne bloque le développement du commerce intra-européen[10]. Ensuite, lors de l'élaboration et de l'adoption de la CECA, le soutien américain est sans faille. Les liens très proches entre Jean Monnet et la famille Dulles assurent une concertation permanente entre les officiels européens et américains[11]. L'influence américaine aidera également les gouvernements européens à en finir avec les cartels d'avant-guerre, notamment en adoptant des législations qui prohibent les ententes et qui sont inspirées du dispositif antitrust américain (y compris pour la Haute Autorité de la CECA qui se voit attribuer des compétences relatives au droit de la concurrence). Finalement, en créant l'OTAN, en s'y préservant une position prééminente et en utilisant cette organisation pour promouvoir l'intégration

---

[9] Ellwood, D. W., *op. cit.*, p. 159 ; Milward, A. S., *The European Rescue of the Nation-State*, London, Routledge, 1992.

[10] Kindelberger, C., *Histoire financière de l'Europe Occidentale*, Paris, Economica, 1986, p. 514 ; Ellwood, D. W., *op. cit.*, p. 160.

[11] Milward, A. S., *op. cit.*, p. 334 ; Djelic M.-L., *Exporting the American Model: The Postwar Transformation of European Business*, Oxford, Oxford University Press, 1998, p. 6.

européenne, le gouvernement américain a empêché toute possibilité de retour vers un protectionnisme militariste en Europe occidentale[12].

IV. L'autonomisation du processus d'intégration européen vis-à-vis des États-Unis et le retour des logiques nationales contradictoires en Europe

Progressivement, l'influence américaine perd de son importance. Une fois les économies européennes reconstruites et les problèmes de pénuries alimentaires résolus, l'aide financière américaine ne constitue plus un levier aussi puissant qu'auparavant. De plus, aux yeux des élites économiques et politiques européennes, un soulèvement communiste ou un affrontement militaire avec l'URSS semble moins imminent au milieu des années 1950. Le « dégel » qui suit la mort de Staline, la réussite du Plan Marshall et la polarisation de la guerre froide ont fortement affaibli les partis communistes en Europe de l'Ouest. Les industries européennes commencent à se sentir à nouveau dans un climat politique plus stable et elles deviennent plus compétitives.

La suite de la construction européenne est caractérisée par deux dynamiques contradictoires. D'une part, on assiste dans les années 1950-1960 à un renforcement en Europe de la volonté de s'émanciper et de concurrencer les entreprises américaines et, fait nouveau, de poursuivre la construction européenne par voie de coopération entre États. D'autre part, une fois que le projet européen devient plus autonome par rapport aux États-Unis et que ces derniers ne peuvent plus jouer un rôle d'arbitre extérieur dans le processus de construction européenne, les logiques nationales se réaffirment avec une nouvelle vigueur.

Ces dynamiques sont à l'origine des contradictions qui marquent les politiques industrielles des États membres de la Communauté européenne lors des deux décennies qui suivent le traité de Rome.

V. La réémergence du problème de taille : le défi américain

Lors de la mise en place du Marché commun en 1958, la domination des *prime movers* américains ne semble jamais avoir été si forte. À l'exception des secteurs du pétrole et du tabac où certaines firmes britanniques font partie des géants mondiaux, tous les autres secteurs sont dominés par des firmes américaines plus grandes et générant davantage de profit. Dans la chimie, Du Pont devance de loin la première firme européenne – le Britannique ICI – aussi bien en termes de ventes

---

[12] Hogan, M. J., *op. cit.*, p. 424.

que d'actifs et de profit. Pour l'automobile, British Motors et Renault n'atteignent pas 10 % des ventes de General Motors et pas même 1 % des profits de GM ou de Ford. On peut encore citer le cas de l'industrie des machines électriques au sein de laquelle Philips n'atteint pas 20 % des ventes de General Electric et 10 % de ses profits[13]. Sur les 500 plus grandes firmes répertoriées en 1958 par la revue *Fortune* selon leur chiffre d'affaires, plus de 350 sont américaines.

Graphique 1. Origines des cent premières firmes mondiales 1912-2002

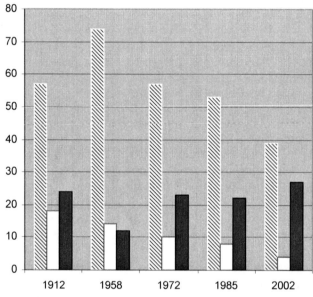

(Sources : Schmitz, Christopher 1995 ; Fortune, 1958-2002)

Sur le plan des Investissements directs étrangers (IDE), les firmes multinationales américaines sont, à elles seules, responsables de près de 50 % des flux d'IDE dans le monde en 1960, soit six fois plus que pour l'ensemble de la CEE[14]. Lorsque le Marché commun est constitué, les firmes américaines ne cessent de renforcer leurs filiales en Europe.

---

[13] Fortune 500, 1958, p. 116-132.

[14] Bairoch, P., *Victoires et déboires*, vol. III, Paris, Gallimard, 1997, p. 438.

Leurs investissements directs au sein de la Communauté économique européenne (CEE) passent de 5,38 à 16,52 milliards de dollars entre 1962 et 1970[15]. Ceci témoigne de l'avance dont disposent les firmes géantes américaines sur leurs concurrentes européennes.

L'avantage de taille dont bénéficient les *prime movers* américains devient d'autant plus problématique pour les firmes européennes que les changements technologiques des années 1950-1960 continuent à accroître la taille minimale optimale des firmes dans de nombreux secteurs[16]. Les coûts fixes de la firme deviennent de plus en plus élevés dans les secteurs de biens de consommation. Cette augmentation est due principalement au développement de la publicité dans les médias modernes. Les frais de R & D connaissent également une forte croissance dans les années 1950-1970. Entre 1963 et 1971, les dépenses de R & D par entreprise vont doubler en termes réels aux États-Unis[17]. Les départements administratifs et spécialisés se développent au niveau de la firme, entraînant par là même une augmentation des coûts fixes.

Des innovations telles que le télex ou l'avion à réaction font baisser les coûts des transports et des télécommunications pendant les années 1960. Cette baisse contribue à accroître la taille minimale optimale des firmes. En effet, les entreprises peuvent ainsi gérer plus facilement un nombre plus élevé d'unités de production géographiquement dispersées.

Les changements structurels qui ont lieu sur le marché des capitaux favorisent également les très grandes firmes. Certes, les souscriptions sur les marchés des capitaux ont toujours été moins coûteuses pour les grandes que pour les petites firmes mais l'écart a tendance à se creuser pendant les années 1960. L'importance croissante des investisseurs institutionnels (assurances, fonds de pension), dont les actifs font plus que tripler entre 1952 et 1972, favorise encore davantage l'entrée des grosses firmes sur le marché des capitaux[18].

C'est dans ce contexte de domination des grandes firmes multinationales américaines et d'accroissement de la taille minimale optimale qu'on évoque alors « le défi américain » pour reprendre l'expression de Servan-Schreiber[19].

---

[15] Franko, L. G., *The European Multinationals: a Renewed Challenge to American and British Big Business*, London, Harper & Row, 1976, p. 162.

[16] Defraigne, J.-C., *op. cit.*, p. 188-190.

[17] Defraigne, J.-C., « De l'intégration nationale à l'intégration continentale : Analyse de la dynamique d'intégration européenne et de ses liens avec les changements technologiques dans une perspective de long terme », Thèse de doctorat, Université Libre de Bruxelles, janvier 2003, p. 492.

[18] Defraigne, J.-C., *op. cit.*, p. 188-190.

[19] Servan-Schreiber, J.-J., *Le défi américain*, Paris, Denoël, 1967.

Les dirigeants politiques et économiques européens sont conscients du problème de la faiblesse de taille des firmes européennes. Ils réalisent également que les nombreuses barrières techniques et mesures protectionnistes qui subsistent au sein du Marché commun gênent les firmes européennes dans leur rattrapage vis-à-vis des *prime movers* américains.

VI. Quelle stratégie pour répondre au défi américain : sélectionner les champions européens par la concurrence ou par la négociation entre États européens ?

La solution la plus évidente, prônée par plusieurs intellectuels européens, est de constituer des « champions européens » d'une taille suffisante pour résister à la concurrence américaine. Le problème est l'absence de consensus entre les États membres quant à la façon d'aboutir à ce résultat.

Certains États membres sont en faveur de l'éradication des barrières internes pour créer un vaste marché européen intégré et homogène afin de laisser la concurrence intra-européenne sélectionner les firmes les plus performantes au détriment des firmes trop petites ou disposant d'une technologie obsolète. Les États membres partisans de cette option sont naturellement des économies qui abritent un nombre de firmes qui se sentent suffisamment compétitives pour résister à cette sélection européenne par le marché. Au sein de ce groupe, on retrouve d'abord l'Allemagne dont les plus grandes firmes sont les plus compétitives d'Europe depuis le début du siècle dans l'industrie lourde, les machines-outils, la chimie et les produits électriques. Derrière l'Allemagne, on trouve les économies du Benelux qui ont connu une longue tradition d'ouverture commerciale et dont de nombreux secteurs se sentent suffisamment compétitifs pour résister à la concurrence européenne. La demande des marchés domestiques du Benelux étant depuis des décennies très inférieure au niveau nécessaire pour que les firmes locales de la plupart des secteurs industriels puissent opérer à la taille minimale optimale, ces États membres ne peuvent qu'être en faveur d'une suppression des barrières internes au Marché commun.

Les autres grands États membres, la France et l'Italie (puis la Grande-Bretagne au cours des années 1970), sont plutôt en faveur d'une solution administrée à l'instar des mécanismes mis en place lors de la création de la CECA. Ils sont en faveur d'une sélection des champions européens qui se ferait par une négociation entre les gouvernements des États membres. La rationalisation négociée des capacités de production prendrait en compte d'autres données que la seule compétitivité des entreprises. Certaines grandes entreprises nationales pourraient ainsi être sauvegardées.

En l'absence d'un consensus sur la façon d'organiser la rationalisation des capacités de production européennes pour rattraper les *prime movers* américains, la France et l'Italie (suivies par la Grande-Bretagne au cours des années 1970) choisissent de poursuivre leur propre politique industrielle active visant à soutenir leurs plus grandes firmes nationales dans une série de secteurs jugés stratégiques. Cette stratégie, dite « des champions nationaux », est appliquée pendant les deux décennies qui suivent la création du Marché commun et elle ralentit considérablement le processus d'intégration européen.

VII. La stratégie des champions nationaux

Les différents éléments de cette politique industrielle visant à permettre l'émergence de champions nationaux dans des secteurs jugés stratégiques peuvent être regroupés en trois volets.

Le premier consiste à accroître la taille des entreprises nationales pour leur permettre de se rapprocher de la taille minimale optimale à laquelle opèrent les firmes multinationales américaines. Les gouvernements nationaux encouragent les fusions entre les firmes nationales. Cette politique est facilement mise en place du fait de plusieurs changements qui traversent les économies européennes au cours des années 1950-1960.

D'abord le cadre institutionnel national est moins favorable à la cartellisation. On assiste au cours des années 1950-1960 à la mise en place dans la plupart des économies européennes d'un droit de la concurrence et de dispositifs juridiques nationaux, largement inspirés de la législation américaine en la matière. Dans ce nouveau cadre législatif, les cartels sont généralement interdits. Ces nouvelles législations n'empêchent pas toujours le rétablissement de certaines ententes, sur le plan national comme sur le plan européen[20]. Toutefois, ces ententes se révèlent nettement moins institutionnalisées que les cartels de l'entre-deux-guerres, et surtout ne disposent pas des mêmes capacités d'inertie. La cartellisation, en tant que mécanisme de défense traditionnel utilisé par les producteurs nationaux européens face à la concurrence étrangère, est donc progressivement abandonnée en Europe. Comme par ailleurs, il n'existe aucune limite légale à la concentration industrielle, ce nouveau

---

[20] Kipping, M., *La France et les origines de l'Union européenne 1944-1952 : intégration économique et compétitivité internationale*, Paris, Comité pour l'Histoire Économique et Financière de la France, 2002, p. 356.

cadre juridique de la concurrence encourage les fusions au sein des secteurs jadis organisés en cartels.

Ensuite, il faut noter que ces politiques industrielles de l'État visant à accroître la taille des entreprises reçoivent dans les années 1960 un meilleur accueil auprès des dirigeants industriels qu'au cours de l'entre-deux-guerres ou des années 1940. Cette époque marque, en effet, un tournant dans les méthodes de gestion des grands groupes européens. Ces derniers connaissent une évolution similaire à celle qu'ont connue leurs homologues américains au début du siècle, caractérisée par une séparation plus marquée entre « *ownership* » et « *control* ». Les études de Cassis et de Suleiman ont mis en évidence cette professionnalisation des managers en France et en Angleterre[21]. La forme multidivisionnelle d'organisation de l'entreprise identifiée par Chandler commence à se généraliser en Allemagne et en Angleterre[22]. La perte de contrôle progressive de la gestion des groupes par les familles fondatrices facilite les fusions nationales soutenues par les gouvernements.

Pour encourager ces fusions nationales, certains gouvernements ont recours à des incitants fiscaux. Lorsque se joue la survie d'un secteur national jugé stratégique et que ces incitations ne suffisent pas, certains gouvernements n'hésitent pas à adopter des politiques très dirigistes. Pour réaliser ces fusions, plusieurs gouvernements vont jusqu'à nationaliser la majorité ou la totalité des firmes du secteur comme dans les cas de l'aéronautique anglaise et française, de l'automobile anglaise ou encore de la chimie italienne.

Le deuxième volet de mesures de la politique dite des champions nationaux vise à garantir aux grands groupes nationaux un accès privilégié au marché national. Il s'agit donc de maintenir ou d'ériger des barrières les protégeant de la concurrence étrangère, extra- comme intra-euro-péenne. Les gouvernements qui veulent mettre en place de telles mesures protectionnistes sont contraints par le traité de Rome, qui instaure le Marché commun, et par les engagements pris dans le cadre des *rounds* de négociations du GATT qui continuent de libéraliser le commerce mondial des biens manufacturés au cours de cette période. Néanmoins les gouvernements nationaux disposent d'une marge de manœuvre considérable pour favoriser leurs champions nationaux au détriment des *prime movers* étrangers par le biais de barrières non tarifaires.

---

[21] Cassis, Y., *Big Business: the European Experience in the Twentieth Century*, Oxford, Oxford University Press, 1997 ; Suleiman, E., *Les élites en France : grands corps et grandes écoles*, Paris, Seuil, 1979.

[22] Van Der Wee, H., *Histoire économique mondiale : 1945-1990*, Paris, Academia Duculot, 1990, p. 176 ; Chandler, A. D., *op. cit.*, p. 26.

Les normes et réglementations techniques nationales constituent le principal outil protectionniste utilisé par les gouvernements. Au cours des années 1960-1970, chaque pays membre de la CEE continue de définir des règles et des normes nationales en matière de sécurité, d'hygiène, de santé et de standards techniques. Chaque pays possède une agence nationale chargée de leur élaboration : l'AFNOR en France, la DIN en Allemagne ou la BSI au Royaume-Uni. Seules ces règles possèdent un caractère contraignant. Les normes se bornent certes à définir les critères techniques qui permettent une compatibilité avec les équipements nationaux existants. Néanmoins, leur non-respect peut être utilisé par des plaignants devant les tribunaux ou peut également justifier que des assurances refusent la prise en charge des risques.

Subsistent au cours des années 1960-1970 plus de 100 000 normes nationales au sein de la CEE[23]. Les entreprises désireuses d'exporter leur production dans un pays membre doivent donc se plier aux règles techniques nationales en vigueur mais également à la procédure d'évaluation de celles-ci par les administrations nationales. Les méthodes de test variant d'un pays à l'autre, une règle technique identique peut néanmoins requérir qu'une entreprise se soumette à plusieurs tests nationaux différents. En effet, jusqu'à la fin des années 1970, il n'existe aucun mécanisme de reconnaissance mutuelle entre les différentes méthodes nationales d'évaluation[24].

Les procédures liées aux vérifications de ces normes n'entraînent pas seulement des frais administratifs mais également des délais qui peuvent devenir prohibitifs. Ainsi, la certification nationale de certains produits peut prendre jusqu'à trois ans[25]. Ce délai a pour effet de raccourcir considérablement la période pendant laquelle la firme exportatrice a accès au marché étranger tout en étant assurée de la protection de sa propriété intellectuelle. L'incertitude quant à la durée de la procédure rend très difficile la mise en place d'une stratégie de marketing efficace et par là même la prise de parts sur le marché ciblé.

Pendant les deux décennies qui suivent la ratification du traité de Rome, de nombreux gouvernements utilisent leurs normes techniques nationales comme un outil au service de leur politique industrielle protectionniste. Par exemple, à la fin des années 1960, le gouvernement français se sert des normes nationales de sécurité appliquées aux machines à laver pour donner un temps de réaction à leurs firmes nationales

---

[23] Piggott, J. & Cook, M., *International Business Economics: a European Perspective*, London, Longman, 1993, p. 187.

[24] *Ibid.*, p. 188.

[25] Aujean, M., Catinat, M., Emerson, M., Goyber, P. & Jacquemin, A., *La nouvelle économie européenne*, Bruxelles, De Boeck, 1992, p. 51.

face à la concurrence et la pénétration des compagnies italiennes[26]. Les règles sanitaires établies par les gouvernements italiens et allemands pour le brassage industriel de la bière visent également à cette époque à protéger leur industrie nationale respective[27].

Les secteurs dans lesquels ces barrières techniques sont les plus élevées sont ceux où il existe les plus importantes économies d'échelle et où la taille minimale optimale est très élevée comme les véhicules à moteur (routiers, chemins de fer, construction maritime, aéronautique, etc.), l'industrie électronique, l'industrie mécanique, les produits chimiques et pharmaceutiques, l'électroménager, les équipements de transport (hormis véhicules), les minerais non métalliques, les produits alimentaires et le tabac, les produits métalliques, les produits en caoutchouc, les appareils de précision et appareils médicaux, les plastiques et le matériel de bureau[28].

Hormis le recours à ces barrières techniques au commerce, une partie importante de la demande du marché national peut facilement être réservée aux champions nationaux par les gouvernements qui les soutiennent. Le gouvernement dispose d'une grande marge de manœuvre en ce qui concerne les modalités d'attribution des marchés publics nationaux.

Pendant les années 1960, les appels d'offre en matière de travaux publics et d'achats d'équipements lancés par les administrations et les entreprises publiques nationales sont presque exclusivement réservés aux firmes nationales. Ainsi au début des années 1970, les achats effectués par les secteurs public et parapublic auprès d'un autre État membre de la CEE ne dépassent pas 5 % de leurs achats totaux[29].

La seule exception étant constituée par le cas où non seulement il n'existe pas d'industrie nationale appropriée, mais où les dirigeants politiques et industriels estiment aussi qu'il n'est pas possible de créer une telle industrie avec les seules ressources nationales. Un tel cas se pose naturellement plus fréquemment au sein de petits pays aux ressources plus limitées. Ainsi, la part de commandes publiques à l'étranger est plus importante dans les petits pays que dans les grands. Les administrations publiques du Benelux, par exemple, sont dans l'obligation d'importer certains biens militaires de haute technologie, des équipements de télécommunication ou d'informatique. Par contre, en France, en Alle-

---

[26] Owen, N., *Economies of Scale, Competitiveness and Trade Patterns within the European Community*, Oxford, Clarendon Press, 1983, p. 130-131.

[27] Piggott, J., *op. cit.*, p. 189.

[28] Aujean, M., *op. cit.*, p. 48.

[29] Commission des Communautés européennes : Pour la création d'une assise industrielle européenne, Luxembourg, Bulletin des Communautés européennes, Supplément 7/73, OPOCE, 1973, p. 5.

magne ou en Italie, les contrats publics sont destinés en priorité aux firmes nationales et cela bien souvent avec la volonté de soutenir les industries de haute technologie émergentes. C'est notamment le cas en France des équipements destinés à l'industrie de la défense et à l'électronique[30] ou en Italie du matériel servant à la production d'électricité. Il existe de nombreux secteurs caractérisés par un monopsone exercé par une entreprise publique. La fourniture d'équipements ferroviaires ou de télécommunication, la production et la distribution d'électricité en sont une parfaite illustration. Le commerce à l'échelle intra-européenne y est quasi inexistant[31], ce qui freine considérablement la réalisation d'économies d'échelle substantielles dans ces secteurs. Ces marchés publics constituent une part considérable de la demande européenne. En 1973, la Commission estime que ces derniers constituent 17 % des débouchés industriels de la Communauté[32].

Le dernier volet de la politique des champions nationaux consiste à octroyer des aides financières directes pour secourir les champions nationaux peu compétitifs. Le recours aux subventions s'avère courant au cours des vingt-cinq premières années qui suivent le traité de Rome, en particulier pour une série d'industries considérées comme stratégiques à la fois par l'État et les dirigeants industriels nationaux. L'intervention de l'État italien est déterminante dans le financement des géants publics ou semi-publics industriels – IRI, ENI, EFIM, Montedison[33]. L'État français apporte son soutien financier à l'industrie de la défense (Dassault, Breguet, Aérospatiale), l'électronique (CII), l'aéronautique civile (Concorde et Airbus), l'électricité (EDF), le pétrole (Compagnie française des pétroles – Total et Elf) et l'automobile (les exportations de Peugeot et Renault). Les nouvelles entreprises nationales de raffinage de pétrole, qui s'établissent partout en Europe pendant les années 1960 et 1970, ne doivent leur existence qu'au soutien de leur État national. De même, les industries de l'aluminium en Italie et en Allemagne ne doivent leur émergence qu'à l'aide de leurs gouvernements nationaux respectifs[34].

Il existe pourtant des dispositions légales dans le traité de Rome visant à limiter l'ampleur des politiques industrielles nationales mais force est de constater que la Commission n'arrive pas à les faire appliquer.

---

[30] Delapierre, M., Gérard-Varet, L. A. & Zimmermann, J.-B., "The Computer and Data Processing Industry", in H. W. De Jong (ed.), *The Structure of European Industry*, the Hague, Martinus Nijhoff, 1981.

[31] Franko, L. G., *op. cit.*, p. 103.

[32] Commission des Communautés européennes, *op. cit.*

[33] Balcet, G., *L'économie de l'Italie*, Paris, La Découverte, 1995, p. 55.

[34] Franko, L. G., *op. cit.*, p. 147.

Les États membres adoptent une stratégie efficace de résistance passive face aux demandes de la Commission pour un contrôle renforcé des aides d'État. Les directives de Bruxelles restent sans effets concrets au cours des années 1960-1970.

Ces stratégies des champions nationaux persistent jusqu'au début des années 1980, et ce malgré de nombreux constats de la Commission et de l'OCDE qui en soulignent les effets désastreux sur la fragmentation du Marché commun[35]. La Commission va proposer dès le début des années 1970, un statut juridique de firme européenne et la levée des barrières internes pour favoriser des fusions intra-européennes de façon à accélérer l'émergence de champions européens capables de rivaliser avec leurs concurrents américains[36]. Ces propositions ne seront pas adoptées par le Conseil, trois des quatre grandes économies de la Communauté européenne ayant résolu de poursuivre leur stratégie de champions nationaux.

On peut se demander pourquoi certains pays membres ont poursuivi cette politique des champions nationaux pendant deux décennies pour ensuite l'abandonner progressivement au début des années 1980. La persistance de cette stratégie s'explique en grande partie par le contexte conjoncturel. Les vingt années qui suivent le traité de Rome constituent une période de croissance exceptionnelle pour l'Europe occidentale. Dans un contexte de marchés en expansion constante mais qui restent encore assez protégés, les grandes firmes européennes peuvent accroître leur niveau de production pour se rapprocher de la taille minimale optimale à laquelle opèrent leurs concurrents américains. Les politiques de fusions nationales permettent de commencer la rationalisation des capacités de production en Europe et de réduire l'écart en termes de taille vis-à-vis de leurs concurrents d'outre-Atlantique dans une série de secteurs caractérisés par d'importantes économies d'échelle comme la chimie, l'aéronautique, l'électronique, les électroménagers, l'agro-alimentaire, les pneumatiques et l'automobile[37]. Bien qu'une politique visant à permettre une rationalisation des capacités de production au niveau de la communauté européenne et l'émergence de champions européens aurait pu favoriser un rattrapage plus rapide que la poursuite de la stratégie des champions nationaux, cette dernière a permis de combler une partie du retard vis-à-vis des firmes américaines. La preuve de ce rattrapage peut être observée par l'analyse des flux transatlan-

---

[35]   Edwards, G., "Four Sectors: Textile, Man-Made Fibers, Shipbuilding, Aircraft", in J. Pinder (ed.), *National Industrial Strategies and the World Economy*, Totowa, N.J., Allanheld, Osmun and Company, 1982, p. 113.

[36]   Commission des Communautés européennes, *op. cit.*

[37]   Defraigne, J.-C., *op. cit.*, p. 207-214.

tiques d'IDE. Les données de Dunning et Franko montrent que les filiales européennes aux États-Unis se développent plus vite que les firmes américaines en Europe pour la première fois depuis le début du siècle[38]. Cela signifie donc qu'un nombre croissant de firmes européennes ont franchi les barrières à l'entrée dont bénéficiaient les *prime movers* américains et peuvent se transformer en multinationales capables d'opérer sur le marché américain. Ce succès relatif conjugué à la conjoncture économique exceptionnelle que connaît l'Europe occidentale masque le fait que la politique des champions nationaux reste insuffisante pour combler l'entièreté du retard de l'industrie européenne par rapport à son homologue américaine.

On peut voir la stratégie des champions nationaux comme une phase transitoire. Les gouvernements européens qui l'appliquent savent qu'elle est insuffisante pour rattraper les géants américains et qu'une rationalisation européenne des capacités de production sera indispensable en fin de compte. Il s'agit donc, dans un premier temps, de renforcer les champions nationaux en préparation de la rationalisation européenne inévitable, et ce pour améliorer leur position au moment où cette rationalisation s'effectuera en espérant que certains champions nationaux seront assez forts pour être sélectionnés comme champions européens. L'exceptionnelle conjoncture des années 1960-1970 va permettre de reporter l'échéance difficile qu'est le passage de cette politique transitoire de soutien aux champions nationaux à la sélection des champions européens (et donc à l'élimination de certains champions nationaux plus faibles).

VIII. L'insoutenabilité de la stratégie des champions nationaux

C'est la crise de l'économie mondiale qui commence en 1973 et qui s'étend sur plus d'une décennie qui rend progressivement inéluctable l'abandon de la politique de soutien des champions nationaux.

La montée de la concurrence internationale et le ralentissement de la croissance à partir de la fin des années 1970 modifient durablement les stratégies de marketing, de distribution et d'organisation de la production des plus grandes firmes. La concurrence internationale conjuguée au ralentissement de la croissance réduisent les parts de marché des champions nationaux de nombreux secteurs et les empêchent de bénéficier pleinement des économies d'échelle découlant de la production de longues séries standardisées. Les nouveaux entrants, qui pénètrent géné-

---

[38] Franko, L. G., *op. cit.* ; Dunning, J. H., "Transatlantic Foreign Investment and the European Economic Community", *The International Economic Journal*, vol. 6, n° 1, printemps 1992.

ralement les marchés européens et américain au cours des années 1970, commencent par les produits de bas de gamme. Ces derniers ne nécessitent pas la meilleure technologie disponible mais ils permettent d'exploiter à fond les réductions de coût liées à des avantages spécifiques à la localisation et à la production de longues séries. Ce phénomène se produit aussi bien pour des biens de production que pour des biens de consommation.

Face à cette montée de la concurrence internationale, les producteurs nationaux vont se défendre de deux manières, combinées ou non, selon les secteurs. La première réaction, la plus élémentaire, est de faire pression pour que le gouvernement national adopte de nouvelles mesures protectionnistes. Mais dans un contexte géopolitique particulier, les gouvernements des économies de l'OCDE vont s'entendre pour limiter le regain de protectionnisme et poursuivre la libéralisation des échanges entre pays développés pour éviter un effondrement du commerce international comme cela avait été le cas lors de la crise des années 1930[39]. Dès lors, ce protectionnisme mesuré ne permet donc pas d'écarter la concurrence internationale sur les marchés américain et européens. Les firmes américaines et européennes sont alors contraintes de réorganiser leur production pour améliorer leur compétitivité face aux nouveaux entrants, notamment japonais.

Afin d'améliorer leur compétitivité, certaines firmes transforment leur processus de production de manière radicale. Certains auteurs perçoivent dans ce phénomène l'émergence d'un nouveau système de production qui remplace le fordisme. Boyer et Durand dénomment ce nouveau système « post-fordisme » ou « toyotisme »[40]. Piore et Sabel choisissent le terme de « spécialisation souple » (*flexible specialisation*)[41]. Cette transformation progressive du processus de production ne s'applique pas uniformément à toutes les grandes entreprises. Quels en sont les éléments principaux ?

Ces firmes décident de jouer sur la différenciation des produits et l'amélioration de la qualité. Cette différenciation est souvent au départ une réaction de défense face à la pénétration de leurs marchés traditionnels par des concurrents disposant d'avantages en coût. Elles peuvent créer des niches plus difficiles d'accès à des concurrents disposant d'une moins bonne capacité d'innovation.

---

[39] Defraigne, J.-C., *op. cit.*, p. 218-219.

[40] Boyer, R. & Durand, J.-P., *L'après-fordisme*, Paris, Syros, 1998, p. 34.

[41] Piore, M. J. & Sabel, C. F., *Les chemins de la prospérité : de la production de masse à la spécialisation souple*, Paris, Hachette, 1989.

La différenciation des produits a plusieurs conséquences sur le processus de production. Elle nécessite d'abord des machines-outils beaucoup plus perfectionnées, notamment une robotique informatisée offrant la possibilité de varier les opérations de façon à produire plusieurs modèles simultanément. La révolution technologique de l'informatique et l'amélioration fulgurante des capacités des microprocesseurs offrent une flexibilité d'un type nouveau au cours des années 1980[42].

La différenciation entraîne un accroissement du nombre de modèles produits et une volonté de raccourcir le temps de création d'un nouveau modèle. Dans le secteur de l'informatique, Stopford cite le cas de Siemens Nixdorf qui arrive pendant les années 1980 à réduire le temps de développement d'un nouveau modèle d'un an à sept semaines et reprendre ainsi des parts de marché à ses concurrents japonais[43]. Évidemment, cette augmentation du nombre de modèles et la diminution du temps de leur développement se traduisent par une augmentation de plus en plus importante des dépenses en R & D. La fin des années 1970 marque une accélération de la croissance des dépenses de R & D en Allemagne et au Japon. Aux États-Unis, ce phénomène se produit au début des années 1980[44].

Au delà des changements au niveau de la production, les entreprises placent également davantage de ressources à façonner la demande. Les entreprises ont recours à d'importantes campagnes de publicité pour que le consommateur considère leurs produits comme différents de ceux de leurs concurrents du fait de leur qualité, de leur meilleure finition ou de leur image[45]. Les départements de marketing et publicité prennent donc davantage d'ampleur au sein des firmes.

Cette stratégie de différenciation des produits a donc comme effet d'accroître considérablement les coûts fixes des entreprises qui l'adoptent et par là d'accroître la taille minimale optimale des secteurs où cette stratégie se généralise.

Les entreprises post-fordistes essaient de réagir le plus rapidement possible aux modifications de la demande et organisent des systèmes de *feed-back* pour adapter au plus vite la production[46]. Ces liens plus étroits entre l'organisation de la production et les fluctuations du marché ont

---

[42] Dicken, P., *Global Shift: Reshaping the Global Economic Map in the 21st Century*, London, Sage Publications, 2003, p. 108.

[43] Stopford J. M., *Offensive and Defensive Responses by European Multinationals to a World of Trade Blocs*, Paris, OCDE GD (92)78, 1992.

[44] Albert, M., *Capitalisme contre capitalisme*, Paris, Seuil, 1996, p. 162.

[45] Carlton, D. & Perloff, J., *Économie industrielle*, Bruxelles, De Boeck, 1998, p. 673.

[46] Boyer, R., *op. cit.*, p. 34.

tendance à nécessiter des unités de production géographiquement proches du marché qu'elles servent[47]. Les entreprises privilégient la proximité géographique du marché ciblé à la taille de l'unité de production. Elles donnent aussi la préférence à des usines plus flexibles et informatisées même si elles sont plus petites. Stopford relève une baisse de la taille minimale optimale de l'unité de production dans de nombreuses multinationales. Cette réduction de la taille des unités de production est toutefois limitée par la volonté de poursuivre la standardisation au niveau des composantes du produit[48]. La flexibilité, la proximité géographique accrue de la firme par rapport au marché et le choix d'une plus petite taille de l'unité de production permettent de réduire le stockage de matières premières et de produits finis, limitant de cette manière les immobilisations inutiles de capitaux[49]. C'est le développement de la production à flux tendus, le *just-in-time*.

Néanmoins le passage à la spécialisation flexible ne signifie pas que la taille minimale optimale de la firme soit réduite. Au contraire, si dans certains cas, la taille des unités de production baisse, le volume des coûts fixes au niveau de la firme (qui gère ses différentes unités de production) ne cesse de croître avec l'augmentation des dépenses en matière de R & D et de publicité. Scherer et Ross mentionnent les possibilités d'économies d'échelle dont peut bénéficier une firme disposant de plusieurs unités de production géographiquement dispersées si les coûts de transport ou la complexité de la gamme de produits le nécessitent[50]. Des analyses empiriques montrent que les secteurs produisant les biens les plus différenciés sont ceux dont la concentration croît le plus vite[51].

Avec le passage progressif au cours des années 1970-1980 vers un système post-fordiste basé notamment sur la différenciation accrue des produits, on assiste à une modification du processus de production. La production devient plus intensive en capital (développement de l'informatique et de la robotique), en R & D et en publicité. De ce fait, la taille minimale optimale de la firme continue de s'accroître. Cette tendance est confirmée par une deuxième étude faite par Pratten en 1987 sur les économies d'échelle par secteur en Europe[52].

---

[47]   Oman, C., *Globalisation and Regionalisation*, Paris, OCDE, 1994, p. 91.

[48]   Boyer, R., *op. cit.*, p. 38.

[49]   *Ibid.*, p. 79.

[50]   Scherer, F. M. & Ross, D., *Industrial Market Structure and Economic Performance*, Boston MA, Houghton Mifflin Company, 1990, p. 123.

[51]   *Ibid.*, p. 138.

[52]   Aujean, M., *op. cit.*, p. 146.

IX. L'abandon progressif de la stratégie des champions nationaux

Les dirigeants politiques et économiques européens ne sont pas immédiatement conscients de cette mutation de l'organisation de la production et des conséquences qu'elle entraîne sur la taille minimale optimale des différents secteurs d'activité. Toutefois, au fur et à mesure que ces transformations se généralisent à travers les secteurs, le problème du rattrapage de taille des firmes européennes sur leurs concurrents géants américains (et nippons) se pose avec plus d'acuité. Les gouvernements européens envisagent alors l'abandon de la stratégie des champions nationaux et le passage rapide à une stratégie européenne permettant un accroissement rapide de la taille des plus grandes firmes européennes dans les secteurs à fortes économies d'échelle.

Néanmoins, lors des premières années qui suivent le choc pétrolier de 1973, les gouvernements et les dirigeants industriels européens ne réalisent pas qu'il s'agit d'une crise structurelle[53]. Du fait de cette interprétation erronée, de nombreux gouvernements européens interviennent plus directement dans l'économie pour contrer ce qu'ils pensent n'être qu'une crise conjoncturelle liée au choc pétrolier. Les États européens relancent de plus belle leur politique des champions nationaux en intervenant directement dans la gestion des champions en difficulté par le biais de prises de participation plus importantes, voire par des nationalisations. Il faut attendre la fin des années 1970 pour assister au chant du cygne de cette politique qui n'arrive pas à réduire l'écart en termes de taille et de compétitivité dont bénéficient les firmes nippones et américaines.

En effet, pour faciliter le passage à la spécialisation souple postfordiste, les multinationales japonaises et américaines peuvent compter sur la politique industrielle active de leurs gigantesques machines étatiques[54]. Les soutiens qui leur sont apportés par leurs États respectifs en matières de R & D (notamment militaire dans le cas américain) sont considérablement plus importants que ceux avancés par les États des grandes économies européennes au cours des années 1980. À ce soutien étatique important dans l'effort de recherche, il faut ajouter dans le cas américain, le recours à des politiques commerciales plus musclées, caractérisées par des démarches protectionnistes unilatérales (*Voluntary Export Restraints*, la promulgation de l'*Omnibus & Competitiveness Trade Act*). De plus, les capacités d'accumulation du capital des firmes

---

[53] Woolcock, S., "The International Politics of Trade and Production in the Steel Industry", in J. Pinder (ed.), *National Industrial Strategies and the World Economy*, Totowa, N.J., Allanheld, Osmun and Company, 1982, p. 60.

[54] Defraigne, J.-C., *op. cit.*, p. 227.

multinationales américaines sont accrues par des politiques macroéconomiques favorables au *big business* (baisse d'impôts sur le capital, flexibilité accrue sur le marché du travail)[55].

L'amélioration de la position des industries américaine et nipponne dans les années 1980 se traduit par de meilleurs taux de croissance tout au long de la décennie pour l'économie japonaise et à partir de 1983 pour les États-Unis[56]. En 1985, les niveaux de productivité pour les industries américaine et japonaise sont nettement plus élevés que pour leurs concurrentes européennes[57]. Cette vigueur retrouvée de l'économie américaine est clairement perceptible comme en témoigne la volonté de nombreux politiciens et dirigeants industriels de rechercher des « recettes de sortie de crise à l'américaine »[58].

Ce renforcement de la concurrence internationale pousse les dirigeants politiques et économiques européens à réagir. Ils sont désormais conscients que les ressources nationales sont insuffisantes pour faire face aux multinationales nipponnes et américaines. La comparaison des tailles respectives des grandes firmes américaines et européennes, dans un contexte où les coûts fixes augmentent considérablement, met en évidence l'impasse que constitue la stratégie exclusive des champions nationaux. La multiplication des programmes nationaux de R & D concurrents en Europe devient problématique au regard du différentiel constaté entre les montants consacrés à la recherche par les économies européennes prises individuellement et ceux engagés par les économies nipponne et américaine. Le même argument prévaut aussi pour les commandes civiles et militaires des États nationaux européens. De plus, au cours des années 1980, la détérioration rapide des finances publiques renforce les partisans d'un désengagement de l'État de la gestion économique. C'est à cette période que se dégage au sein de la plupart des gouvernements européens un consensus en faveur de la fin de l'« économie mixte »[59]. Cela ne signifie pas en soi l'abandon des champions nationaux puisque les firmes privatisées peuvent continuer à bénéficier d'une politique industrielle nationale mais cela permet la poursuite de la concentration intra-européenne et la spécialisation industrielle au niveau européen dans une série de secteurs où les économies d'échelle sont substantielles (banques, économies de réseaux, énergie, transport).

---

[55]   *Ibid.*, p. 228.

[56]   Van Der Wee, H., *op. cit.*, p. 461.

[57]   Aujean, M., *op. cit.*, p. 17.

[58]   Boyer, R., *La flexibilité du travail en Europe*, Paris, La Découverte, 1986, p. 288.

[59]   Van Der Wee, H., *op. cit.*, p. 286 ; Faulhaber, G. & Tamburini, G., *European Economic Integration: The Role of Technology*, Dordrecht, Kluwer academic publishers, 1991, p. 102.

De nombreuses études économiques réalisées entre la fin des années 1970 et le début des années 1980 critiquent la stratégie de champions nationaux en insistant sur leur effet néfaste sur le plan de la concurrence. Elles jugent trop élevés les degrés de concentration nationaux atteints suite aux politiques de fusion appliquées par les gouvernements européens depuis les années 1960-1970[60]. Ainsi Pelkmans, en se basant sur les estimations de Scherer relatives aux économies d'échelle et à la concentration en Europe, affirme que les marchés nationaux de certains secteurs sont trop petits pour atteindre la taille minimale optimale tout en évitant une situation de monopole[61]. Par contre, au niveau d'un marché intégré européen, différentes études indiquent que des firmes pourraient opérer à la taille minimale optimale sans se trouver dans une situation de monopole[62]. La poursuite de l'intégration européenne paraît donc la voie à suivre pour allier efficacité technique (pouvoir opérer à la taille minimale optimale) et efficacité du marché (éviter des positions dominantes liées à une structure oligopolistique ou monopolistique).

Dans ce contexte, les partisans d'une plus grande intégration européenne gagnent du terrain. Ceux-ci supportent une accélération de la spécialisation industrielle au niveau continental et donc l'abandon de la politique des champions nationaux et des barrières nationales à l'intérieur de l'espace européen.

La transition de la politique des champions nationaux à celle des champions continentaux qui commence au début des années 1980 sera plus ou moins longue selon les secteurs et se caractérise le plus souvent par une concomitance des deux politiques. Pendant cette transition, chaque entreprenariat national européen engage avec son appareil d'État un processus de négociation, durant lequel le développement de ses champions nationaux reste primordial pour améliorer son rapport de force face aux autres entreprenariats nationaux, éventuels futurs partenaires. Dans ce processus, les entreprenariats nationaux de petites économies ne peuvent prétendre continuer ce processus de négociation dans toute la gamme des secteurs industriels. Ils sont forcés d'abandonner plusieurs secteurs et le nombre de champions nationaux se réduit substantiellement pendant cette période.

---

[60] Cox, A. & Warson, G., "The European Community and the Restructuring of Europe's National Champions", in J. Hayward (ed.), *Industrial Enterprise and European Integration*, Oxford, Oxford University Press, 1995, p. 306.

[61] Pelkmans, J., *Market Integration in the European Community*, The Hague, Martinus Nijhoff Publisher, 1984, p. 62.

[62] De Jong, H. W. & Jacquemin A., *European Industrial Organisation*, London, Mc Millan, 1977.

X. La levée des barrières internes dans le marché commun

Une fois que les dirigeants européens sont conscients de ces nouvelles donnes sur les processus de production des grandes firmes et sur le caractère structurel de la crise, les obstacles à l'intégration du marché européen sont progressivement levés au cours des années 1980. On assiste à la neutralisation des normes techniques comme barrière au commerce intra-européen. L'arrêt rendu le 20 février 1979 par la Cour de justice européenne sur l'affaire Cassis de Dijon permet dans certains cas de substituer la reconnaissance mutuelle des législations nationales à leur harmonisation, cette dernière étant fortement paralysée par la règle de l'unanimité prévalant au Conseil Européen. Entre 1981 et 1984, la Commission européenne défend un programme de perfectionnement graduel du marché intérieur qui débouche sur le Livre Blanc de la Commission de 1985 puis sur l'avènement du grand marché européen de 1992. De plus, avec l'Acte Unique de 1987, la Commission obtient que les décisions du Conseil relatives à l'harmonisation européenne réglementaire et technique se décident à la majorité et non plus à l'unanimité. L'obstacle représenté par les règles techniques nationales est donc progressivement gommé par les avancées des institutions européennes.

Entre le milieu des années 1980 et 1993, les obstacles physiques et administratifs liés au franchissement des frontières sont considérablement réduits, voire pour certains entièrement supprimés. Parallèlement, les progrès réalisés en matière d'intégration monétaire au cours des années 1970-1990 vont permettre de réduire progressivement les risques de change au sein du Marché commun et de faciliter ainsi le commerce et les mouvements de capitaux intra-européens.

XI. Le démantèlement des politiques industrielles nationales

Les mesures qui viennent d'être décrites constituent un perfectionnement substantiel de l'intégration du marché européen. Néanmoins, un obstacle majeur à une spécialisation industrielle au niveau européen persiste pendant les années 1980-1990 : la politique industrielle nationale et les aides publiques aux firmes nationales en difficulté. Comme le constate la Commission à la fin des années 1980 : « le risque existe que les entreprises efficientes, qui devraient bénéficier de l'intégration du marché, n'utilisent pas ces avantages pour accroître leur part de marché dans les autres États membres si elles croient que ce gain en part de marché aura uniquement pour conséquence de provoquer des mesures d'aides d'État en représailles »[63]. La question des aides d'État pose toute la problématique de l'opportunité d'une politique industrielle au niveau européen. La Commission doit-elle poursuivre des politiques indus-trielles sectorielles nationales au niveau supranational dans le but de créer des champions européens ?

Selon la situation de leur industrie nationale et la répartition sec-torielle de leurs grandes entreprises, les gouvernements nationaux européens des années 1980 supportent des points de vue parfois radica-lement opposés. Les gouvernements allemand et anglais sont farouche-ment opposés à toute intervention étatique dans la constitution de « champions européens ». Ils sont résolument en faveur d'une sélection des firmes les plus efficaces par le marché. Le Royaume-Uni, du fait du formidable développement des services financiers de la *City*, a abandon-né son soutien aux champions industriels et défend une politique de laisser-faire en termes de fusions transnationales européennes[64]. La France et l'Italie sont plutôt en faveur d'une rationalisation des capacités de production industrielle européennes par le biais d'un processus de négociation entre États nationaux qui ressemblerait à celui mis en place pour la création de la Haute Autorité de la CECA au début des années 1950[65]. Les champions européens seraient donc sélectionnés en prenant en compte d'autres considérations que la compétitivité sur le marché européen. Des programmes européens subventionneraient activement ces champions nouvellement créés.

La Commission propose donc des éléments de politique industrielle qui relèvent d'un compromis entre les positions britannique et alle-mande d'une part et les positions française et italienne de l'autre. Toute-fois, force est de constater que les aspects de la sélection par le marché dominent ceux qui tendent vers une sélection administrée par les États membres.

Le gouvernement français obtient bien la création de deux program-mes de recherche européens – EUREKA et ESPRIT – mais le budget de ces programmes représente moins de 0,05 % du PIB européen, soit moins d'un dixième des budgets de R & D nationaux[66]. Ensuite, ces programmes n'incluent pas les recherches à usage militaire. Les limita-tions engendrées par l'incapacité d'intégrer l'industrie militaire dans les programmes de recherche européens est souligné par le commissaire à

---

[63] Chérot, J.-Y., « La discipline des aides nationales dans la Communauté Euro-péenne », *Revue d'Économie Industrielle*, n° 63, 1993, p. 229.

[64] Defraigne, J.-C., *op. cit.*, p. 240.

[65] *Ibid.*, p. 243.

[66] Économie européenne, n° 58, Office des publications officielles des Communautés Européennes, Luxembourg, p. 123.

l'Industrie Étienne Davignon lorsqu'il déclare : « Europe deplorably missed a great opportunity when we omitted the military dimension from EUREKA »[67].

Sous l'influence britannique et allemande, la Commission refuse de mettre en place des politiques de protection et d'imposer des restructurations sectorielles au niveau européen comme l'avait demandé le gouvernement français. Elle préfère laisser le secteur privé opérer les restructurations nécessaires[68]. La politique industrielle européenne active se cantonne principalement aux investissements d'infrastructure et à la recherche.

De plus, la Commission européenne commence à démanteler les outils dont disposent les États membres pour appliquer une politique industrielle de champions nationaux. Elle impose un contrôle plus rigoureux du respect des articles 90, 92 et 93 du traité de Rome relatifs aux aides publiques nationales. Le nombre annuel d'enquêtes de contrôle relatives aux aides publiques nationales est multiplié par six entre le début des années 1970 et le début des années 1980. Alors que la Commission n'avait rendu que vingt-et-une décisions négatives au cours des années 1970, elle en émet treize pour la seule année 1982[69]. Tout au long des années 1980, elle établit une procédure rigoureuse visant à faire appliquer ses décisions en matière d'aides publiques nationales, et ce malgré la résistance passive des États nationaux[70]. En 1990, elle est confirmée par le Conseil dans son rôle de contrôleur des aides publiques nationales[71]. On constate une baisse des subventions en faveur des différents secteurs industriels : de 4 % de la valeur ajoutée du secteur industriel entre 1986-1988, elles baissent progressivement au cours des années 1990 pour finir à 2 % en 1998[72].

Ce renforcement du contrôle de la Commission impose progressivement l'abandon de certains champions nationaux non viables par leurs gouvernements et la poursuite d'une politique de privatisations permettant aux firmes concernées de disposer des capitaux nécessaires à leur modernisation. Ces vagues de privatisations constituent une condition essentielle pour permettre des fusions et des alliances internationales

---

[67] Kolko, J., *Restructuring the World Economy*, New York, Pantheon Books, 1988, p. 242.

[68] Chérot, J.-Y., *op. cit.*, p. 237.

[69] Pelkmans, J., *op. cit.*, p. 263.

[70] Chérot, J.-Y., *op. cit.*, p. 227.

[71] *Ibid.*, p. 226.

[72] Pelkmans, J., *European Integration: Methods and Economic Analysis*, Harlow, Financial Times & Prentice Hall, 2001, p. 242.

avec d'autres firmes multinationales qui se méfieraient d'un rapprochement avec des firmes trop dépendantes de l'État national.

Parallèlement, la Commission impose un respect accru de la concurrence et donc limite les soutiens accordés par l'État aux industries de
réseaux, c'est-à-dire les secteurs de l'électricité, du gaz, de l'eau, de la
poste et des télécommunications. Les articles du traité de Rome
(art. 90§1 et 92) circonscrivent les cas dans lesquels le droit communautaire autorise l'octroi d'un monopole national par l'État et d'aides d'État
à une entreprise publique. Ces articles, souvent restés lettres mortes,
commencent à être appliqués de manière plus rigoureuse dans les années
1980[73]. La Commission s'engage alors dans la voie de la libéralisation
de ces industries de réseaux.

Les États européens et les grandes firmes décidant d'abandonner la
stratégie des champions nationaux et considérant comme inéluctable la
constitution rapide de groupes européens, on assiste à un affaiblissement
des mécanismes de défense utilisés jusqu'alors par les États et les
champions nationaux pour empêcher des prises de contrôle par des
firmes étrangères. Ainsi, depuis la fin des années 1990, les cas de non-
intervention des gouvernements nationaux des grandes économies au
moment de la prise de contrôle de champions nationaux par des firmes
étrangères se multiplient. L'exemple le plus marquant est celui de la
prise de contrôle « hostile » réalisée par l'opérateur Vodaphone sur le
groupe allemand Mannesmann. Les réseaux de participations croisées
qui caractérisaient de nombreux grands groupes français, allemands ou
italiens sont en train de se desserrer[74]. Capron constate une fragilisation
du système français des « noyaux durs » au milieu des années 1990[75]. En
Allemagne, les noyaux durs, qui étaient principalement organisés autour
des banques commencent à se fragiliser au fur et à mesure que les
banques allemandes recherchent des prêts plus rémunérateurs et que de
nouvelles lois fiscales facilitent la revente de leurs participations dans
les entreprises[76]. Cette constatation est partagée par Albert qui observe le
renoncement progressif des banques allemandes à jouer leur rôle de
Hausbank auprès des groupes industriels[77]. L'affaiblissement de ces
noyaux durs est clairement perceptible avec l'explosion des prises de

[73]   Pelkmans J., *op. cit.*, p. 140.

[74]   Plihon, D., « Les grandes entreprises fragilisées par la finance », in F. Chesnais (dir.),
       La finance mondialisée, Paris, La Découverte, 2004, p. 128.

[75]   Capron, M., « Crise du capitalisme français : le cas du groupe Suez », *Contradictions*,
       n° 80, 1996, p. 104.

[76]   Jeffers, E., « La place de l'Europe dans la valorisation mondiale des capitaux de
       placement financier », in F. Chesnais (dir.), *op. cit.*, p. 158.

[77]   Albert, M., *op. cit.*, p. 205.

contrôle « hostiles » en Europe en 1999, phénomène fortement amplifié par rapport aux années précédentes. Selon une étude de J. P. Morgan, le nombre de prises de contrôle hostiles par an en Europe oscille autour de 15 entre 1990 et 1998 et grimpe à 393 en 1999[78].

La montée en puissance des investisseurs institutionnels dans le capital de grands groupes européens[79] provoque également un affaiblissement de ces noyaux durs de défense nationale. En cherchant des rendements plus élevés à court terme, les investisseurs institutionnels créent une pression supplémentaire sur la gestion de l'entreprise en faveur d'une croissance externe car celle-ci peut se traduire par des hausses substantielles du cours de l'action de la firme acquéreuse.

XII. Une politique industrielle européenne limitée mais réelle

On assiste donc à un démantèlement des barrières nationales à l'intérieur de la Communauté qui va renforcer la concurrence intra-européenne. En matière de politique industrielle européenne, l'option adoptée par la Commission se rapproche de l'esprit d'une intervention « à l'allemande ». Elle est limitée car peu dirigiste et laissant la part belle au marché dans le processus de constitution de champions européens. La Commission refuse officiellement le protectionnisme sectoriel systématique appliqué par les gouvernements français et italiens pour appliquer leur stratégie des champions nationaux.

Néanmoins, la Commission va prendre un rôle un peu actif sur le plan de la protection vis-à-vis de la concurrence extra-communautaire. En effet, plusieurs aspects de la politique commerciale et de la politique de la concurrence de l'Union européenne reviennent à créer *de facto* une politique industrielle européenne, même si elle reste modérée, visant à protéger les secteurs européens les plus menacés par les multinationales étrangères, notamment dans les branches intensives en haute technologie. Une analyse précise de la politique commerciale, de la politique de régulation des économies de réseaux et de la politique de concurrence montre que la Commission applique bien *de facto* des mesures protectionnistes sectorielles[80].

Cette politique industrielle européenne certes n'avoue pas son nom mais elle permet de résoudre un problème central et épineux sur le plan politique, en facilitant la transition des champions nationaux vers des

---

[78] *The Economist*, London, 2000, 29/4/2000, p. 10.

[79] Boyer, R. & Souyri P.-F., *Mondialisation et régulations : Europe et Japon face à la singularité américaine*, Paris, La Découverte, 2001, p. 36.

[80] Defraigne, J.-C., *op. cit.*, p. 247-250.

champions européens. Construire une politique industrielle active au niveau européen requiert le transfert d'une série de compétences nationales au niveau communautaire telle que l'allocation des aides publiques et une partie substantielle de la R & D nationale. Pour contourner ce problème politique, la Commission construit un équivalent de politique industrielle par le biais de la politique commerciale, de la concurrence et du marché intérieur, sans compter les transports et l'énergie. Ce faisant, la Commission coupe l'herbe sous le pied des derniers défenseurs de la stratégie des champions nationaux. L'aide de l'État national est refusée au nom du principe de l'interdiction de la distorsion de la concurrence intra-européenne et les autres barrières nationales sont progressivement effacées. Il n'existe plus de protection au niveau national mais il en existe au niveau communautaire grâce aux politiques européennes du commerce, de la concurrence et du marché intérieur. Cette combinaison entraîne nécessairement l'absorption ou l'élimination des champions nationaux inefficaces par les firmes européennes les plus compétitives. La voie est donc dégagée pour la poursuite du processus de spécialisation industrielle au niveau européen et la constitution de champions européens.

XIII. La vague de fusions de 1986-2000 et l'émergence des champions européens

Les perfectionnements de l'intégration des marchés européens effectués au cours des années génèrent une concurrence accrue et une vague de fusions et d'acquisitions (F & A) sans précédent dans l'histoire européenne. Cette vague commence en 1986 juste après le Livre Blanc sur le Marché unique européen et se termine en 2000.

Les secteurs les plus touchés par ces fusions sont ceux pour lesquels les économies d'échelles sont les plus importantes. La vague de fusions qui précède la constitution du Marché unique (1986-1992) touche en priorité les industries de la chimie (13,4 %), de l'automobile et de la construction mécanique (21,8 %), de l'électronique, des produits électriques (dont électroménagers), du caoutchouc, du plastique et de l'industrie du papier[81]. La décomposition sectorielle de la vague de fusions ayant lieu entre 1986 et 1992 confirme l'hypothèse selon laquelle les firmes européennes optent pour une croissance externe afin d'acquérir des économies d'échelle supplémentaires liées à la spécialisation souple et de rattraper la taille de leurs concurrents américains ou japonais. Dans ce sens, le Commissariat général au plan français cons-

---

[81] Économie européenne, *Fusion et Acquisition*, Supplément A, février 1994, Luxembourg, Office des publications officielles des Communautés européennes, 1994.

tate que 70 % des F & A pendant la période 1990-2001 sont intra-sectorielles et visent donc davantage le gain de taille que la diversifica-tion[82]. Cette hypothèse est également renforcée par les déclarations publiques faites par certaines entreprises concernant les objectifs de leurs fusions. Une compilation de ces déclarations commandée par la Commission montre l'importance, d'une part, de rationaliser la produc-tion et, d'autre part, d'opérer sur une grande part de marché[83].

Si, au départ de la vague de fusion, les F & A entre firmes d'une même nation européenne sont les plus fréquentes, ce mouvement s'inverse lors de la phase la plus intensive de cette vague de fusion à la fin des années 1990[84]. La domination des F & A transfrontalières sur les nationales s'accélère par la suite puisque, pour la période 1990-2001, le Commissariat général au plan français estime que les opérations trans-frontalières comptent pour 54,2 % contre 45,8 % pour les opérations strictement nationales[85].

Mais qui des multinationales européennes ou extracommunautaires dominent ces fusions internationales en pleine croissance ? Jusqu'en 1991, les F & A d'entreprises européennes réalisées par des firmes européennes sont aussi importantes que celles réalisées par des firmes extra-communautaires. Les données de la CNUCED et du Commissariat général au plan français indiquent que les F & A intra-communautaires dominent largement les F & A au titre desquelles des firmes extra-communautaires prennent le contrôle de firmes européennes[86]. La vague de fusions a donc bien contribué à renforcer la taille des groupes euro-péens (voir graphique 1 & 2).

---

[82] Commissariat général au plan, *Mondialisation et recomposition du capital des entreprises européennes*, Paris, La Documentation Française, 2004, p. 110.

[83] Économie européenne, *op. cit.*, p. 5.

[84] *The Economist*, London, 12/2/2000, 2000, p. 78.

[85] Commissariat général au plan, *op. cit.*, p. 100.

[86] Commissariat général au plan, *op. cit.*, p. 102 ; CNUCED, *World Investment Report*, Genève, Nations Unies, 2004, p. 336.

**Graphique 2. Fusions et acquisitions transnationales
ayant pour cible une firme de l'Union européenne
(en millions de dollars courants)**

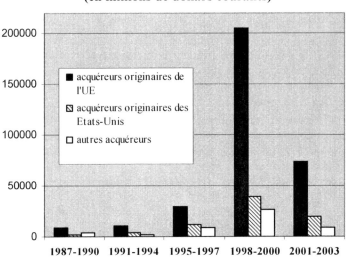

(Sources : Économie européenne 1990-2003 & Bureau du Plan, 2004).

XIV. L'émergence de champions européens supranationaux

Les obstacles nationaux à la constitution de groupes européens et à une spécialisation industrielle optimale au niveau européen semblent être écartés comme en témoigne la vague de fusions sans précédent des années 1986-2000. Dans une série de secteurs apparaissent alors des groupes de taille mondiale, servant la plupart des marchés nationaux européens et opérant au niveau continental comme leurs concurrents américains et nippons. Ces groupes peuvent être dirigés par un actionnariat et des managers essentiellement nationaux, c'est encore le cas le plus fréquent dans la majorité des secteurs en 2002. Mais on voit au cours des années 1990 se multiplier des groupes supranationaux européens, c'est-à-dire des groupes dont la direction et l'actionnariat sont majoritairement multinationaux et qui sont revendiqués comme tels.

Ces nouveaux groupes supranationaux européens ne sont plus de simples et fragiles *joint ventures*, qui peuvent être dissoutes par des politiques industrielles nationales mais constituent de véritables fusions complètes de toutes les activités de chacun des groupes prenant part à l'opération. Ces groupes supranationaux sont donc différents des coopérations définies dans le cadre de projets précis (comme le Tornado dans le domaine militaire) ou de *joint ventures* visant à réaliser une tâche précise (la R & D comme ce fut le cas pour l'informatique)[87]. Ils se forment naturellement dans les secteurs où les coûts fixes sont relativement importants. Comme exemples de ces groupes supranationaux, on peut citer le groupe Arcelor dans la sidérurgie (fusion entre le luxembourgeois Arbed, l'espagnol Aceralia et le géant français Usinor) ou encore EADS (European Aeronautic Defence and Space Company : société de droit néerlandais qui réunit le producteur français Aérospatiale-Matra, l'allemand DASA et l'espagnol CASA).

Il existe encore de nombreuses barrières qui freinent la constitution de ces groupes supranationaux. D'abord, il reste une série d'obstacles institutionnels et juridiques généraux, notamment l'absence d'un statut juridique européen des sociétés, pourtant proposé par la Commission au début des années 1970[88]. Il existe également une série de secteurs pour lesquels le marché européen est loin d'avoir atteint un niveau d'intégration suffisant pour permettre la sélection des firmes les plus efficaces et l'élimination des champions nationaux moins compétitifs. C'est notamment le cas des secteurs de l'industrie de la défense, de l'industrie pharmaceutique et des services financiers. Dans ces secteurs, l'importance des règles juridiques nationales et la préférence accordée aux firmes nationales lors des attributions des commandes des États nationaux constituent autant d'obstacles à la création de groupes supranationaux européens. La levée de ces obstacles semble néanmoins en voie de se faire si l'on observe les évolutions des systèmes de soins de santé européens et des commandes militaires. Une généralisation de ce type de groupe supranational européen entraînerait des conséquences sociopolitiques fondamentales dans la poursuite du processus d'intégration économique et politique européen.

XV. Conclusion

L'analyse qui vient d'être présentée a mis en évidence le lien fondamental entre la construction d'un marché intégré européen et les impératifs auxquels les firmes doivent faire face pour s'adapter aux changements technologiques des processus de production.

Elle montre que la construction européenne a été un moyen pour les grandes entreprises européennes de pouvoir mieux rivaliser avec leurs concurrents géants américains.

---

[87] Defraigne, J.-C., *op. cit.*, p. 198-203.

[88] Commission des Communautés européennes, *op. cit.*, p. 13.

Dès le début du siècle, la supériorité des *prime movers* géants américains pousse les dirigeants économiques et politiques européens à tenter de dépasser le problème de l'étroitesse de leur marché national qui empêche les firmes nationales d'opérer à la taille minimale optimale. Les différentes tentatives de la première moitié du siècle échouent.

C'est finalement des pressions extérieures qui vont permettre aux États européens de dépasser leurs rivalités et d'imposer un projet coopératif de construction d'un marché économique européen intégré. La première étape s'effectue au sortir de la Seconde Guerre mondiale avec l'intervention américaine qui s'avère décisive pour donner l'impulsion de départ de la construction européenne et pour la soutenir financièrement.

Le Marché commun est à peine instauré que les pressions extérieures se font moins sentir et que les logiques nationales reviennent en force. En l'absence d'une symétrie entre États membres sur le plan de la compétitivité dans les secteurs industriels stratégiques, aucun consensus ne s'impose au niveau européen sur la façon – sélection par le marché ou solution négociée entre les États membres – de faire émerger des champions européens capables de rattraper leurs concurrents américains. S'imposent alors au sein de plusieurs États membres des politiques des champions nationaux qui ont pour but de réduire l'écart de certaines firmes nationales avec les multinationales géantes américaines tout en se protégeant de la concurrence des meilleures firmes européennes. La poursuite de cette stratégie des champions nationaux au cours des années 1960-1970 ralentit considérablement l'intégration du Marché commun et empêche l'émergence de champions européens plus efficaces pendant deux décennies.

C'est finalement encore une pression extérieure qui va donner une nouvelle impulsion à la construction européenne. La crise des années 1973-1984 conjuguée au renforcement de la concurrence des firmes multinationales américaines et japonaises rend ces politiques insoutenables. Le nouvel accroissement de la taille minimale optimale de la firme suite au passage du système de production fordiste à la « spécialisation souple » post-fordiste entre la fin des années 1970 et les années 1990 met en évidence le problème de la relative petitesse des multinationales européennes. Enfin, les effets de la crise sur l'état des finances des gouvernements européens et la montée des doctrines économiques partisanes d'un désengagement de l'État dans la sphère économique poussent les États membres à s'engager dans la voie de la privatisation et à limiter leurs soutiens financiers aux firmes nationales trop peu compétitives. Les barrières internes générées par les stratégies concurrentes des champions nationaux qui fragmentaient le Marché commun vont être démantelées au cours des années 1980. Toutefois, si la concurrence intra-européenne est renforcée, la Commission applique une politique industrielle discrète pour protéger les champions européens émergents de la concurrence extra-communautaire.

Cette accélération de l'intégration économique européenne des années 1980 donne lieu à une vague de fusions sans précédent en Europe entre 1986 et 2000. Cette dernière permet dans plusieurs secteurs l'émergence de firmes européennes de taille mondiale qui peuvent bénéficier des mêmes économies d'échelle que leurs concurrents d'outre-Atlantique. Ces fusions sont majoritairement transnationales mais intra-communautaires ce qui entraîne des conséquences majeures sur les liens entres les grandes entreprises européennes, les institutions nationales des États membres et les institutions supranationales européennes.

En effet, à la fin de cette vague de fusions, un nombre croissant de grandes entreprises européennes privilégient l'utilisation des institutions supranationales européennes à celle de l'appareil d'État national pour défendre leurs intérêts face à la concurrence extra-communautaire. Au sein des détenteurs de capitaux et d'entrepreneurs nationaux européens, on peut distinguer trois catégories qui favorisent un renforcement des institutions supranationales au détriment des appareils d'État nationaux.

Le premier groupe est celui des détenteurs de capitaux et d'entrepreneurs des petites économies nationales qui ont perdu leur autonomie : soit ils s'intègrent dans des firmes binationales, soit ils investissent la grande majorité de leurs capitaux dans plusieurs firmes différentes dont l'actionnariat est majoritairement étranger. D'un côté, ils ne comptent plus sur le levier désormais sans effet de leurs États nationaux désormais trop petits pour soutenir leurs stratégies d'accumulation. D'un autre côté, ils ne bénéficient pas de liens historiques privilégiés avec un autre État européen et leurs intérêts peuvent donc se répartir dans plusieurs firmes européennes de nationalité différente. De tels groupes ont donc naturellement intérêt au renforcement des pouvoirs supranationaux européens et à une levée des obstacles juridiques à l'interpénétration européenne des capitaux, notamment à la création d'un statut de société européenne.

Le deuxième groupe est celui des multinationales européennes de taille mondiale opérant dans des secteurs où il n'existe qu'un tout petit nombre de concurrents de leur importance au niveau européen et dont la grande majorité des activités et des ventes s'effectue en dehors du territoire national. Ces groupes ont régionalisé leur production au niveau européen et mettent en œuvre une stratégie de distribution et de marketing européenne plutôt que nationale. Ces firmes veulent poursuivre le perfectionnement de l'intégration européenne en vue d'accroître les réductions de coût inhérentes à la « continentalisation » de leur processus de production.

Le troisième groupe constitue un cas particulier du précédent. Il s'agit des groupes supranationaux européens comme EADS ou Arcelor. Ces groupes naissent lorsque plusieurs firmes nationales européennes fusionnent pour créer une entreprise dont la gestion *et* son contrôle *majoritaire* par l'actionnariat sont multinationaux. Il faut exclure de cette définition les investissements de portefeuille ne visant pas au contrôle direct de la stratégie de l'entreprise : de telles prises de participations ne transforment évidemment pas une firme nationale en firme supranationale. La multiplication et la pérennité éventuelles de ces groupes pourraient engendrer un groupe de détenteurs de capitaux dont les intérêts sont continentaux et non plus nationaux. On pourrait y voir une analogie avec le phénomène de fusion de certaines bourgeoisies locales en une bourgeoisie nationale lors du processus d'intégration national allemand du siècle passé. On pense notamment aux *Grossbanken* allemandes et à la construction ferroviaire du milieu du XIXe siècle. Les ressources des bourgeoisies locales étaient insuffisantes pour réaliser les investissements nécessaires à l'adoption de la nouvelle technologie rendue possible par la création d'une union douanière. Elles ont alors fusionné leurs intérêts en créant des banques de taille nationale. Ces nouveaux bourgeois nationaux étaient en faveur d'une intégration économique et politique plus poussée pour poursuivre leur stratégie d'expansion nationale. Le cas de la construction ferroviaire allemande du XIXe siècle présente de nombreuses analogies avec des secteurs stratégiques actuels comme l'aéronautique.

Ces trois groupes générés par cette vague de fusions prennent une importance croissante au sein des économies européennes. Ils favorisent tous la poursuite d'une intégration européenne. Leur stratégie globale requiert un appareil d'État disposant du poids le plus important possible pour faire face à leurs concurrents japonais et américains. Ce phénomène tend à renforcer une dynamique en faveur de la poursuite de l'intégration européenne sur le plan économique et politique.

Annexe : Définition des concepts d'économies d'échelle et de taille minimale optimale

A. Les économies d'échelle

L'existence d'économies d'échelle signifie que le coût moyen par unité produite d'une firme diminue avec l'accroissement de la quantité produite par cette firme[89]. On appelle le niveau de production qui correspond à la minimisation de ce coût moyen la taille minimale optimale. L'existence de coûts fixes substantiels, donc de coûts qui ne dépendent pas directement du niveau de production, suffit à garantir l'existence d'une taille minimale optimale puisque le coût moyen (la moyenne du coût de production d'un bien) baissera nécessairement avec les premières unités produites jusqu'à ce que la hausse du coût variable moyen domine la baisse du coût fixe moyen. Plus les coûts fixes d'une entreprise sont élevés, plus la taille minimale optimale aura tendance à s'accroître et, dans ce cas, opérer en deçà de la taille minimale optimale est coûteux. Une élévation des coûts fixes dans un secteur de production va donc constituer un désavantage pour les petits producteurs par rapport à ceux qui peuvent atteindre la taille minimale optimale. Ces coûts fixes proviennent le plus souvent des dépenses d'équipement, de la publicité, de la recherche ou de l'administration de la gestion de la firme.

Il n'existe pas une seule taille possible qui corresponde à la minimisation du coût moyen. Les coûts de production connaissent parfois une évolution par paliers. Ainsi la taille minimale optimale peut se situer dans une fourchette de volume de production. De nombreuses estimations empiriques des coûts de production auxquelles cette analyse aura recours montrent que ce cas est assez fréquent.

Scherer et Ross distinguent trois catégories d'économies d'échelle[90]. En premier lieu, on trouve les économies d'échelle qui dépendent du volume de la production d'un seul produit dans une seule unité de production. Ensuite, il existe des économies d'échelle qui dépendent du volume de production au niveau de l'unité de production (mais qui peuvent donc se répartir sur plusieurs types de biens produits dans la même unité de production). Ce type d'économie d'échelle est également appelé « économie de gamme ». Finalement, on trouve celles qui dépendent du volume de production réalisé par l'ensemble des différentes unités de production de l'entreprise. Cette dernière catégorie est évidemment la plus complexe, mais elle est devenue la plus importante avec le développement des multinationales disposant de nombreuses

---

[89]   Gabszewicz, J.-J., *Théorie microéconomique*, Bruxelles, De Boeck, 1989, p. 178.
[90]   Scherer, F. M. & Ross, D. *op. cit.*, p. 97.

unités de production dispersées dans le monde. Ce type d'économie d'échelle au niveau de l'entreprise, appelé également *economies of multiplant operations*[91], est extrêmement varié puisqu'il a pour origine tout type de coût fixe qui existe au niveau de la firme et non au niveau de l'unité de production. Les deux sources principales de ce type d'économie d'échelle sont probablement la publicité et la R & D. Mais il faut également prendre en considération les coûts fixes d'administration et de gestion comme les départements juridiques ou financiers.

À ces trois catégories d'économies d'échelle peuvent s'ajouter les économies d'apprentissage (*learning by doing*), celles qui proviennent d'une certaine expérience de la production. Il s'agit des réductions du coût moyen procurées par un accroissement du volume de la production cumulé dans le temps[92]. Ces effets sont importants pour des productions de biens de haute technologie comme l'aéronautique et l'informatique.

B. La frontière floue entre les réductions de coûts provenant des économies d'échelle techniques et celles provenant du pouvoir de marché

L'économie industrielle distingue généralement les économies d'échelle techniques et les réductions de coûts obtenues grâce au pouvoir de marché qu'une entreprise obtient par sa grande taille. L'exemple classique est le développement de la compagnie pétrolière Standard Oil au XIXe siècle qui, grâce à un volume de production plus important que celui de ses concurrents, obtient un rabais des compagnies de chemin de fer, ce qui lui permet de réduire considérablement ses coûts[93]. Il ne s'agit donc pas d'économies d'échelle sur le plan technique mais de l'accroissement de taille de la Standard Oil qui lui a effectivement permis de réduire ses coûts.

L'économie industrielle tente de distinguer les deux effets sur le plan théorique pour pouvoir estimer leurs effets sur les transferts de bien-être entre les agents. Une réduction de coûts obtenue par un pouvoir de marché s'effectue nécessairement au détriment d'autres agents. Dans la pratique, toutefois, il s'agit d'un exercice périlleux, voire impossible. Selon Baumol, les effets de réduction de coûts liés au pouvoir de marché

---

[91] *Ibid.*, p. 120.
[92] Carlton, G., *op. cit.*, p. 438 ; Brander, J. A., "Rationale for Strategic Trade and Industrial Policy", in P. R. Krugman (ed.), *Strategic Trade Policy and the New International Economics*, Cambridge, Mass., MIT Press, 1993.
[93] Chandler, A. D., *op. cit.*, p. 93.

seraient en général plus importants que les économies d'échelle techniques[94].

Ce type d'avantage en coûts procuré par la taille existe dans des domaines multiples, en fait dans tous les marchés des facteurs de production utilisés par la firme disposant du pouvoir de marché. Une firme géante peut obtenir un rabais sur ses coûts de transport, des matières premières moins chères et, en priorité, un accès au crédit meilleur marché et des facilités pour souscrire des capitaux[95]. Elle peut même renchérir les coûts des concurrents lorsqu'elle a intégré verticalement ses activités et qu'elle dispose d'un pouvoir de marché sur la production de certains facteurs de production stratégiques ou d'un réseau de distribution exclusif[96].

À ces réductions de coûts provenant d'un pouvoir de marché, il faut encore ajouter celles qu'une certaine taille permet d'obtenir grâce à un pouvoir « hors du marché » (*extra-market power*). Ce pouvoir correspond aux possibilités d'influencer les institutions par le lobbying, la corruption ou simplement le poids social de l'entreprise en termes d'emplois ou de recettes fiscales. Pour Jacquemin et De Jong, ces réductions de coûts par l'octroi d'avantages de la part d'institutions étatiques sont impossibles à quantifier mais pourraient s'avérer plus importantes que celles provenant du pouvoir de marché[97].

Abstract

This chapter will examine how the European integration process was driven by underlying microeconomic dynamics. The shift to large scale standardised production methods by the largest US firms during the last quarter of the XIXth century generated unprecedented opportunities to reap economies of scale. During the first half of the XXth century, European firms faced a fragmented Europe. Each of their domestic market was too narrow to enable them to operate at a sufficient level of production as to fully exploit the economies of scale like their US competitors. This chapter will show that enabling the European firms to take full advantage of these economies of scale and to narrow this size gap was a major objective of the European

---

[94] De Jong, H. W. & Jacquemin A., *European Industrial Organisation*, London, Mc Millan, 1977.

[95] Lyons, B., "Barriers to Entry", chapter 2, *Economics of Industrial Organisation*, London, Longman, 1989, p. 26-65.

[96] Salop, S., "Anticompetitive Exclusion: Raising Rivals Cost to Achieve Power over Price", *Yale Law Journal*, vol. 96, December 1986, p. 235.

[97] De Jong, H. W., *op. cit.*, p. 97.

construction from the late 1940s to the 1980s. Finally, this chapter will highlight the external factors which have forced the European firms and governments to break away from their traditional national industrial policies and allow the acceleration of the European integration process.

Introduction au droit des aides d'État

Julien De Beys

Aspirant FNRS – Université catholique de Louvain

Le droit des aides d'État, qui revêt une importance chaque jour plus importante dans la politique de concurrence menée par l'Union, régule les relations existantes entre une autorité publique et une ou plusieurs entreprises susceptibles d'obtenir un avantage de celle-ci. Dans les stratégies qu'elles définissent, les entreprises, petites ou grandes, ont toujours cherché à obtenir le soutien financier des pouvoirs publics. Inversement, depuis plusieurs décennies, l'État cherche lui aussi, par ses subsides, à stimuler ou accompagner le développement de nombreux secteurs économiques.

La construction économique européenne ne pouvait, bien sûr, se passer d'aborder cette question, ce qu'elle fit, dès l'origine lors de la rédaction du traité CECA[1]. Les États membres sont, cependant, restés relativement libres jusqu'au début des années 1980. Avec les progrès du Marché commun, le contrôle des subventions publiques s'est alors fait plus pressant. Aujourd'hui, il existe une réglementation détaillée basée sur les articles 87 et suivants du traité CE, appliquée avec zèle tant par la Commission européenne que par la Cour de justice qui y consacrent, chacune, une bonne part de leurs travaux. L'année dernière, par exemple, on a recensé une quarantaine de décisions finales de la Commission et vingt-sept arrêts et ordonnances de la Cour et du tribunal. À titre de comparaison, la Commission ne produit, les bonnes années, qu'une dizaine de décisions en application de l'article 81 CE, c'est-à-dire à l'encontre de cas avérés d'ententes anticoncurrentielles.

Il semble dès lors que les États membres ont perdu un instrument important de leur politique économique au fil de l'intensification du contrôle des aides exercé par la Commission. Il serait intéressant d'analyser en détails, selon les différents secteurs d'activités, cette perte

---

[1] Cf. art. 4 CECA.

de souveraineté économique. L'objet de notre contribution sera plus limité. Nous tenterons de faire ressortir les éléments de base du droit des aides d'État à l'intention des néophytes. Par ce faire, nous espérons fournir aux lecteurs une clé de compréhension, parmi d'autres, du comportement des entreprises européennes.

Ainsi, nous examinerons d'abord la notion d'aide d'État afin de savoir ce que recouvre l'incompatibilité de principe des aides (première partie). Ensuite, nous dresserons un inventaire des catégories d'aides qui sont, malgré tout, autorisées (deuxième partie). En effet, plutôt que d'instaurer un régime d'interdiction quasi absolue des aides d'État, au vu notamment de l'expérience acquise dans le cadre du traité CECA, les auteurs du traité CEE, aujourd'hui CE, ont imaginé un régime qui reste, certes, centré autour d'une incompatibilité de principe des aides d'État avec les règles du Marché commun mais prévoit également des dérogations en faveur d'aides présentant l'une ou l'autre finalité particulière. Par après, nous esquisserons quelques éléments d'analyse générale au regard du thème des deux journées d'étude (troisième partie). Et enfin, nous décrirons brièvement quelles sont les règles particulières qui régissent le secteur sidérurgique[2], automobile et informatique étant donné que ceux-ci seront abordés dans les contributions ultérieures (quatrième partie).

Un tel système de contrôle (principe d'interdiction avec dérogations) implique la mise en place d'un mécanisme de contrôle des aides. Avant d'entamer notre premier chapitre, esquissons de manière liminaire les aspects procéduraux du mécanisme. Celui prévu dans le cadre du traité CE se distingue par son caractère préalable, en ce sens que les États membres sont tenus de communiquer leurs projets d'aide à la Commission européenne afin d'obtenir son approbation, avant de mettre lesdits projets à exécution.

En vertu de ce système, les États membres sont invités à informer la Commission de tout plan en vue d'accorder ou de modifier des aides d'État ; ils ne sont pas autorisés à mettre cette aide en application avant l'autorisation de la Commission (obligation de « *standstill* »)[3]. Le traité CE donne à la Commission la compétence pour évaluer si la mesure

---

[2] Nous regrettons à cet égard que la publication ne puisse présenter la contribution de Werner Bührer sur la sidérurgie.

[3] L'article 88, § 3, du traité stipule : « La Commission est informée, en temps utile pour présenter ses observations, des projets tendant à instituer ou à modifier des aides. Si elle estime qu'un projet n'est pas compatible avec le Marché commun, aux termes de l'article 87, elle ouvre sans délai la procédure prévue au paragraphe précédent. L'État membre intéressé ne peut mettre à exécution les mesures projetées, avant que cette procédure ait abouti à une décision finale ».

d'aide notifiée constitue ou non une aide d'État au sens de l'article 87, paragraphe 1, du traité CE, et, dans l'affirmative, si elle bénéficie ou non d'une exemption en vertu des paragraphes 2 ou 3 du même article.

Ainsi, les États membres n'accorderont aucune aide d'État à moins qu'elle ait été notifiée *et* autorisée par la Commission. Toute aide, qui est accordée en absence d'approbation de la Commission, est automatiquement classée comme « aide illégale ». La Commission devra également examiner sa compatibilité. Mais si cet examen conduit à une décision négative, la Commission est dans l'obligation d'exiger la *récupération* auprès des bénéficiaires de l'aide[4]. Cette récupération entraîne souvent la faillite de la compagnie en cause. Malgré cela, de nombreuses aides sont encore accordées sans notification.

I. La notion d'aide d'État

L'article 87, § 1er, CE déclare que

sont incompatibles avec le Marché commun, dans la mesure où elles affectent les échanges entre États membres, les aides accordées par les États ou au moyen de ressources d'État sous quelque forme que ce soit qui faussent ou qui menacent de fausser la concurrence en favorisant certaines entreprises ou certaines productions.

Sur la base de cette disposition, jurisprudence et doctrine ont dégagé quatre éléments constitutifs de l'aide d'État au sens du traité CE :

(a) l'avantage économique ;

(b) le transfert de ressources d'État ;

(c) le caractère sélectif de la mesure ;

(d) l'effet sur la concurrence et le commerce entre États membres.

A. *Première condition : un avantage économique*

La notion d'aide correspond à tout avantage consenti par les autorités publiques en faveur d'une entreprise, sans rémunération ou moyennant une rémunération qui ne reflète que de manière minime le montant auquel peut être évalué l'avantage en question. Pareille définition recouvre donc tant les allocations de ressources à une entreprise que tout allégement des charges qu'elle devrait normalement supporter[5]. Il s'agit d'une notion très large, qui ne tient pas compte de la forme sous laquelle l'avantage est octroyé, l'article 87 se référant d'ailleurs expressément

---

[4]   Règlement (CE) n° 659/1999 du Conseil du 22 mars 1999 portant modalités d'application de l'article 93 du traité CE, *J.O.*, 1999, n° L 83/1.

[5]   Cf. e.a. C.J.C.E., 14 février 1990, *France c. Commission*, C-301/87, *Rec.*, p. I-307.

aux aides « sous quelque forme que ce soit ». Ainsi, les aides visées peuvent consister, entre autres, en des subventions, des prêts sans intérêt ou à taux réduit, des bonifications d'intérêts, des garanties fournies à des conditions préférentielles, des exonérations fiscales, des fournitures de biens ou de services à des conditions préférentielles, voire encore des délais de paiement supplémentaires pour des cotisations sociales à régler, ces délais étant jugés excessifs.

De même, les participations publiques aux capitaux des entreprises sont contrôlées. Afin de savoir s'il y a avantage, la Commission européenne recourt au *critère de l'investisseur privé en économie de marché*[6]. Un investisseur privé aurait-il eu le même comportement vis-à-vis de cette entreprise que l'État membre en cause, aurait-il fait un tel investissement ? Ce critère joue également pour l'appréciation d'autres comportements de l'État. Ainsi, le rachat à une entreprise de certaines de ses participations par l'État à un cours supérieur à celui du marché constitue une aide. Ce point a été illustré dans la décision négative à l'encontre du rachat par l'État français des actions du Crédit Lyonnais que possédait Thomson-SA[7]. La Commission admet tout de même qu'il faut comparer avec un investisseur guidé par des perspectives de profit à long terme et non avec un investisseur recherchant le profit immédiat.

B. Deuxième condition : le transfert de ressources d'État

L'article 87 prohibe les « aides accordées par les États ou au moyen de ressources d'État ». Cette phrase est ambivalente. Elle apporte une précision sur le premier aspect des aides d'État mais, par sa formulation, porte le doute sur le second.

La précision, d'abord, concerne la question de savoir dans quelles circonstances une mesure d'aide est imputable à l'État. En ce sens, l'alternative « aides accordées par les États ou au moyen de ressources d'État » signifie que l'État ne doit pas être compris dans un sens strict mais que la notion englobe ici toute une série d'organismes publics ou semi-publics qui dispose d'argent public (État central ou fédéral, entités décentralisées, régions, provinces, communes, organismes du secteur public du crédit, holdings publics etc.).

Le doute, ensuite, renvoie à la question de savoir si une mesure, qui n'engage pas de ressources d'État, mais qui est bien imputable à l'État, constitue une aide d'État, l'alternative « aides accordées par les États ou

---

[6] Cf. e.a. C.J.C.E., 3 octobre 1991, *Italie c. Commission*, C-261/89, *Rec.*, p. I-4437.

[7] Cf. décision de la Commission du 1er octobre 1997, 98/183/CE, concernant des mesures d'aides accordées par la France en faveur de Thomson SA-Thomson multimedia, *J.O.*, 1998, n° L 67 /31.

au moyen de ressources d'État » pouvant se lire de cette manière également.

Et de fait, il y a eu longtemps une controverse sur la question de savoir si la présence d'une aide d'État requiert nécessairement une ponction sur les ressources d'État. Deux interprétations opposées de la notion d'aide avaient leurs défenseurs : une interprétation large, qui recouvre toute mesure favorisant sélectivement certaines entreprises, même sans transfert de ressources d'État (par exemple, une législation du travail qui n'assujettirait pas ses PME à la réglementation sur la protection contre le licenciement abusif : avantage par rapport aux PME des autres États membres) ; et une interprétation plus étroite, qui requiert un transfert réel de ressources étatiques (la subvention classique, l'apport en capital dans une entreprise pourtant en difficulté, l'exonération fiscale, etc.).

Il semble que, récemment, la Cour ait tranché pour l'approche étroite de la notion d'aide d'État (qui reste fort étendue quand même). En témoigne un arrêt relativement connu : l'arrêt Preussen-Elektra[8]. Il s'agissait d'une question préjudicielle sur le *Stromeinspeisungsgesetz* allemand de 1998. Cette loi prévoyait une obligation pour les entreprises privées de fourniture d'électricité d'acheter un certain pourcentage de l'électricité distribuée auprès des « producteurs verts », i.e. des producteurs d'électricité à partir d'énergie renouvelable. Non seulement, les producteurs verts avaient ainsi une clientèle réservée mais, de plus, le prix de leurs transactions était fixé à un niveau supérieur à celui qu'obtenaient ensuite les distributeurs. Ces producteurs recevaient un avantage économique incontestable. La Cour cependant affirme qu'il n'y a pas aide car il n'y a pas de transfert de ressources d'État. Bien qu'imputable à l'État, la mesure qui donne cet avantage n'entraîne pas de diminution des recettes publiques.

C. Troisième condition : le caractère sélectif de la mesure

Pour relever de l'article 87, la mesure d'aide doit également être sélective, c'est-à-dire concerner une entreprise ou un groupe particulier d'entreprises. Ce caractère sélectif distingue les aides d'État des mesures générales, qui s'appliquent à l'ensemble des entreprises et des secteurs d'activité d'un État membre (par exemple, une baisse générale de la fiscalité). Aussi longtemps qu'elles ne favorisent pas un secteur particulier, ces mesures générales découlent du pouvoir des États membres de déterminer eux-mêmes leur politique économique. Par conséquent, les mesures qui ont un effet multisectoriel, en ce qu'elles s'appliquent uniformément sur l'ensemble du territoire de l'État concer-

---

[8]   C.J.C.E., C-379/98, *Rec.*, p. I-7907.

né et visent à favoriser l'ensemble de l'économie, ne constituent pas des aides d'État au sens du traité CE.

L'affaire des fameux régimes *Maribel*, *Maribel bis* et *Maribel ter* nous fournit une illustration de la distinction entre mesure d'aide et mesure générale de soutien. Le gouvernement belge avait décidé à trois reprises de réduire les cotisations patronales de sécurité sociale relatives à l'occupation de travailleurs manuels. Seul le *Maribel* originaire[9] fut jugé compatible avec le Marché unique. En effet, ce premier régime visait à la réduction de cotisations patronales en faveur de toutes les entreprises opérant dans le Royaume. Les opérations *Maribel bis* et *ter* viennent augmenter la ristourne consentie aux employeurs. Cependant, à la différence du régime *Maribel* initial, le « cadeau » ne fut accordé, à cette occasion, qu'aux employeurs exerçant principalement leur activité dans un des secteurs les plus exposés à la concurrence internationale. Le but de ces deux dernières mesures était de promouvoir les exportations, par une réduction de coût salarial, dans les activités d'extraction et de transformation de matières non énergétiques et dérivées, de l'industrie chimique, de l'industrie de transformation de métaux, de mécanique et d'optique de précision, ainsi que certains services de transport, notamment le transport international par route.

La Commission déclara en décembre 1996 que les aides *Maribel bis* et *ter* violaient les dispositions communautaires en matière d'aides d'État[10], en raison du fait que ces aides sont accordées aux entreprises relevant de secteurs axés sur l'exportation et qu'elles faussent donc la concurrence communautaire. Cette décision de la Commission illustre bien la différence entre une mesure de politique économique générale, telle que *Maribel 1er*, et une aide avantageant spécifiquement certaines productions et certaines entreprises, telle que *Maribel bis* ou *ter*.

La distinction entre mesure sélective et mesure générale n'est pas facile à cerner. En réalité, une mesure générale est également sélective en ce qu'elle ne concerne exclusivement que les entreprises de l'État membre en cause. Cependant, la Communauté n'a pas compétence pour interdire les mesures générales, du moins pas sur la base d'un contrôle de concurrence. Les politiques économiques des membres de l'Union font l'objet d'une coordination au sein du Conseil, notamment par l'adoption des « Grandes orientations des politiques économiques »[11].

---

[9] Inséré directement dans la loi du 29 juin 1981 établissant les principes généraux de la sécurité sociale des travailleurs salariés.

[10] Décision de la Commission du 4 décembre 1996, 97/239/CE, concernant les aides prévues par la Belgique dans le cadre de l'opération *Maribel bis/ter*, *J.O.*, 10 avril 1997, n° L 95, p. 25.

[11] Cf. articles 98 et s. CE.

Les mesures générales feront plutôt l'objet de cette coordination, plus souple néanmoins que le contrôle de concurrence.

La Commission pousse parfois très loin le critère de sélectivité, vis-à-vis de mesures qui semblent générales. Elle vise en cela à contourner le manque d'harmonisation en matière fiscale. Elle considère, par exemple, que les régimes portugais prévoyant des réductions d'impôt en faveur des investissements à Madère relèvent de la notion d'aide d'État[12]. Elle observe que les mesures confèrent un avantage sélectif puisque les allégements ne peuvent être obtenus que si le bénéficiaire est enregistré à Madère et procède au réinvestissement total ou partiel de ses profits dans la région de Madère. Par conséquent, la mesure est considérée comme sélective et, partant, comme une aide d'État.

D. Quatrième condition : l'effet sur la concurrence et le commerce entre États membres

Pour qu'une mesure relève de la discipline des aides d'État, elle doit être susceptible de fausser la concurrence et de perturber les échanges intracommunautaires. En effet, toute mesure d'aide dont les effets se limitent au seul territoire d'un État membre échappe au champ d'application des articles 87 et 88 du traité CE[13].

L'altération de la concurrence et des échanges sont des concepts différents mais étroitement liés, au point que la Cour les examine souvent simultanément sans distinction aucune. Dans l'affaire Philip Morris, l'avocat général Capotorti concluait « qu'on peut ramener l'un et l'autre au critère selon lequel les aides sont interdites dans la mesure où elles faussent le libre jeu du Marché commun, la liberté et la spontanéité des courants d'échange entre les États membres »[14]. Cette double condition d'incompatibilité s'analyse en termes économiques dans la mesure où elle est fondée sur des données relatives au marché concerné. Il y a lieu, en effet, d'établir si l'aide envisagée fausse ou menace de fausser la concurrence en raison d'une discrimination entre l'entreprise bénéficiaire et les concurrents des autres États membres, et si cette altération de la concurrence influence le courant des échanges intracommunau-

---

[12] Même si le régime est actuellement autorisé. Cf. autorisation des aides d'État dans le cadre des dispositions des articles 87 et 88 du traité CE – Cas à l'égard desquels la Commission ne soulève pas d'objection, *J.O.*, 2003, n° C 65/23.

[13] Cherot, Y., *Les aides d'État dans les Communautés européennes*, Paris, Economica, 1998, p. 25-30.

[14] C.J.C.E., 17 septembre 1980, *Philip Morris*, C-730/79, *Rec.*, p. 2671, conclusions de l'avocat général Capotorti présentées le 18 juin 1980 ; voir aussi Biancarelli, J., « Le contrôle de la CJCE en matière d'aides publiques », *A.J.D.A.*, 1993, p. 422.

taires. L'analyse doit donc reposer sur le marché concerné qui aura été déterminé au préalable.

La concurrence est faussée lorsque l'intervention des pouvoirs publics renforce la position de l'entreprise bénéficiaire par rapport à celle de ses concurrentes. Cette intervention peut prendre de nombreuses formes, mais elle a pour conséquence de produire un changement artificiel de certains coûts liés à la production de l'entreprise concernée[15].

Une atteinte à la concurrence n'implique pas nécessairement une surcapacité dans le secteur d'activité concerné[16]. En outre, plus l'élasticité de la demande par rapport au prix est grande pour le produit concerné, plus la distorsion de la concurrence peut être sensible.

Il existe des aides qui ne portent pas atteinte à la concurrence mais elles ne sont pas nombreuses[17]. Ce peuvent être, par exemple, des mesures de développement d'infrastructures en vue de l'intérêt général (infrastructures routières et ferroviaires, etc.) et auxquelles l'accès est ouvert à tout le monde, ou encore des aides octroyées pour des campagnes publicitaires générales qui n'attribuent pas à certaines entreprises un avantage déterminable (par exemple, les campagnes relatives à certaines denrées alimentaires).

II. Le régime des aides

Les aides qui répondent aux conditions exposées dans la première partie, rentrent dans le champ d'application de l'article 87, § 1er, CE. Elles sont de ce fait sujettes au principe d'incompatibilité qu'il édicte. Cette disposition traduit une position de principe défavorable à l'encontre des aides mais l'interdiction des aides n'est cependant pas absolue : l'article 87 prévoit en effet, en ses paragraphes 2 et 3, diverses dérogations à ce principe, c'est-à-dire des hypothèses dans lesquelles des catégories d'aides sont considérées compatibles ou, à tout le moins, sont susceptibles d'être déclarées compatibles avec le Marché commun.

A. *Le paragraphe 2 de l'article 87*

L'article 87 CE dispose en son deuxième paragraphe que :

sont compatibles avec le Marché commun :

---

[15] Cf. arrêt *Philip Morris*, précité, pt 11.

[16] Keppenne, J.-P., *Guide des aides d'État en droit communautaire*, Bruxelles, Bruylant, 1999, p. 121 ; C.J.C.E., 8 mars 1988, *Exécutif régional wallon c. Commission*, affaires jtes. 62 et 72/87, *Rec.*, p. 1573, pt. 13.

[17] Keppenne, J.-P., *op. cit.*, p. 121-122.

a) les aides à caractère social octroyées aux consommateurs individuels, à condition qu'elles soient accordées sans discrimination liée à l'origine des produits ;

b) les aides destinées à remédier aux dommages causés par les calamités naturelles ou par d'autres événements extraordinaires ;

c) les aides octroyées à l'économie de certaines régions de la République fédérale d'Allemagne affectées par la division de l'Allemagne, dans la mesure où elles sont nécessaires pour compenser les désavantages économiques causés par cette division.

Ces dérogations opèrent de plein droit en ce sens que leur compatibilité est automatique. Les aides qui tendent vers ces objectifs seront autorisées. Elles doivent cependant être notifiées car la Commission va vérifier si elles rentrent bien dans le champ d'application des exemptions. C'est ainsi que, dernièrement, des aides aux compagnies aériennes européennes ont été autorisées, sur la base du litera b), du fait des événements extraordinaires du 11 septembre. D'autres furent accordées aux agriculteurs à la suite de la crise de la « vache folle ».

B. Le paragraphe 3 de l'article 87

Les dérogations prévues dans le cadre du paragraphe 3 de l'article 87 ont une portée tout à fait différente. Elles ne s'appliquent, en effet, plus de plein droit mais seulement lorsque la Commission, au terme d'une appréciation discrétionnaire, décide d'en faire bénéficier l'un ou l'autre projet d'aide. Il s'agit donc d'une simple faculté laissée à la Commission dans certaines hypothèses bien définies[18]. Ces dérogations sont les suivantes :

a) les aides destinées à favoriser le développement économique de régions dans lesquelles le niveau de vie est anormalement bas ou dans lesquelles sévit un grave sous-emploi ;

b) les aides destinées à promouvoir la réalisation d'un projet important d'intérêt européen commun ou à remédier à une perturbation grave de l'économie d'un État membre ;

c) les aides destinées à faciliter le développement de certaines activités ou de certaines régions économiques, quand elles n'altèrent pas les conditions des échanges dans une mesure contraire à l'intérêt commun ;

d) les aides destinées à promouvoir la culture et la conservation du patrimoine, quand elles n'altèrent pas les conditions des échanges et de la concurrence dans la Communauté dans une mesure contraire à l'intérêt commun ;

---

[18] Merola, M., *Explication des règles applicables aux aides d'État*, Bruxelles, Office des publications officielles des Communautés européennes, 1997, p. 12.

95

e) les autres catégories d'aides déterminées par décision du Conseil statuant à la majorité qualifiée sur proposition de la Commission.

Les dérogations les plus importantes, en termes de cas concrets et de textes d'application, sont sans nul doute celles visées aux points a) et c), c'est-à-dire tout ce qui concerne les aides aux régions défavorisées.

La Commission s'est attelée à diffuser les critères sur lesquels elle se base lorsqu'elle exerce le pouvoir discrétionnaire qu'elle tire de l'article 87, § 3, à l'égard de certaines aides rentrant dans les catégories prévues par cette disposition. S'agissant d'un pouvoir discrétionnaire dont les contours sont simplement esquissés par le traité, la Commission a, en effet, estimé qu'il était utile de rendre publiques les modalités de mise en œuvre de ce pouvoir dans un souci tant de transparence que de sécurité juridique[19].

Nous pouvons citer les textes les plus significatifs :

(a) les lignes directrices concernant les aides d'État à finalité régionale[20] ;

(b) l'encadrement communautaire des aides d'État pour la protection de l'environnement[21] ;

(c) les lignes directrices communautaires pour les aides d'État au sauvetage et à la restructuration des entreprises en difficulté[22] ;

(d) l'encadrement communautaire des aides d'État à la recherche et au développement[23].

Ces textes n'ont *a priori* pas le statut d'une réglementation et n'auraient qu'une valeur indicative. Cependant, une fois édictés, ils lient la Commission. La Cour a, en effet, considéré que celle-ci ne pouvait pas s'en écarter dans des cas individuels[24].

C. L'article 89

Il existe d'autres textes précisant les critères de compatibilité de certaines aides. Ceux-ci ont l'avantage de posséder un statut juridique clair. Il s'agit des quatre règlements d'exemption, adoptés par la Commission sur la base d'une habilitation du Conseil.

---

[19] Merola, M., *op. cit.*, p. 14.

[20] *J.O.*, 1998, n° C 74/9, modification *J.O.*, 2000, n° C 258/5. Voir également l'encadrement multisectoriel des aides à finalité régionale en faveur des grands projets d'investissements, *J.O.*, 2002, n° C 70/8.

[21] *J.O.*, 2001, n° C 37/3.

[22] *J.O.*, 1999, n° C 288/2.

[23] *J.O.*, 1996, n° C 45/5, modification *J.O.*, 1998, n° C 48/2.

[24] C.J.C.E., 24 mars 1993, *CIRFS e.a. c. Commission*, C-313/90, *Rec.*, p. I-1125, pt. 44.

L'article 89 CE stipule en effet que le Conseil, statuant à la majorité qualifiée sur proposition de la Commission et après consultation du Parlement européen, « peut prendre tous règlements utiles en vue de l'application des articles 87 et 88 et fixer notamment les conditions d'application de l'article 88, § 3, et les catégories d'aides qui sont dispensées de cette procédure ». La procédure en question est la procédure de notification. En dispensant de notification certaines mesures d'aides, on les considère *ipso facto* comme compatibles avec le Marché commun.

Dans le souci d'alléger le fardeau de la Commission, le Conseil a habilité[25] cette dernière à déclarer que certaines catégories d'aides sont compatibles avec le Marché commun et ne sont pas soumises à l'obligation de notification. La Commission a fait usage de cette faculté pour les aides à la formation, les aides dites *de minimis*, les aides en faveur des petites et moyennes entreprises et, tout récemment, les aides à l'emploi[26].

III. Éléments d'analyse

Le rapide panorama dressé dans les parties précédentes nous permet déjà de formuler quelques conclusions générales. Pointons l'essentiel de l'activité de l'Exécutif européen. La première chose à garder en mémoire est que, sans surprise, la Commission a un *a priori* négatif vis-à-vis des aides d'État. Foncièrement, elle œuvre pour une diminution de l'interventionnisme économique des États membres. Pour le collège des commissaires, toute aide d'État a des effets de distorsion de concurrence et il s'agit d'en diminuer chaque année le montant global.

Cette dynamique est, en principe, avalisée par les États membres comme en témoignent les « engagements de Stockholm ». Le Conseil européen de Stockholm de mars 2001 avait, en effet, souligné la nécessité d'abaisser le niveau global des aides et de les réorienter vers des objectifs horizontaux d'intérêt communautaire, comme par exemple l'environnement, la formation, la recherche et le développement, ainsi que les petites et moyennes entreprises.

---

[25] Cette habilitation fut donnée par le règlement (CE) n° 994/98 du Conseil du 7 mai 1998 sur l'application des articles 92 et 93 du traité instituant la Communauté européenne à certaines catégories d'aides d'État horizontales, *J.O.*, 1998, n° L 141/1.

[26] Règlements (CE) n° 68, 69 et 70/2001 de la Commission du 12 janvier 2001 concernant l'application des articles 87 et 88 du traité CE respectivement aux aides à la formation, aux aides *de minimis* et aux aides d'État en faveur des petites et moyennes entreprises, *J.O.*, 2001, n° L 10/20, 30, 33 et Règlement (CE) n° 2204/2002 de la Commission concernant l'application des articles 87 et 88 du traité CE aux aides d'État à l'emploi, *J.O.*, 2002, n° L 337/3.

La Commission tient à jour des statistiques précises sur l'avancement de ces objectifs, grâce à un « tableau de bord » qu'elle rend public. Le tableau de bord actuel de la Commission européenne indique ainsi que la baisse du niveau global des aides d'État se poursuit. Au cours d'une période représentative de cinq ans, comprise entre 1997 et 2001, les aides d'État sont passées de 102 à 86 milliards d'euros. Les deux États membres qui ont contribué le plus à cette baisse sont l'Allemagne – avec une réduction de 6 milliards d'euros – et l'Italie – avec une réduction de 4 milliards d'euros.

La deuxième grande caractéristique à retenir du droit des aides d'État est que, au fil du temps, il exprime réellement des choix politiques de plus en plus clairs. En permettant certaines aides et pas d'autres, en quantifiant de manière précise les doses tolérées d'argent public dans le secteur privé, la Commission détient le pouvoir de déterminer l'intérêt général européen. Ce pouvoir est encadré par certains actes du Conseil[27], mais l'autonomie des fonctionnaires de Bruxelles est réelle.

Le droit des aides d'État remet ainsi en cause la place de l'État dans l'économie. Une illustration particulièrement claire de cette réalité est donnée par le débat entourant les « services d'intérêt économique général ». Sous cette appellation, les traités européens désignent les services publics. L'article 86, § 2, CE dispose que « les entreprises chargées de la gestion de services d'intérêt économique général […] sont soumises aux règles du présent traité, notamment aux règles de concurrence, dans les limites où l'application de ces règles ne fait pas échec à l'accomplissement en droit ou en fait de la mission particulière qui leur a été impartie ». Cette disposition semble indiquer que le droit de la concurrence ne menace pas le fonctionnement des services publics des membres de l'Union. Cependant, la Commission, suivie par la Cour sur ce point, s'est octroyée de deux manières un droit de regard sur le financement des services publics. Premièrement, la Commission soupèse le choix des États membres lorsqu'ils attribuent la gestion d'un service d'intérêt économique général. Y a-t-il vraiment un besoin d'intervention publique en ce domaine ? Le marché est-il vraiment défaillant ? Voici les questions qui seront posées aux États membres[28]. Deuxièmement, la Commission vérifiera si les subsides alloués à l'entreprise assumant le service public sont exclusivement destinés aux coûts occasionnés par ce

---

27   Ainsi les règlements d'exemption évoqués ci-dessus, cf. partie II.

28   Nous renvoyons aux deux communications de la Commission sur ce sujet, ayant le même titre : Communication de la Commission – Les services d'intérêt général en Europe, *J.O.*, 1996, n° C 281/3 ; *J.O.*, 2001, n° C 17/4.

service. Ce contrôle permet de circonscrire l'intervention publique au strict nécessaire[29].

Au final, le droit des aides d'État est-il un avantage pour les entreprises européennes ? Nous répondons par l'affirmative. Il permet aux opérateurs économiques d'avoir confiance dans le Marché unique. Ceux-ci savent que la compétitivité de leurs exportations ne souffrira pas de mesures d'aides consenties à leurs concurrents. Les sociétés européennes perdent l'opportunité de recevoir des aides purement politiques ou clientélistes mais connaissent les mêmes conditions de concurrence dans vingt-cinq nations.

Mais si le contrôle des aides est une bonne nouvelle, il faut cependant respecter certaines conditions pour qu'il le reste. Tout d'abord, il faut éviter que les règles édictées par la Commission soient trop restrictives. Depuis quelques années, on se rend compte que certaines aides, quoique ayant un effet de distorsion important, sont bénéfiques pour l'ensemble de la société. C'est particulièrement le cas pour les aides au sauvetage et à la restructuration des entreprises. Les lignes directrices communautaires en la matière sont particulièrement strictes. Or, dans un marché oligopolistique, la disparition d'un concurrent provoque presque instantanément une hausse des prix. Ce fut d'ailleurs le cas pour certaines lignes aériennes après la faillite de la SABENA. Dans d'autres cas, le refus d'une aide régionale peut empêcher le début d'une dynamique de création d'emplois. C'est dire comme l'équilibre entre intérêt général et concurrence doit être soigneusement soupesé. Heureusement, nous observons que la Commission effectue un travail globalement d'excellente qualité, soucieuse de s'entourer de nombreux experts et en dialogue constant avec les gouvernements des États membres. Cependant, lorsque des choix politiques sont posés, un contrôle démocratique est nécessaire et, à cet égard, la Commission accuse un profond déficit. Nous plaidons avec vigueur pour que, d'une manière ou d'une autre, le Conseil et le Parlement européen soient plus impliqués dans les choix en matière d'aides publiques.

Dans le prolongement, il faudrait que les institutions européennes prennent vraiment le pli de définir une politique industrielle qui puisse contrebalancer celle de la concurrence. En effet, le droit de la concur-

---

[29] Un arrêt récent, postérieur aux journées d'études à l'origine de cette contribution mais qu'il nous paraît utile de mentionner, semble annoncer un réel contrôle d'efficacité des services publics. Il s'agit de l'arrêt *Altmark*, arrêt de la Cour du 24 juillet 2003, aff. C-280/00. L'arrêt fait grand bruit et a déjà été commenté par de nombreux auteurs. Cf. e.a. Sinnaeve, A., "State Financing of Public Services: The Court's Dilemma in the Altmark Case", *European State Aid Law Quarterly*, 2003, vol. II, n° 3, p. 351-363.

rence est neutre vis-à-vis des différents marchés. Or, l'avancement technologique et le renouvellement ou les progrès de l'industrie européenne passent par la définition de secteurs de pointe. Dans ces secteurs, l'argent public est nécessaire et la voix de la concurrence doit, temporairement au moins, baisser de ton.

Entre-temps, les États membres ne sont pas sans ressources pour faciliter la vie économique de leurs entreprises. À condition de maîtriser les textes européens, il leur est loisible d'entreprendre de nombreux programmes d'aides qui visent l'un ou l'autre objectif horizontal (recherche et développement, formation des travailleurs, environnement…). D'autre part, leur soutien public se conjugue régulièrement avec celui apporté par la Communauté européenne elle-même. Ainsi, les aides régionales nationales sont souvent complétées par celles provenant des célèbres « fonds structurels ». Enfin, nous avons vu précédemment[30] qu'une mesure étatique qui n'entraîne pas de diminution des recettes publiques reste permise. Libre ainsi aux gouvernements européens d'avantager certaines productions dans les buts qu'ils déterminent.

IV. Secteurs particuliers

Le régime général des aides se concrétise dans des règles particulières selon les secteurs économiques concernés. Notre choix se porte, en raison des secteurs étudiés dans les contributions qui suivent, sur le secteur de la sidérurgie, celui de l'industrie automobile et, enfin, celui de l'industrie informatique.

A. Secteur sidérurgique

Pour le secteur sidérurgique, les règles régulant l'intervention publique ont pris la forme d'encadrements européens appelés « Code des aides à la sidérurgie ». Le premier a vu le jour en 1980 et cinq autres ont suivi. Le sixième code des aides à la sidérurgie[31], qui est resté en vigueur jusqu'à l'expiration du traité CECA en juillet 2002, ne prévoyait la possibilité d'octroyer des aides que dans un nombre très limité de cas. Il s'agissait en l'occurrence des aides à la recherche et au développement, des aides en faveur de la protection de l'environnement et des aides sociales destinées à financer la fermeture d'installations sidérurgiques. Autant dire que les aides d'État licites sont assez rares en ce domaine.

---

[30] Voir première partie, la condition relative au transfert de ressources d'État.
[31] *J.O.*, 1996, n° L 338/42.

L'austérité du sixième code a, entre autres, mené la Commission à condamner, le 15 novembre 2000, le versement par la Belgique de 13,8 millions d'euros d'aides à l'entreprise *Cockerill Sambre* comme incompatible avec le Marché commun[32]. Ces aides, qui visaient à prendre en charge le surcoût lié à une réduction du temps de travail, ne pouvaient bénéficier d'aucune des dérogations prévues par le Code. La Commission a ordonné la récupération des montants déjà versés et la suspension des paiements non encore effectués.

Le traité CECA a expiré le 23 juillet 2002. Cela signifie que, en principe, à partir du 24 juillet 2002, les secteurs précédemment couverts par le traité CECA et les règles de procédure et du droit dérivé du traité CECA sont à présent soumis aux règles du traité CE ainsi qu'aux règles de procédure et au droit dérivé du traité CE. Cependant, la rigueur reste de mise, comme l'a fait savoir la Commission dans sa communication du 26 juin 2002[33]. Seule souplesse introduite, les aides à l'emploi seront permises dans les conditions du règlement d'exemption pertinent[34].

B. *Secteur automobile*

Au cours des années 1970 et 1980, les gouvernements de plusieurs États membres procédèrent à des injections massives d'aides pour assurer la modernisation et le développement, ou parfois même la survie, de leur industrie automobile nationale. Ces comportements furent la cause d'une course à la subvention entre les États membres et, partant, de nombreuses distorsions de concurrence. En conséquence, la Commission introduisit en 1989 un encadrement communautaire des aides d'État dans le secteur automobile[35] avec le double objectif d'assurer la transparence des flux d'aides et d'imposer une discipline stricte dans l'octroi de celles-ci. Un encadrement renouvelé est entré en vigueur le 1er janvier 1996 et devait rester valide jusqu'au 31 décembre 1997. Il fut ensuite remplacé par l'encadrement communautaire des aides d'État dans le secteur automobile du 15 septembre 1997[36]. Ce dernier était, à l'origine,

---

[32] Décision de la Commission du 15 novembre 2000, 2001/198/CECA, concernant l'aide d'État mise à exécution par la Belgique en faveur de l'entreprise sidérurgique Cockerill Sambre SA, *J.O.*, 2001, n° L 71/23.

[33] Communication de la Commission du 26 juin 2002 sur certains aspects du traitement des affaires de concurrence résultant de l'expiration du traité CECA, *J.O.*, 2003, n° C 152/5.

[34] Règlement (CE) n° 2204/2002 de la Commission concernant l'application des articles 87 et 88 du traité CE aux aides d'État à l'emploi, *J.O.*, 2002, n° L 337/3. Il serait très intéressant de voir quel sort serait réservé aujourd'hui à une aide telle que celle versée à Cockerill Sambre.

[35] *J.O.*, 1989, n° C 123/3.

[36] *J.O.*, 1997, n° C 279/1.

valide du 1er janvier 1998 au 31 décembre 2000 mais fut prolongé deux fois : du 1er janvier 2001 au 31 décembre 2001[37] et du 1er janvier 2002 au 31 décembre 2002[38]. Depuis le 1er janvier 2003, le secteur automobile est soumis aux règles de l'encadrement multisectoriel des aides à finalité régionale en faveur de grands projets d'investissement[39].

Cette suite d'encadrements depuis 1989 conserve la même philosophie : limiter les distorsions de concurrence dans le secteur automobile. Les critères d'appréciation varient en fonction des objectifs poursuivis par les aides en cause mais, dans tous les cas, les aides doivent être proportionnées à la gravité des problèmes à résoudre et nécessaires à la réalisation du projet.

Les aides régionales, à la recherche et au développement[40] et à la protection de l'environnement bénéficient d'un préjugé favorable et seront appréciées conformément aux encadrements qui leur sont applicables.

Les aides au sauvetage ou à la restructuration d'entreprises automobiles en difficultés sont permises mais la Commission veillera particulièrement à trois choses : une aide unique, un plan de restructuration et une réduction des capacités de production.

Pour les aides aux investissements à fin d'innovation (procédé réellement nouveau non encore employé ou commercialisé), la Commission a un préjugé défavorable et elles ne sont autorisées que dans des cas dûment justifiés à une concurrence de 10 %, en tant qu'incitation à la prise de risque industriel et technologique.

---

[37] Communication relative à la prolongation de l'encadrement communautaire des aides d'État dans le secteur automobile, *J.O.*, 2000, n° C 258/6.

[38] Communication de la Commission aux États membres relative à l'encadrement communautaire des aides d'État dans le secteur automobile, *J.O.*, 2001, n° C 368/10.

[39] Cf. communication de la Commission du 19 mars 2002 relative à l'encadrement des aides à finalité régionale en faveur de grands projets d'investissement, *J.O.*, 2002, n° C 70/8. Cf. en particulier l'annexe C : Définition du secteur automobile aux fins de l'encadrement multisectoriel.

[40] Selon les règles régissant les aides d'État en faveur de la R & D, des aides de ce type peuvent être consenties si elles incitent les entreprises à se lancer dans des travaux de R & D supplémentaires par rapport à leurs activités normales. Si la mise au point d'un nouveau modèle ou d'une nouvelle gamme de véhicules devait être considérée comme une activité de recherche justifiant l'octroi d'une aide, tous les constructeurs automobiles seraient en droit de réclamer une aide à la recherche et au développement pour chaque nouveau modèle qu'ils mettraient sur le marché. L'aide publique reviendrait purement et simplement à une aide au fonctionnement et n'inciterait pas les entreprises, contrairement à son objectif, à entamer des travaux de recherche qu'elles n'auraient sinon pas menés.

Les aides à la rationalisation et au fonctionnement impliquent un risque très élevé de distorsion de concurrence et sont donc interdites. L'encadrement du 15 septembre 1997 indique précisément que « si une entreprise, soumise à une concurrence internationale, n'est pas en mesure de financer par elle-même ses actions de modernisation et de rationalisation, son aptitude à faire face à la concurrence ainsi que sa viabilité disparaîtront à terme ».

À propos des aides régionales, il faut souligner un élément intéressant en termes de stratégie d'entreprise. Pour autoriser une aide régionale dans le secteur automobile, la Commission doit vérifier si la région de destination est susceptible de recevoir des aides, bien entendu, *mais aussi si l'investisseur aurait pu choisir un site alternatif pour réaliser son projet.* En effet, si aucun autre site industriel, nouveau ou préexistant, n'était susceptible, au sein du groupe, d'accueillir l'investissement en question, l'entreprise serait contrainte de mettre en œuvre son projet dans l'usine d'accueil possible, même en l'absence d'aide. L'existence de cette alternative définit la « mobilité » du projet. La Commission contrôle la vraisemblance de l'alternative[41].

C. Secteur de l'industrie informatique

La Commission n'a pas estimé utile de rédiger et faire connaître un texte spécifique au secteur informatique. Le manque de définition des priorités industrielles de l'Union, évoqué ci-dessus[42], n'est sans doute pas étranger à ce vide juridique. En l'absence de dispositions plus précises, ce sont les dispositions générales du traité qui s'appliquent et/ou des textes relatifs aux régimes d'aides horizontaux[43].

Ainsi l'utilisation du règlement n° 70/2001 relatif aux aides aux PME est à conseiller aux États membres. Récemment, le Pays basque a mis en place un régime visant à encourager la création et le développement des PME considérées comme à base technologique et innovatrice[44].

---

[41] Cf. ainsi la récente décision de la Commission du 11 décembre 2002, 2003/373/CE, relative à l'aide d'État que l'Allemagne envisage d'accorder en faveur de BMW AG à Leipzig, *J.O.*, 2003, n° L 128/12. La Commission y considère que le projet est mobile.

[42] Cf. partie précédente.

[43] Cf. ainsi la décision de la Commission du 24 juin 1992, 92/483/CEE, relative à des aides accordées par la région de Bruxelles en faveur des activités de Siemens SA dans le domaine de l'informatique et des télécommunications, *J.O.*, 1992, n° L 288/25 ; de même que la décision de la Commission du 13 février 2001, 2001/157/CE, concernant l'aide d'État accordée par les Pays-Bas en faveur de SCI-Systems, *J.O.*, 2001, n° L 186/43.

[44] Renseignements communiqués par les États membres sur les aides d'État accordées conformément au règlement (CE) n° 70/2001 de la Commission du 12 janvier 2001

L'encadrement communautaire des aides d'État à la recherche et au développement semble également être indiqué, à condition de ne pas financer une recherche qui aurait dû de toute façon être effectuée par l'entreprise. En effet, la Commission vérifiera soigneusement si les aides incitent les entreprises à entreprendre des activités supplémentaires de recherche et de développement, s'ajoutant à celles qu'elles mènent normalement dans le cadre de leurs activités quotidiennes.

Enfin, l'utilisation du règlement n° 68/2001 sur les aides à la formation permet régulièrement d'exempter des plans de formation à l'informatique dans certaines régions. Ces plans, il est vrai, n'ont qu'un effet incitatif indirect sur l'industrie informatique.

Abstract

The purpose of this contribution is to highlight some aspects of the State aids law, which plays an increasingly important role in Community competition policy.

The state aids law is the law regulating the existing relations between a public authority and one or several undertakings in a position to receive an economic advantage from it. In the construction of the European Union this issue could not be avoided and it has not from the ECSC treaty onwards. The basic principle from the outset was that state aids were banned except if the European Commission allowed a derogation. Today there exists detailed legislation based on ECT 87 and s., conceived and applied by the European Executive which devotes a significant part of its work to it. Is it sufficient to believe that the member states lost a significant tool of their economic policy as his control has intensified? This contribution doesn't pretend to provide a comprehensive response but limits its objective to providing some key points of analysis.

The notion of state aid will be examined first in order to set out the scope of the incompatibility principle (part I). Further, an inventory of aids categories which are permitted, despite the incompatibility principle, will be considered (part II). Afterwards, some elements of general analysis will be sketched (part III) and illustrations of it will be provided by examining the state aids rules in the steel, motor vehicle and informatics sector (part IV).

---

concernant l'application des articles 87 et 88 du traité CE aux aides d'État en faveur des petites et moyennes entreprises, *J.O.*, 2001, n° C 374/62.

La société européenne

Les raisons d'un blocage

Frédéric MERTENS DE WILMARS

*Assistant Université catholique de Louvain
et Doctorant Université de Valencia*

À l'heure de l'achèvement du Marché intérieur et de la mondialisation économique, les entreprises européennes déploient leurs activités dans plusieurs États membres de la Communauté européenne, par l'intermédiaire de filiales en vue de renforcer leur compétitivité. Une des stratégies des entreprises consiste en la recherche d'un instrument destiné à faciliter les opérations de restructuration transnationales. Cet instrument doit permettre aux entreprises de développer leurs activités plus facilement sur le territoire communautaire, sans se heurter aux particularismes nationaux. De nature juridique, il est la création d'une structure commune aux entreprises : la société européenne ou la « societas europeae » (SE).

La détermination tant espérée d'un statut de SE semblait ne jamais pouvoir aboutir, de telle sorte que la SE s'était vue qualifiée de « serpent de mer communautaire »[1]. Celle-ci fit l'objet d'un projet de règlement communautaire déposé en 1970 qui fut négocié et modifié à plusieurs reprises jusqu'au sommet de Nice des 7 et 8 décembre 2000. La société européenne a donc vu le jour dans un règlement du Conseil adopté le 8 octobre 2001 et dont l'entrée en vigueur a été différée au 8 octobre 2004 en raison des adaptations à apporter aux législations nationales, principalement en matière de participation des travailleurs – qui, elle, est régie par la directive 2001/86/CE adoptée le même jour que le règlement précité.

Après trente ans d'attente et de blocage, les milieux d'affaires et les confédérations d'entreprises se sont félicités de la réalité des textes

---

[1] Cf. Synvet, H., « Enfin, la société européenne », *Revue trimestrielle de droit européen (RTDE)*, 1990, p. 253.

relatifs à une structure juridique commune aux États membres de l'UE[2]. Ils se plaignaient en effet que, malgré la mise en place du Marché intérieur, les entreprises devaient exercer leurs activités à travers leurs filiales soumises à quinze législations, en l'absence d'un cadre juridique unique adapté à leurs activités transnationales. En outre, la société européenne était particulièrement attendue pour plusieurs raisons : d'une part, en dépit de nombreuses directives intervenues dans plusieurs domaines comme celui de la fusion des sociétés[3], il fallait un règlement communautaire la consacrant, et d'autre part, l'institution d'un groupement européen d'intérêt économique (GEIE) en 1985 n'était pas suffisante pour permettre aux sociétés de se « déplacer » et de se restructurer de manière transnationale sur l'ensemble du territoire de la Communauté[4].

En adoptant cet instrument juridique, on répondait ainsi aux besoins des multinationales et des entreprises de taille moyenne de pouvoir opérer à partir d'une personne morale unique, en lieu et place de quinze conseils d'administration. En d'autres termes, la SE repose sur une législation commune qui doit permettre aux entreprises de faire l'économie de montages juridiques complexes et onéreux, et qui doit contribuer aussi à l'accélération du processus décisionnel au travers des établissements répartis sur deux ou plusieurs territoires de l'Union européenne.

---

[2] Il faut toutefois relever que les hommes d'affaires et les juristes belges n'ont pas toujours considéré la société européenne comme étant une nécessité pour le développement des activités des entreprises dans la Communauté. À l'époque de l'Europe des six, l'expansion de celles-ci ne se heurtait pas à des difficultés déterminantes résultant de la divergence entre les diverses législations nationales. Plutôt que de « repenser tout le droit des sociétés par la création d'une société européenne », on préconisait « la recherche concrète des principales difficultés et des principaux obstacles rencontrés par les sociétés qui s'efforcent d'étendre le champ de leurs activités aux six pays de la Communauté, pour ensuite tenter de résoudre ces obstacles et ces difficultés en les sériant et sans bouleverser pour autant complètement les cadres des lois existantes ». En réalité, les juristes comptaient sur l'ancien article 220 du traité CE qui prévoyait l'engagement de négociations inter-étatiques en vue d'assurer la reconnaissance mutuelle des sociétés, le maintien de la personnalité juridique en cas de transfert du siège de pays en pays et la possibilité de fusion de sociétés relevant de législations différentes (cf. à ce sujet, Van Ommeslaghe, P., « La création d'une société commerciale de type européen », *Journal des tribunaux (J.T.)*, 1960, p. 457-460).

[3] Directive 90/434/CEE du 23 juillet 1990 concernant le régime fiscal commun applicable aux fusions, scissions, apports d'actifs et échanges d'actions intéressant des sociétés d'États membres différents, *J.O.*, 1990, n° L 225.

[4] Cf. le Règlement (CEE) n° 2137/85 du Conseil du 25 juillet 1985 relatif à l'institution d'un groupement européen d'intérêt économique (GEIE), *J.O.*, n° L 199 du 31/07/1985, p. 1-9. À propos du GEIE, cf. Lepeltier, D., Bultet, E., Lesguillier, G., *Les groupements d'intérêt économique : GIE, GEIE : régimes juridiques et fiscal, formules, textes*, Paris, éd. GLN, 1990.

Trente ans ont donc séparé le projet de 1970 de l'adoption du règlement communautaire de 2000. Les raisons d'un tel retard sont à chercher dans les blocages des négociations inter-étatiques sur la nature et le fonctionnement de la SE. Les modifications de compromis portées au statut originel de la SE reflètent l'échec d'un projet ambitieux (I) qui finalement donnera au statut adopté à Nice une portée plus modeste que celle imaginée par les auteurs du premier projet (II). Les entreprises belges ont suivi l'évolution du projet et n'ont pas manqué de faire part de leurs points de vue à travers leur principal organisme représentatif : la Fédération des entreprises de Belgique (FEB).

I. L'échec d'un projet (trop) ambitieux

L'idée d'une société européenne n'est pas neuve puisque déjà au lendemain de la Seconde Guerre mondiale, se configure le concept de la *compagnie européenne*[5]. En effet, à la fin de l'année 1949, dans un document de l'Assemblée consultative, le Conseil de l'Europe propose un statut de compagnie européenne en vue de redresser l'économie de l'Europe d'après-guerre[6]. L'idée est suivie le 27 septembre 1952 d'une proposition réservant le statut européen aux seules sociétés constituées en vue de l'exploitation des services publics ou de l'exécution des travaux publics[7]. Toutefois, le Conseil de l'Europe ne la retient pas, en raison du caractère trop sensible[8] et limité des compagnies européennes.

A. *Du projet Sanders au projet du règlement de 1970*

Même si quelques « sociétés européennes » spécifiques se constituent sur la base de conventions diplomatiques bi- ou multilatérales (par exemple, la canalisation de la Moselle en 1956 ou la société Eurochemic en 1957)[9], ce n'est que deux ans après la signature du traité de Rome que prend corps l'idée d'un statut unique de société européenne, indé-

---

[5] F.-D. Pointrinal remonte jusqu'à la fin du XIXe siècle pour trouver un concept semblable dans le droit italien (cf. « Heurs et malheurs de la société européenne », *Banque*, n° 524, févr. 1992, p. 181, cité par P. Nicaise, « La société européenne : une société de type européen ! », *J.T.*, 2002, p. 482).

[6] *Doc. Ass.* – E.C. 49-20 et 4 du 16 décembre 1949. Cf. Keutgen et Huys, « Demain, la société européenne ? », *J.T.*, 1971, p. 485 ; Cerexhe, « La société anonyme européenne », *Annales de droit de Louvain*, 1972, p. 4.

[7] *Doc. Ass* – 71, du 24 septembre 1952.

[8] Le caractère sensible est lié à l'exploitation des services publics et l'exécution des travaux publics constituant, à l'époque, un élément important des économies nationales d'après-guerre.

[9] Cf. Renauld, J., *Droit européen des sociétés*, Bruxelles, Bruylant, 1969, p. 9-10 (cité par Keutgen et Huys, *op. cit.*, p. 485).

pendant des droits nationaux, à l'occasion du cinquante-septième Congrès des notaires de France[10]. La même année, dans un discours inaugural de l'Institut supérieur économique de Rotterdam, le professeur Pieter Sanders fait état de la nécessité de l'adoption d'un tel statut[11].

Quelques années plus tard, un mémorandum du gouvernement français propose la création d'une société de type européen devant coexister avec les autres formes de sociétés connues dans les six États membres de la CEE[12]. Le 22 avril 1966, à son tour, la Commission européenne transmet au Conseil un mémorandum dans lequel elle suggère la mise au point d'une société qui ne soit pas soumise aux droits nationaux mais relève du seul droit européen. Elle fait valoir, en effet, que la forme juridique d'une société de droit européen correspond le mieux à la tendance à la constitution d'entreprises européennes :

> Dans tous les États membres, ces sociétés auraient accès sur un pied d'égalité aux facteurs de production et pourraient ainsi s'adapter aux exigences du Marché commun, de la concurrence internationale et du progrès économique, social et technique.[13]

Elle reconnaît cependant que le sort de la société européenne dépend de « la solution cohérente » à apporter à une série de problèmes dans le domaine du droit des sociétés, du droit fiscal et du droit social. Ce dernier type de difficultés marquera l'évolution des travaux portant sur la SE jusqu'au sommet de Nice de 2000[14].

Quelques mois avant le dépôt de son mémorandum, en décembre 1965, la Commission met en place un groupe d'experts présidé par le Pr. Sanders dont les travaux aboutiront, à la fin de l'année 1966, à un avant-projet de statut de société européenne (appelé le « projet Sanders ») qui sera transmis au Conseil[15]. L'objectif de ce projet consiste en la présentation, à côté des formes nationales de sociétés existantes,

---

[10] Cf. Thibierge, « Le statut des sociétés étrangères », *Le statut de l'étranger et le Marché commun, 57ᵉ congrès des notaires de France*, Paris, 1959, p. 270 et suiv.

[11] Sanders, P., « Vers une société anonyme européenne ? », *Rivista delle societa*, 1959, p. 1163 et suiv.

[12] Foyer, J., « La proposition française de création d'une société de type européen », *Revue du Marché commun*, 1965, p. 268.

[13] Cf. à ce sujet *Bulletin de la FIB*, n° 16, 1966, p. 1381-1383.

[14] Nous verrons que seul le droit social a été l'obstacle majeur à la réalisation du projet de SE.

[15] Les experts étaient messieurs Arendt (avocat à Luxembourg), von Caemmerer (professeur de l'Université de Fribourg-en-Brisgau), Dabin (professeur de l'Université de Liège), Marty (professeur de l'Université de Toulouse) et Minervini (professeur de l'Université de Naples). Proposition publiée à la Documentation des Communautés européennes, série concurrence, 1967, n° 6, p. 132.

d'une société anonyme européenne afin d'offrir aux entreprises du Marché commun une forme d'organisation leur permettant de choisir leur implantation à l'intérieur de la Communauté en fonction des seules nécessités économiques, abstraction faite des considérations juridiques[16].

Parallèlement, en automne 1966, le Conseil constitue un groupe de travail *ad hoc* composé d'experts gouvernementaux et de la Commission, sous la présidence du Pr. Sanders en vue d'étudier l'opportunité de créer une SE. Ce groupe achève ses travaux en 1968 par la rédaction d'un rapport qui prend position en faveur de la création d'une SE, tout en soulignant les difficultés non résolues en raison de leur nature politique, à savoir le régime fiscal applicable à la SE, l'accès à celle-ci (c'est-à-dire la constitution de son capital minimal), et la représentation des travailleurs dans ses organes[17].

Ces difficultés n'ont pas pu être résolues par le Conseil. Dès lors, la Commission décide en mars 1969 d'entreprendre elle-même l'élaboration d'un projet de statut de SE et de le proposer au Conseil, au titre de l'ancien article 235 du Traité CE. Le 30 juin 1970, les travaux aboutissent à la présentation d'une proposition de règlement portant statut de la société européenne[18] mais c'est un autre projet que le Conseil examine en 1975, à la suite des amendements au projet de 1970 sur la base des remarques du Parlement européen et du Comité économique et social[19].

En Belgique, la Fédération des industries belges ou FIB (devenue la Fédération des entreprises de Belgique ou FEB, en 1973) manifeste en 1967 son souhait d'un statut de société européenne en soulignant que les obstacles à sa création sont de nature fiscale, financière et sociale[20]. La question qui préoccupe le plus les industriels belges est celle du régime fiscal de la SE et la FIB relève que cette difficulté n'a pas été abordée par le groupe *ad hoc* du Pr. Sanders. Or, sans réglementation préalable ou simultanée des aspects fiscaux, la SE ne peut être utile aux milieux économiques.

La FIB préconise aussi l'abaissement du montant du capital minimum de la SE et l'absence de limitation de l'accès de la SE aux seules sociétés anonymes, en vue de respecter les objectifs du « projet Sanders ». Il faut étendre celui-ci à tous les autres types de sociétés com-

---

[16] Commission des Communautés européennes, *Études sur un Projet des Sociétés anonymes européennes par le Pr. Pieter Sanders, Doyen de la Faculté de Droit de Rotterdam*, coll. Études, Série Concurrence, 1967, n° 6.

[17] Houin, R., « Où en est le droit des sociétés dans le Marché commun ? », *RTDE*, 1968, p. 132.

[18] Cf. *J.O.*, n° C 124, du 10 octobre 1970.

[19] Cf. la proposition transmise au Conseil, le 30 avril 1975, *Bull. CE*, suppl., 4/75.

[20] *Bulletin de la FIB*, n° 27, du 1er novembre 1967, p. 3.

merciales, notamment aux SPRL[21] belges disposant de filiales de production et des sociétés de vente dans plusieurs pays de la Communauté européenne. En outre, la fédération invite à faire abstraction de « toutes les conceptions des droits nationaux des sociétés et notamment de toutes les dispositions qui ont un caractère d'ordre public national ». Elle vise l'impossibilité d'imposer à la SE le modèle de la cogestion allemande – mécanisme garantissant la représentation des travailleurs au sein de l'entreprise – qui n'est pas mis en œuvre dans les autres États membres de la CEE[22]. Or, ce modèle est prôné par la Commission européenne.

B. *L'échec prévisible du règlement de 1970*

Contenant 284 articles et une annexe importante, la proposition de la Commission, révisée en 1975, prétend réaliser l'unité économique et juridique de l'entreprise européenne et permettre la constitution de sociétés régies totalement par un droit unique, directement applicable dans l'ensemble de la Communauté. À cette fin, toutes les règles relatives à la constitution, la structure, le fonctionnement, la liquidation de la société européenne sont soustraites aux droits nationaux et l'immatriculation doit se faire auprès d'un registre européen du commerce institué auprès de la Cour de justice des Communautés européennes.

Dans les grandes lignes, le projet de règlement entend régler le statut de la SE comme suit :

1. *L'accès au statut*

Seules les sociétés anonymes peuvent y recourir et seulement dans le cadre d'opérations de regroupement limitées (fusion, holding et filiale commune). En outre, seules des sociétés anonymes européennes peuvent constituer une SE mais une même société anonyme ayant des établissements répartis dans deux ou plusieurs pays ne peut se constituer de la sorte[23]. Quant au capital social minimal exigé, les montants indiquent que seules des grandes entreprises obtiendront le statut SE ; ce qui va à l'encontre de l'esprit du projet Sanders qui vise les entreprises de moindre dimension et cependant les plus répandues dans la Communauté.

2. *Le siège*

Puisque la SE ne se rattache pas à un droit national mais au droit communautaire, plusieurs sièges sociaux peuvent être institués sur le

---

[21] Société privée à responsabilité limitée.

[22] *Idem*, p. 4 et 5 ; cf. aussi la position de l'UNICE dans ce bulletin, p. 6-8.

[23] En ce sens, le projet de la Commission s'est montré plus restrictif que celui du Pr. Sanders.

territoire communautaire. La notion de siège n'a donc pas d'importance en termes de rattachement au droit d'un État membre[24].

3. Le droit applicable

Les matières régies par le statut (en ce compris celles qu'il ne règle pas expressément) sont soustraites aux droits nationaux en vue de la préservation de l'unité de son interprétation. Les tribunaux doivent trancher les points non prévus expressément par le statut en se référant aux principes généraux dont celui-ci s'inspire ou encore des principes généraux communs aux droits des États membres.

4. Les organes de la SE, consécration du dualisme

La structure de la société européenne envisagée est d'inspiration allemande dans la mesure où elle consacre la séparation du pouvoir de direction de celui de surveillance. Trois organes sont prévus : le directoire, le conseil de surveillance et l'assemblée générale. Le directoire est l'organe de gestion tandis que le conseil de surveillance (composé de membres désignés par l'assemblée générale et des représentants des travailleurs) exerce un contrôle permanent de la gestion de la société par le directoire. Quant à l'assemblée générale, ses pouvoirs sont définis limitativement afin d'éviter des conflits éventuels avec le conseil de surveillance. En d'autres termes, le statut de la SE applique en tous points la théorie institutionnelle de la société anonyme aux organes hiérarchisés.

5. La représentation des travailleurs

Outre la conclusion des conventions collectives entre la SE et les syndicats représentés en son sein, deux structures sont envisagées par le projet de statut : le comité européen d'entreprise et le conseil de surveillance.

Le comité européen supervise les systèmes de représentation des travailleurs mis en œuvre dans chaque établissement de la SE en vertu de chaque droit national. Le directoire doit l'informer régulièrement de la situation économique de la SE et des répercussions sur l'emploi et les investissements[25].

D'inspiration allemande, ce comité ne convient pas aux traditions de la majorité des États membres parce que s'ils connaissent des organes

---

[24] Dans le règlement adopté en 2000, la SE ne dispose que d'un seul siège, la raison étant que le texte communautaire renvoie à la législation nationale des États membres où est fixé le siège de la SE.

[25] Pour certaines questions, il a un véritable pouvoir de co-décision (ex : promotion et formations professionnelles des travailleurs) et, pour d'autres, une compétence d'avis obligatoire (régime des salaires, arrêt ou transfert de l'entreprise, modification importante de son organisation, etc.).

d'entreprises dans lesquels les travailleurs sont représentés, ceux-ci ne disposent pas de pouvoir de codécision. En Belgique, aux termes de la loi de 1948, le conseil d'entreprise n'est qu'un organe de concertation, de consultation et d'information. En France, le comité d'entreprise n'a qu'une compétence d'avis pour les questions professionnelles et de consultation en matière économique et financière[26]. En Italie, les avis préalables rendus sur le règlement de l'entreprise par la commission interne de celle-ci ne lient pas la direction[27]. Enfin, la législation néerlandaise prévoit que le conseil d'entreprise a pour mission de contribuer au meilleur fonctionnement possible de l'entreprise mais dans le respect de l'indépendance de sa direction[28]. Le comité européen ne correspond donc pas aux conseils d'entreprises considérés comme étant des lieux de rencontre et de dialogue entre les travailleurs et la direction.

Au sein du conseil de surveillance, au moins un tiers de ses membres est composé de délégués des travailleurs[29], désignés par les membres des conseils d'entreprise existant au niveau national auprès des divers établissements de la société européenne[30]. Le rôle du conseil de surveillance consiste en l'exercice d'une influence sur la politique de l'entreprise par la nomination et le contrôle sur le directoire. Cette attribution reflète le choix politique de la Commission européenne de s'être alignée sur le modèle allemand de la participation des travailleurs alors que, dans d'autres États, ceux-ci participent, tout au plus, aux organes statutaires de l'entreprise à titre consultatif.

La Commission est donc confrontée à un choix délicat : soit, elle laisse aux législateurs nationaux la liberté d'associer ou non les travailleurs aux prises de décision économiques mais au préjudice de l'uniformité du statut de la SE, soit elle adopte une réglementation unique imposant la représentation des travailleurs là où elle n'existe pas[31]. En

---

[26] Cf. l'ordonnance n° 45-280, du 22 février 1945 instituant des comités d'entreprise, modifiée par la loi n° 66-427, du 18 juin 1966.

[27] Cf. l'accord interconfédéral du 18 avril 1966 en vue de la constitution et du fonctionnement des commissions internes.

[28] Cf. la loi du 4 mai 1950 contenant des règles relatives aux conseils d'entreprise.

[29] À la suite de la demande du Parlement européen, le conseil de surveillance doit être composé d'un tiers de représentants élus par les salariés, un tiers élu par les actionnaires et un tiers coopté par les deux groupes précités.

[30] Les représentants des travailleurs au sein des comités européens d'entreprise sont élus directement par ces derniers.

[31] Dans son projet de statut, Sanders prétend que l'on peut adopter le système de la cogestion mais en obligeant les États membres à faire des concessions à ce sujet puisque le modèle proposé ne correspond pas exactement au modèle allemand et n'est pas pratiqué dans les autres États membres. L'idée consiste à imposer la règle de la cogestion à la SE si l'ensemble de ses employés travaillent dans des établisse-

définitive, elle tranche en faveur d'un modèle certes plus avantageux pour les travailleurs mais très contraignant et trop lourd pour les fondateurs de sociétés européennes.

6. *Les aspects fiscaux*

Les auteurs du projet de 1975 ont pris soin de ne pas accorder un régime fiscal privilégié à la société européenne. Ils se sont contentés de fixer le régime de la constitution de la société, son domicile fiscal et le régime applicable à ses bénéfices. Pour ce qui est de la constitution de la SE, le projet renvoie à la directive du Conseil du 17 juillet 1969[32].

À nouveau, les travaux s'enlisent au Conseil face aux nombreuses difficultés à régler et sont interrompus en 1982. Les raisons de l'échec de la proposition de 1970 amendée en 1975 sont nombreuses. On retiendra qu'elle est trop originale. Les États membres ne sont pas prêts à imposer des contraintes en matière de gestion des sociétés et à imposer l'introduction de représentants des salariés aux organes des sociétés. Ce système existe principalement en Allemagne. Or, le règlement directement applicable doit, par nature, s'imposer dans des ordres juridiques nationaux ignorant ce système de participation des travailleurs. En outre, les États membres ne peuvent laisser les SE échapper à leur droit national et entrer en concurrence avec leurs propres sociétés.

---

ments situés dans un État pratiquant la cogestion. Par contre, si seulement 25 % des travailleurs de la SE sont employés dans cet État en question, la cogestion n'est pas d'application. Au projet Sanders, la Commission demande au professeur Lyon-Caen de prendre position. Celui-ci, dans son rapport publié en 1970, propose la combinaison de la réglementation statutaire avec le jeu de la libre de négociation en vue d'obliger impérativement l'établissement d'un mode de participation aux décisions. Différentes formules de participation « institutionnelles » équivalentes dans leurs effets envisagées par le rapport doivent être négociées entre les syndicats et l'entreprise. Les formules consistent en : 1) la présence de représentants des travailleurs dans le conseil de surveillance s'élevant à un tiers de ses membres ; 2) la création d'un conseil économique central de la SE avec participation syndicale ; 3) la création d'un organe spécial de cogestion au sein de la SE à côté du conseil de surveillance. Le rapport propose en outre la libre négociation entre les syndicats et les fondateurs de la SE de conditions de participation du personnel aux prises de décision de la SE (cf. « Contribution à l'étude des modes de représentation des intérêts des travailleurs dans le cadre des SE », coll. Études de la Commission, série Concurrence, n° 10, 1970). En définitive, la Commission n'a pas pris en considération le projet Sanders ni le rapport de Lyon-Caen notamment en raison des réticences exprimées par les organisations patronales et syndicales à l'égard de la participation des travailleurs aux organes de la SE (cf. à ce sujet Keutgen, G. et Huys, M., *op. cit.*, p. 491, notes 73, 76 et 77).

[32] Directive 69/335/CEE concernant les impôts indirects frappant les rassemblements de capitaux, *J.O.*, n° L 249, 3 octobre 1969.

Pour sa part, la FEB se montre très réservée par rapport au projet de statut. Dans son vingt-et-unième rapport annuel, elle exprime la nécessité d'élargir la société européenne au plus grand nombre d'entreprises possibles[33]. Or, à ses yeux, il n'en est rien puisque seules les entreprises disposant d'un capital et d'une taille importants peuvent accéder au statut de SE. Les PME ne peuvent donc pas en être l'objet alors que, paradoxalement, la Commission européenne a toujours souhaité en faire un instrument pour le développement de la coopération entre celles-ci.

En outre, la FEB considère que la Commission européenne ne présente aucun argument déterminant en faveur de la participation des travailleurs aux organes des sociétés commerciales et que la proposition retenue est inadéquate avec le système des relations sociales en Belgique[34]. En revanche, elle marque son accord pour la mise en place d'un comité d'entreprise mais celui-ci doit constituer un lieu de rencontre entre les travailleurs et la direction de la société ; ce qui implique une composition bipartite (travailleurs-employeurs) du comité européen d'entreprise et une gestion de la société devant relever de la seule compétence du directoire[35].

D'un point de vue plus général, le texte de la Commission ressemble davantage à une superposition de normes nationales qu'à un texte original répondant aux exigences des entreprises. La FEB regrette l'absence de synthèse allant dans le sens de la souplesse et d'une mise en pratique aisée. Par ailleurs, les règles de fonctionnement des organes de la SE sont trop rigides et procédurières parce qu'elles envisagent toutes les solutions possibles sans laisser les statuts de la société les régler en fonction des cas d'espèce.

En fin de compte, la FEB traduit les inquiétudes du monde industriel belge qui ne voit pas en quoi le statut de la SE, rédigé comme tel, peut lui apporter les avantages attendus. Le projet doit être fondamentalement revu sous peine d'être dépourvu de tout intérêt pour les entreprises industrielles et de risquer de rester « lettre morte ».

Largement inspiré de la législation allemande en matière de représentation des travailleurs au sein de ses organes, le projet de statut ne peut pas emporter l'adhésion des États membres de la Communauté, notamment en raison de son manque de souplesse mais aussi de son impact sur les relations sociales au sein des entreprises qui ignorent le modèle de la cogestion. À cet égard, la FEB a exprimé ses appréhensions parce qu'elle considère qu'« [il] bouleverserait la nature des

---

[33] Cf. l'éditorial du *Bulletin de la FIB*, n° 8, du 10 mars 1971, p. 910.

[34] *Ibid.*, p. 911-912.

[35] Cf. aussi le *Bulletin de la FEB*, n° 25, du 10 octobre 1976, p. 3029-3035.

relations sociales existantes [...] en Belgique entre les chefs d'entreprise et les travailleurs et serait susceptible de compromettre les objectifs qui étaient à la base de la législation de 1948 »[36].

D'un point de vue conceptuel, le projet de statut a cependant le mérite de se détacher des droits nationaux pour être un droit à la fois commun et unique. Mais il est voué à l'échec parce qu'il se heurte aux traditions et aux cultures d'entreprise de plusieurs États membres et parce qu'il ne correspond plus aux réalités économiques du moment. En effet, il réserve *de facto* le statut aux seules grandes entreprises transnationales au détriment des entreprises moyennes qui exercent des activités transfrontalières (ou transnationales).

II. L'adoption d'un projet plus modeste

En 1987, dans le cadre de l'Acte unique, Jacques Delors relance les travaux sur la société européenne. Lors du Conseil « Marché intérieur » du 18 novembre 1988, les délégations des États membres soutiennent majoritairement les nouvelles orientations proposées par la Commission. Sommairement, celles-ci portent sur le statut facultatif de la SE et indépendant des législations nationales ainsi que sur le principe de la mise en place d'un mécanisme de participation des travailleurs dans le statut de la SE. L'appui des États membres n'est pas innocent puisque la Commission doit revoir à la baisse les prétentions de son projet. En outre, le dossier se débloque encore au prix de la patience et de négociations intergouvernementales sur d'autres domaines que celui de la société européenne.

A. *1989 : les projets de règlement et de directive*

Le 29 août 1989, la Commission publie une proposition en deux volets : un règlement portant statut de société européenne, en vertu de l'ancien article 100 A du traité CE et une directive, sur la base de l'ancien article 54 du traité CE, complétant le statut pour la participation des travailleurs. Les avis du Parlement européen et du Comité économique et social amendent la version de 1989, par la suite, en 1991.

Dans sa proposition de règlement, la Commission européenne tire les leçons du blocage. D'abord, le texte en est allégé. On passe de 284 à 137 articles. Ensuite, on semble abandonner l'idée d'une structure complètement distincte des droits nationaux existants en raison de l'harmonisation du droit des sociétés directives communautaires[37] ; ce

---

[36] *Ibid.*, p. 3032.

[37] En s'appuyant sur ce socle commun solide, on évitait ainsi d'élaborer un droit des sociétés complet destiné à remplacer celui des États membres. À propos de l'harmo-

qui amène H. Synvet à écrire que la proposition de 1989 est une sorte d'« hybride, le fruit d'un croisement entre le droit communautaire et les droits nationaux »[38]. Les sujets de controverse ont été éliminés (par exemple, le droit des groupes de société ou le problème de la fiscalité) et édulcorés (telles des solutions alternatives à la participation aux organes ont été proposées).

Dans sa proposition de directive, la Commission révise à la baisse ses exigences relatives à la place des travailleurs dans l'entreprise européenne (le conseil de surveillance) en raison du blocage des États membres qui ne connaissent pas le système dualiste. En outre, elle prend en compte les critiques portées à l'encontre du système qu'elle avait proposé en 1975 (à la demande du Parlement européen et du Comité économique et social) parce qu'il est jugé trop complexe et peu viable eu égard aux réalités de l'époque.

Aussi, la proposition de la directive amendée en 1991 concerne-t-elle plus simplement la place des travailleurs dans une perspective d'information de ceux-ci ; soit une information régulière de ces derniers et leur consultation avant la mise en œuvre des décisions dans des cas bien définis. En pratique, ils doivent être consultés sur les grandes décisions stratégiques de la société européenne (fermeture d'un établissement, restrictions ou extension des activités importantes, modifications importantes de la société, etc.). Par contre, la gestion quotidienne de la SE relève de la seule compétence de ses dirigeants.

Trois modèles de participation des travailleurs sont proposés par la Commission aux douze États membres : la représentation des travailleurs dans l'organe d'administration ou de surveillance de la SE (c'est le système de cogestion pratiqué en Allemagne, au Luxembourg et aux Pays-Bas[39]) ; la création d'un organe distinct représentant les travailleurs : comité d'entreprise (France, Belgique), et d'autres structures mises en place par voie d'accord entre les dirigeants des sociétés fondatrices et les travailleurs (les autres États membres).

La proposition de la directive respecte ainsi les traditions nationales quant au système de représentation des travailleurs au sein de leurs entreprises[40]. La proposition de la Commission veille toutefois à ce que

---

nisation en ce sens et la dizaine de directives entrées en vigueur, cf. le site électronique de la Direction générale « marché intérieur » de la Commission (http://europa.eu.int/pol/singl/index_fr.htm).

[38] Synvet, H., *op. cit.*, p. 255, n° 4.

[39] La cogestion consiste en la participation directe des travailleurs à la prise de certaines décisions du directoire de l'entreprise.

[40] En ce sens, la solution proposée par la directive de 1989 est fort proche de celle qui est retenue par la directive de 2000.

dans les trois modèles de participation, les États membres prennent les mesures utiles pour la participation des travailleurs de la société européenne à la surveillance et au développement des stratégies de la SE.

La Commission considère ces trois modèles comme étant équivalents ; ce qui ne convainc pas l'Allemagne en raison de son attachement – et celui de ses syndicats – au modèle de la cogestion. Les autorités allemandes et les autres États membres qui pratiquent la cogestion ne peuvent reconnaître l'équivalence entre leur modèle et les deux autres. De leur côté, les autres États membres prônent la qualité de leur propre modèle en rejetant le système de la participation des travailleurs[41].

Le modèle de participation des travailleurs étant lié à la localisation du siège de la SE, il y a un risque d'assister à une (dé)localisation des SE en fonction de sa souplesse. En d'autres termes, des sociétés allemandes peuvent être tentées de se constituer en SE dans un État ne pratiquant pas le modèle de la cogestion.

Le blocage est inévitable en raison de cette divergence de points de vue aussi sensibles et, en 1993, les travaux sont à nouveau paralysés.

B. Du rapport Davignon à l'adoption du règlement et de la directive

Face à cette répétition de blocages intergouvernementaux et pressées par la nécessité de l'achèvement du Marché intérieur, les entreprises ayant des activités transnationales (dans le pétrole et la construction automobile, par exemple) réagissent en organisant, en 1993, une campagne en vue de relancer les travaux pour la création de la SE, avec l'appui de la « Table ronde des industriels européens ». Créée en 1983, cette association regroupe actuellement une quarantaine d'industriels représentant des entreprises relativement importantes en Europe et pratiquant le lobbying auprès des institutions communautaires[42].

---

[41]   Cf. par exemple, la position portugaise selon laquelle on ne peut instituer la participation des travailleurs dans les cas où des salariés n'y sont pas favorables.

[42]   Cf. le site électronique de l'association "European Round Table of Industrialists" : http://www.ert.be. À titre indicatif, nous mentionnons les membres actuels de l'association (au 21 mai 2003) : Gerhard Cromme (ThyssenKrupp – président de l'association), Carlo De Benedetti (Cofide-Cir Group – vice-président de l'association), Alain Joly (Air Liquide – vice-président de l'association), César Alierta Izuel (Telefónica), Nils S. Andersen (Carlsberg), Álvaro Barreto (Soporcel), Jean-Louis Beffa (Saint-Gobain), Wulf Bernotat (E.ON), Peter Brabeck-Letmathe (Nestlé), Martin Broughton (B.A.T), Antony Burgmans (Unilever), Bertrand Collomb (Lafarge), Alfonso Cortina (Repsol YPF), Dimitris Daskalopoulos (Delta Holding), Thierry Desmarest (TotalFinaElf), Jean-René Fourtou (Vivendi), Jukka Härmälä (Stora Enso Oyj), Zsolt Hernádi (Mol Hungarian Oil and Gas Company), Franz Humer (F. Hoffmann-La Roche), Daniel Janssen (Solvay), Leif Johansson (Volvo),

Pour ces industriels, il faut une seule société opérant par le biais d'établissements dans les États membres avec un bilan annuel, une seule déclaration fiscale et dans un cadre juridique unique avec des salariés européens. Cette société européenne est indispensable pour faciliter notamment

> la coopération transfrontalière et transnationale, l'exercice d'un management sur une géographie relativement large, le développement d'une culture d'entreprise européenne, le déploiement des PME dans d'autres États membres et les économies d'échelle au niveau européen en vue d'amélioration la productivité et la compétitivité de l'industrie européenne.

Le rapport Ciampi de juin 1995 consacré à l'achèvement du Marché intérieur a souligné la nécessité de la SE pour celui-ci[43]. Estimant des économies substantielles (coûts administratifs) de l'ordre de trente milliards d'écus chaque année, le rapport a relevé les avantages et les besoins de la constitution de la SE : le déplacement des sociétés au-delà des frontières nationales sans devoir se soumettre à la dissolution et la constitution de celles-ci ; l'accroissement de l'attrait des capitaux privés ; le besoin de répondre aux demandes des grandes entreprises par l'entremise de leurs associations représentatives au niveau européen (ERT, UNICE, etc.).

En vue de répondre aux attentes des industries européennes, la Commission européenne a fait appel à Étienne Davignon, en novembre 1996 pour présider un groupe de cinq experts chargés d'élaborer un rapport sur la constitution de la SE qui doit concilier les demandes des uns et les exigences des autres, tout en reprenant les deux types de normes communautaires évoqués en 1989 (un règlement et une directive). Publié en mai 1997, le rapport Davignon rappelle l'intérêt de la création de la SE, notamment en raison « du décalage grandissant entre la réalité économique et la réalité juridique des sociétés de dimension européenne, et de la complexité en matière de fiscalité et de structures de décision qui en résulte »[44].

Jak Kamhi (Profilo Holding), Gerard Kleisterlee (Royal Philips Electronics), Tom McKillop (AstraZeneca), Gérard Mestrallet (Suez), Jorma Ollila (Nokia), Heinrich v. Pierer (Siemens), Pasquale Pistorio (STMicroelectronics), Hasso Plattner (SAP), Eivind Reiten (Norsk Hydro), Wolfgang J. Ruttenstorfer (OMV), Manfred Schneider (Bayer), Louis Schweitzer (Renault), Michael Smurfit (Jefferson Smurfit), Peter Sutherland (BP), Marco Tronchetti Provera (Pirelli), Marcus Wallenberg (Investor AB), Philip Watts (Royal Dutch/Shell), Jürgen Weber (Deutsche Lufthansa) et Wim Philippa (secrétaire général).

[43] Cf. *Bulletin de l'Union européenne*, n° 12, 1995, point I.9.

[44] Cf. p. 1, du rapport de Davignon présenté à la Commission, le 19 mai 1997. Cf. aussi le site électronique de la Direction générale « marché intérieur » de la Commission

Reposant sur la primauté d'une solution négociée adaptée aux différences de culture d'entreprises, le rapport préconise la conclusion d'accords négociés pour chaque société européenne, sur mesure, dans « la liberté totale des parties et en l'absence de toute prescription minimale ». À défaut d'entente, des dispositions supplétives obligatoires en matière d'information des travailleurs (1/5 des membres du Conseil d'administration ou de surveillance) sur la base du principe selon lequel les membres de l'organe doivent être impliqués de la même manière dans la responsabilité de la prise de décision[45].

Les conclusions du rapport débloquent le dossier en dépit des réactions négatives sur l'aspect de la participation obligatoire des travailleurs. Les États pratiquant la participation des travailleurs considèrent en effet que celle-ci est trop faible par rapport à leur propre système tandis que les autres dépourvus de la participation obligatoire estiment injustifié d'avoir à intégrer dans chaque SE un système étranger à leurs cultures d'entreprises respectives.

Dans son bulletin du mois de juillet 1997, la FEB a salué « l'effort de réflexion et de recherche de consensus (…) mené par le groupe d'experts »[46]. Si elle a appuyé la priorité donnée à la négociation d'un accord entre les fondateurs de la SE et les travailleurs, elle se montre sceptique à propos de la réalité des marges de négociation en raison de l'existence d'une réglementation supplétive obligatoire si les parties n'aboutissaient pas à un accord. Elle a rappelé aussi sa position – exprimée lors des premiers travaux de la Commission sur le statut de la SE – par rapport à l'entrée des travailleurs dans l'organe de gestion de la SE. Leur participation aux prises de décision est susceptible de porter préjudice à l'attractivité du cadre supplétif pour les entreprises belges habituées à d'autres pratiques en matière de relations industrielles.

Sous la présidence britannique de 1998, les États membres se sont toutefois mis d'accord autour du principe « avant-après » en vue de débloquer définitivement le dossier. Ce principe implique que, s'il n'y a pas de participation des travailleurs avant la constitution de la SE, il n'y a pas lieu de l'organiser. Dans le cas contraire, il faut l'instituer, selon les modalités nationales « les plus avancées pour préserver les droits acquis des salariés de la société ».

---

européenne (http://europa.eu.int/comm/internal_market/fr/company/company/news/index.htm).

[45] Cf. p. 11, du même rapport.

[46] Khonenmergen, S., « La société européenne. Participation des travailleurs », *Bulletin de la FEB*, juillet 1997, p. 62.

On pourrait croire à un déblocage définitif mais il reste à déterminer le pourcentage de salariés requis pour imposer le système de participation à l'ensemble de la société européenne. La règle de la majorité des salariés emporte l'accord des Quinze en cas de SE holding ou filiale commune parce que les sociétés participantes vont survivre à l'opération et continuer à être soumises à leur système selon le droit national applicable. Il n'y a donc pas de perte des droits acquis des travailleurs.

En revanche, c'est le blocage intergouvernemental complet pour le cas de la fusion de sociétés. La Commission européenne[47] et l'Allemagne considèrent que la disparition des sociétés qui fusionnent pour constituer la SE impose une protection renforcée des salariés avec leur participation (et donc un seuil relativement bas) parce que ces derniers vont perdre leurs droits. En d'autres termes, il faut lier le règlement portant sur le statut de la SE avec la directive relative à la représentation des travailleurs au sein de celle-ci. La position de Bruxelles et celle du gouvernement allemand sont appuyées par les six autres États dotés du mécanisme de la participation des travailleurs (Danemark, Suède, Finlande, Pays-Bas, Luxembourg et Autriche).

De leur côté, les États qui ont rejeté l'idée de la cogestion ne partagent pas tout à fait les mêmes motifs. Le Royaume-Uni ne peut admettre la participation salariale dans la société parce que le mode de cogestion est contraire aux traditions britanniques tandis qu'en France, si on n'est pas opposé au modèle allemand d'un point de vue conceptuel, on considère ce dernier comme étant trop lourd à organiser. L'Espagne, quant à elle, estime qu'il est inacceptable qu'une minorité de salariés impose son système à la majorité des travailleurs de la SE.

Le 2 décembre 1998, quatorze États se rallient à un seuil de 25 % en cas de fusion mais l'Espagne bloque le dossier durant deux ans jusqu'au Conseil européen de Nice. Deux raisons expliquent la position espagnole : d'une part, le principe de la cogestion a peu de chance d'être remis en question et d'autre part, une minorité de salariés peut, de par les « dispositions de base » du projet Davignon, imposer son mode de participation à une majorité de salariés.

En réalité, le déblocage s'est produit sur un autre plan que celui de la société européenne puisqu'en contrepartie, le gouvernement Aznar a obtenu une augmentation des subventions accordées à la flotte de pêche espagnole. Cependant, à la demande de l'Espagne, un État peut écarter la règle des 25 % en cas de fusion mais ne peut immatriculer la SE sur

---

[47] La volonté de promouvoir la cogestion au niveau européen vient du fait que l'objectif de la Commission est d'ordre social car le modèle allemand donne aux salariés le droit de désigner des représentants siégeant avec voix délibérative dans les organes de direction ou de surveillance de la société.

son territoire, sauf si un accord est trouvé entre dirigeants et représentants des salariés pour exclure toute participation des salariés dans les organes sociaux de la société.

Les 7 et 8 décembre 2000, le Conseil européen de Nice s'est félicité de l'accord trouvé sur le volet social de la SE parce qu'il prend en compte la diversité des situations dans les États membres en matière de relations sociales et laisse à ces derniers la possibilité de transposer, ou non, dans leur droit national les « dispositions de référence » relatives à la participation des travailleurs applicables aux SE constituées par fusion.

À cet effet, le Conseil européen de Nice a invité le Conseil des ministres à finaliser les textes portant la création du statut de Société européenne. Aussi, le 20 décembre 2000, un Conseil spécial s'est-il réuni en vue d'adopter le règlement relatif au statut de la SE et la directive concernant la participation et l'information des travailleurs.

Qualifiée de moment historique par les États membres, l'adoption des deux textes s'est faite dans le respect des traditions nationales sur la participation des travailleurs et de la coexistence entre les principes économiques et sociaux que consacre le dossier de la SE mais aussi dans la perspective de l'aboutissement de la réalisation du Marché intérieur[48].

Schématiquement, par rapport au projet du règlement de 1991, le texte du règlement s'est considérablement réduit à 70 articles. Les différences essentielles portent sur la suppression de l'obligation de la participation des travailleurs dans les organes de la SE et celle de l'adoption d'un système dualiste obligatoire.

1. *La représentation des travailleurs*

Le principe est que la SE ne peut être immatriculée que si un accord a été conclu sur les modalités de l'implication des travailleurs dans la société. L'implication est entendue comme étant l'information, la consultation et la participation des travailleurs aux prises de décision de l'entreprise (art. 2, h, de la directive).

La directive encourage fortement la négociation entre les parties, un modèle de référence prévu qu'elle prévoit ne s'appliquant qu'à défaut d'accord. Aussi la directive prévoit-elle la création d'un groupe spécial de négociation (GSN) composé des représentants des travailleurs des sociétés participantes (ou établissements ou filiales) à la société européenne (art. 3 de la directive). Celui-ci a pour objet de fixer les modalités de l'implication des travailleurs dans la SE, tout en ayant une marge

---

[48] Cf. Blanquet Fr., « Enfin la société européenne, "la SE" », *Revue du Droit de l'Union européenne*, 2001, p. 78.

de manœuvre assez large puisqu'il peut décider de ne pas négocier, d'appliquer les dispositions de référence de la directive ou de créer un modèle d'implication des travailleurs spécifique à la SE. La directive prévoit donc une autonomie totale aux parties prenantes de la création de la SE, dans le respect de la diversité culturelle des entreprises.

Quant au modèle de référence, il incombe à l'État membre dans lequel est situé le siège de la SE de fixer les dispositions de références applicables à celle-ci, dès son immatriculation. Ces normes doivent prévoir la constitution obligatoire d'un organe de représentation des travailleurs (ORT) composé proportionnellement en fonction du nombre de travailleurs occupés dans chaque État membre concerné par la SE. Cet organe est consulté, au moins une fois par an, sur l'évolution économique, financière et sociale de la SE. Il garantit le droit à l'information, à la consultation, et le cas échéant, à la participation des travailleurs (cf. *supra*, la possibilité pour les États membres de ne pas prévoir la participation en cas de constitution de SE par la fusion[49]).

2. *L'abandon d'un système dualiste obligatoire*

Désormais les statuts de la SE peuvent adopter le modèle moniste (un organe d'administration) ou le modèle dualiste (un organe de direction et un organe de surveillance). Le choix doit toutefois s'effectuer dans le respect « d'une délimitation claire entre les responsabilités des personnes chargées de la gestion et de celles des chargées de la surveillance de la SE »[50]. Si le siège est fixé dans un État membre qui ne connaît pas l'un des deux modèles (la Belgique, par exemple), ce dernier peut l'adopter sur la base des dispositions du règlement du statut (articles 39 et 43).

3. *Autres caractéristiques*

En matière de fiscalité, le règlement ne contient aucune disposition à mettre en œuvre, dans le cadre de la création et de l'exploitation des sociétés européennes. Celles-ci seront encore régies par les régimes fiscaux des États membres, là où elles sont immatriculées et où sont localisés leurs établissements stables, comme toute autre société multinationale[51]. Les SE constituées par fusion transfrontalière peuvent béné-

---

[49] Cf. l'article 7, § 3, de la directive 2001/86/CE.

[50] Cf. le quatorzième considérant du règlement.

[51] Une des conséquences de cet état de fait est que le transfert de leur siège d'un État à un autre ne serait que « théorique dans la mesure où les diverses législations fiscales le considèrent comme étant une liquidation, ce qui entraîne une taxation des plus-values latentes et des réserves immunisées » (X., « Fiscalité. La société européenne : une chance à saisir par la Belgique ? », *Bulletin de la FEB*, septembre 2001, p. 46-48).

ficier de la directive communautaire « fusions » (90/434/CEE) et de la directive relative au régime fiscal commun applicable aux sociétés mères et filiales d'États membres différents (90/435/CEE). Pour le reste, les SE bénéficient des conventions fiscales en vigueur dans les États membres où elles sont situées.

Le capital social de la SE est plus accessible puisque le montant minimal a été considérablement réduit. Par exemple, en cas de fusion, on passe de 250 000 écus en 1975 à 120 000 euros aujourd'hui ; ce qui signifie que les PME désireuses d'exercer des activités transfrontalières peuvent enfin revêtir le statut de société européenne. Par ailleurs, alors que dans les projets antérieurs, l'accès était refusé aux entreprises extra-communautaires, désormais, celles-ci peuvent être SE si elles sont immatriculées dans un État membre et si elles ont un « lien effectif et continu avec l'économie d'un État membre » ; la présence d'un établissement suffit.

Enfin, alors que le rapport Davignon ne l'a pas prévu, les sociétés nationales peuvent se transformer en SE si elles démontrent leur caractère européen par la présence d'une filiale dans un autre État membre, durant deux ans.

III. Conclusion

On ne peut nier les avantages liés à la constitution de la SE pour les entreprises européennes. Le statut de la SE permet de transférer son siège dans l'espace communautaire sans pour autant devoir procéder à des opérations complexes. En outre, désormais, il rend possible les fusions transfrontalières de sociétés anonymes. Enfin, d'un point de vue psychologique, la création de la société européenne aura sans doute un impact sur les stratégies des entreprises européennes mais également des sociétés relevant des États tiers qui souhaiteraient s'implanter dans l'Union européenne.

À en croire Françoise Blanquet,

le statut a gagné en attrait : de nombreux groupes manifestent leur intérêt pour la SE. Ils insistent sur le fait que la simplification de la structure de groupes donnera plus de lisibilité aux marchés financiers et offrira aux SE une visibilité accrue sur la scène européenne et internationale. Ils estiment aussi que la constitution de la SE permettra, en les renforçant, de permettre à certaines entreprises de ne pas subir les OPA hostiles. Ils estiment également que la SE leur fera faire d'importantes économies d'échelle et des gains de productivité encore plus importants.[52]

---

[52] Blanquet, F., *op. cit.*, p. 107.

Si le but du règlement du statut consiste à créer, à côté des sociétés relevant des droits nationaux, des sociétés relevant d'un droit directement applicable dans l'ensemble des États membres de la Communauté, nous avons vu cependant que, dans sa version définitive, le contenu ne répond pas à cet objectif. Les références multiples au droit national des États membres font que la SE est davantage une société de type européen qu'une SE. Comme l'a écrit P. Nicaise, « il existera (…) autant de types de société européenne qu'il existe d'États membres »[53]. La multiplicité des références aux législations nationales influencera certainement la détermination du lieu d'immatriculation des SE en fonction de la flexibilité des normes nationales relatives aux sociétés anonymes.

Dans l'attente de l'entrée en vigueur effective du règlement et de la directive communautaires portant sur la SE, les entreprises européennes et extracommunautaires évaluent ce que ce type de société pourrait leur apporter dans le cadre de leurs stratégies d'expansion et de compétitivité. Les États membres auront également à mettre en œuvre des stratégies de «séduction fiscale » en faveur de ces sociétés susceptibles de s'immatriculer chez eux.

Abstract

Over several decades, European businessmen have looked for an instrument to help companies to develop their activities within the European Community more easily, without having to deal with national particularities. This juridical instrument to achieve this lay in the creation of a common structure for companies: the "societas europeae" (SE).

It was the aim of an EC Regulation presented in 1970. This project was negotiated and modified repeatedly up to the Nice summit of December 7th-8th, 2000. Then, the SE was born in a Council EC Regulation adopted on October 8th, 2001 with its taking force postponed until October 8th, 2004, due to the adjustments to national legislations required in relation to the participation of workers in corporation's decision-making.

Thirty years then separate the project of 1970 and the adoption of the EC Regulation of 2000. The reasons of this delay must be looked for in the obstacles to the inter-state negotiations about the nature and the functioning of the SE. The modifications of the original statute of the SE reflect the failure of an ambitious project that, finally, resulted in the more modest scope of the statute adopted in 2000.

---

[53] Nicaise, P., *op. cit.*, p. 490.

DEUXIÈME PARTIE

STRATÉGIES D'ENTREPRISES ET LIBÉRATION DU MARCHÉ COMMUNAUTAIRE

SECOND PART

FIRMS' STRATEGIES AND REMOVAL OF TECHNICAL OBSTACLES TO COMMUNITY TRADE

Purchase Tax or Value-Added Tax

British Industry, Indirect Taxation and European Integration in the 1960s

Neil ROLLINGS

University of Glasgow

Taxation is conventionally presented as the policy area 'most resistant to moves to shift the locus of power to the supranational level'[1]. As one of the most contentious areas of European integration, the issue of tax harmonisation is commonly seen as an attack on one of the central pillars of national sovereignty and a key test of the extent to which European integration has occurred, although some argue that deliberate tax harmonisation is unnecessary since it will occur naturally to a sufficient degree over time through pressures of tax competition and market forces[2]. Complete harmonisation goes well beyond the realms of taxation to cover all forms of labour cost to employers, from wages to holiday entitlement and also social security contributions. Although rarely given a central role in accounts of European integration, the issue of taxation has been a recurring feature of the history of European integration, first in relation to Benelux and later during the development of the European Union[3].

This piece will illustrate the relevance of the tax issue to British industry's consideration of, and attitude towards, European integration during the 1960s, from Britain's first application to enter the Common Market in 1961 to the Hague Summit of 1969. It was not a straightfor-

---

[1] Richardson, J., "Preface", in C. Radaelli, *The Politics of Corporate Taxation in the European Union: Knowledge and International Policy Aagendas*, London, Routledge, 1997, p. viii.

[2] Hackett, C., *The Cautious Revolution: The European Community arrives*, New York, Praeger, 1990, p. 90-1 ; Tsoukalis, L., *The New European Economy: The Politics and Economics of Integration*, Oxford, Oxford University Press, 1993, p. 130-132.

[3] Lynch, F., "A Tax for Europe: The Introduction of Value Added Tax in France", *Journal of European Integration History*, 4 (1998), p. 67-87.

ward story but a complex interaction between the situation in Britain and that on the continent. There was also no consensual view within British industry. Instead, one is left with a balance of opinion reflecting differences of opinion not just between sectors but also between firms in the same sector. Not only were the coverage and rates of any proposed new tax crucial, but so were the particular taxes that were to be replaced, the nature of the tax burden faced by competitors and, particularly if this competition came from Italy, their ability to evade taxation[4]. A final complication was that the situation was dynamic: attitudes changed as companies acquired more knowledge of comparative tax burdens, as UK government policy changed, as EEC tax policy developed and as the possibility of UK membership of the Community waxed and waned.

I. The First Application, 1961-1963

For much of the 1950s consideration of European integration, both in Britain and on the continent, raised issues about harmonisation of wages, social security payments as well as taxation. From the early 1960s attention tended to focus on taxation more specifically and in particular on indirect taxation. Within the Six the appointment of the Neumark Committee marked this shift. Whether the EEC should adopt VAT, recently introduced in France, instead of a cascade-style turnover tax became one of the central questions for the Neumark Committee in its consideration of fiscal harmonisation[5]. Famously, the committee's report, released in July 1962, opted for VAT although only France among the Six used it then. There were three main reasons for this. First, VAT was seen to be a neutral tax in terms of its impact on the economy. Cascade taxes were collected at each transaction and so were believed to encourage vertical integration and to favour large enterprises, whereas with VAT the number of transactions was irrelevant to the duty liable. Secondly, the tax was believed to be more efficient since it was harder to evade. Finally, and most importantly with regard to economic integration, there had been a long standing disagreement over rebates of turn-over taxes to exporters: no two firms were equally efficient and so the rebate had to be averaged, offering larger profits to the more efficient

---

[4]   Holt, S., *The Common Market: The Conflict of Theory and Practice*, London, Hamish Hamilton, 1967, p. 155.

[5]   A value added tax is a tax on the value added at each stage of production and sale, that is the difference between the price paid for inputs and the price charged for the processed goods. A cascade turnover tax is applied at every stage in the production and distribution chain. Thus the tax would be applied a number of times as a good was produced, the more stages of production the greater the number of times the tax was applied.

producer. In addition, the lack of transparency made it virtually impossible to ensure that each country was operating its own system of rebates in good faith: German industrialists complained that they were undercompensated while French and British business believed that there was over-compensation and this constituted an export subsidy[6].

The report came out in the middle of the UK negotiations and taxation was already becoming a very politically sensitive subject as Britain began to become aware of its relative economic decline and poor growth performance. Tax reform became an increasingly popular demand but within government there remained a reluctance to overthrow the existing fiscal constitution because of the attendant political and fiscal dangers[7]. The Federation of British Industries (FBI) was one of the bodies calling for tax reform. Throughout the 1950s it had argued that the tax burden on business was too high and that there needed to be a shift in the balance of taxation away from direct taxation to indirect. However, the main form of indirect taxation in Britain was purchase tax. This had been introduced during the Second World War and only certain goods, particularly luxuries and consumer durables, were liable to the tax. Any shift to indirect taxation would, therefore, hit these already heavily taxed goods very severely unless the coverage of the tax was broadened significantly or a new indirect tax, such as VAT, covering all goods (and possibly services) was introduced.

In 1961 the FBI set up two committees to consider aspects of this issue. The first was the committee on the balance of the fiscal system. Crucially, at its meeting on 15 June 1961, a month prior to the announcement of the government's decisions to open negotiations, the committee agreed to concentrate on the viability of extending purchase

---

6   *The EEC reports on tax harmonisation: the report of the fiscal and financial committee and the reports of the sub-groups A, B, C,* International Bureau of Fiscal Documentation, Amsterdam, 1963 ; Sullivan, C., "Indirect Taxation and the Goals of the EEC", in C. Shoup (ed.), *Fiscal Harmonization in Common Markets vol. 2: Practice,* New York, Columbia University Press, p. 103-172 ; Terra, B., *Sales Taxation: The Case of VAT in the European Community,* Deventer, Kluwer, 1988 ; Baldwin, R., *Nontariff Distortions of International Trade,* Washington D.C., Brookings Institution, 1970, p. 85-86. On the introduction of VAT see Puchala, D., *Fiscal Harmonization in the European Communities: National Policies and International Cooperation,* London, Pinter, 1984 ; Shoup, C. (ed.), *Fiscal Harmonization vol. 2* ; and Aaron, H. (ed.), *The Value-added Tax: Lessons from Europe,* Washington D.C., Brookings Institution, 1981.

7   See Daunton, M., *Just Taxes: The Politics of Ttaxation in Britain, 1914-1979,* Cambridge, Cambridge University Press, 2002 ; Pemberton, H., "A Taxing Task: Combating Britain's Relative Decline in the 1960s", *Twentieth Century British History,* 12 (2001), p. 354-375 ; and Davies, A., "Britain into Europe: The Prospect of Tax Reform", *British Tax Review,* 1962, p. 81-90.

tax rather than shifting to a turnover tax because the latter would involve large-scale changes to the tax system[8]. Having made this decision the committee's November report stressed the importance of the tax system to economic growth and the resulting need to broaden the tax base and shift the balance of taxation towards indirect taxation by building on the existing purchase tax. Pointedly, however, the FBI's Grand Council did not approve the report: entry to the EEC would require moves towards harmonising indirect taxation and, as a result, many of the report's conclusions were regarded as 'obsolete'[9].

The second FBI report, by the Working Party on Export Incentives, was more influential. Chaired by Sir Archibald Forbes it was set up in October 1961 to consider whether there was a case for introducing export incentives, a subject which had been contentious in business circles since the early 1950s[10]. The report made two crucial recommendations. First, much to the annoyance of some members of the FBI, it once more rejected the case for export incentives, maintaining the line that the government should take every opportunity to press for their abolition. Secondly, it asked the government to

> make an urgent study of the fiscal system with the object of determining whether the export effort could be assisted by changes in the present pattern of distribution of taxation and in the type and scope of indirect taxes, having due regard to the question of harmonisation of the UK tax system with those of the Common Market countries.[11]

The committee itself believed that a broader based system of indirect taxation, be it through purchase tax or a turnover tax, or VAT, would act as an incentive to export and that such a change would allow a reduction of direct taxation.

The FBI was keen for the government to examine the issue and in May 1962 the Chancellor of the Exchequer requested a study on the possibility of introducing a French-style value added tax. In October, within weeks of endorsement within the EEC of the recommendation to adopt VAT, the study rejected VAT. It was viewed as inferior to purchase tax administratively and as having no advantages over purchase tax as an export incentive[12]. The FBI was also becoming firmer in its belief that a switch from purchase tax to VAT would not be an incentive

---

[8]   MRC MSS200/F/1/1/196, Hancock working party meeting, 15 June 1961.

[9]   *Ibid.*, Taxation Committee meeting, 12 October 1961 and Taxation Panel meeting, 1 November 1961 ; PRO T 320/51, unknown to Hancock, 28 March 1962.

[10]   PRO T 320/61, "Report of the Working Party on Export Incentives", February 1962.

[11]   *Ibid.*, p. 34.

[12]   PRO T 320/53, RTP(62)16, "Review of taxation policy", 15 October 1962.

to exports[13]. Nevertheless, there was a strong conviction on the part of many businessmen and in the general public that adopting continental-style indirect taxation would offer an incentive, psychological if not real, to exports[14]. De Gaulle's veto in January 1963 of Britain's first application had little impact in this respect. With many businessmen continuing to call for reform of indirect taxation, it was politically awkward for the FBI to voice clear opposition to the replacement of purchase tax by a turnover or value-added tax given the resignations from the Federation which had followed the Forbes report. As a result, Sir Norman Kipping, the Director-General of the FBI, suggested to William Armstrong in the Treasury that the Chancellor should announce in his budget speech the establishment of an official study on the subject. Its report might then have a bigger impact on public opinion[15]. This suggestion was picked up, mentioned in Maudling's budget and from it emerged the Committee on Turnover Taxation.

II. From the Richardson Committee to the Hague Summit, 1963-1969

The committee, commonly known as the Richardson Committee after its chairman, Gordon Richardson, later to become Governor of the Bank of England, was appointed in April 1963 with the following terms of reference:

To inquire into the practical effects of the introduction of a form of turnover tax, either in addition to existing taxation, or in substitution either for the purchase tax or for the profits tax or both.

In conducting the inquiry regard should be had to:

(a) the development of the economy and the promotion of exports;

(b) the fair distribution of the burden of taxation;

(c) the maintenance of the revenue; and

(d) efficiency in tax collection and administration[16].

---

[13] FBI, *Value Added Turnover Tax*, London, 1963; PRO T 320/53, Armstrong to Sir Gordon Richardson, 10 April 1963.

[14] PRO T 320/53, Armstrong to Mitchell, "Reform of the tax structure", 8 February 1963 ; Sir Edwin Leather to Selwyn Lloyd, 2 May 1962 ; PRO T 320/53, unknown to Chancellor of the Exchequer, "Export incentives", covering Leather's parliamentary committee's report on export incentives ; PRO T 320/492, unknown to McKean, 13 February 1963 noting that Sir Duncan Oppenheim, chairman of British American Tobacco Co. Ltd., had tabled the topic for the President of the Board of Trade's Informal Advisory Group on Exports.

[15] PRO T 320/492, Armstrong, "Export incentives", 22 February 1963.

[16] *Report of the committee on turnover taxation*, Cmnd. 2300, HMSO, London, p. 7.

These terms of reference were crucial. Coming after de Gaulle's veto of Britain's application to join the EEC, there was no reference to the implications of EEC membership: the committee was asked to consider the specific merits of a turnover tax, in practice VAT, against the existing purchase tax. As such, the fact that Britain might have to adopt VAT with EEC membership was irrelevant.

The committee's Report, which was published in March 1964, did not provide a ringing endorsement of VAT. Far from it, it categorically rejected the case for introducing VAT as an alternative to either profits tax or purchase tax[17]. There was an awareness that the Report looked like being 'another field in which our policy may diverge from that of the Community in the near future and where a further obstacle may be created to our eventual membership'[18]. The election in 1964 of a Labour government committed to further tax reforms only added to the uniqueness of the UK tax regime[19]. With Britain's second application to join the EEC in 1967 the government did embark on a study of the consequences for the British tax system if the application was successful but again it was concluded that Britain should not introduce VAT unless required to do so by EEC membership[20]. Nevertheless, the Conservatives, in opposition, were moving towards supporting the introduction of VAT in the UK as a more preferable source of revenue to the taxes introduced by Labour, and this became part of their 1970 manifesto and government policy after their re-election[21].

---

[17] *Report of the committee on turnover taxation*, p. 84 ; Dosser, D., "The VAT in the UK and the EEC", in A. Peacock and F. Forte (eds.), *The Political Economy of Taxation*, Oxford, Blackwell, 1981, p. 118.

[18] PRO T 320/226, "Brief for WEU meeting: the Report of the Richardson Committee and the harmonisation of turnover taxation in the Common Market", note by the Treasury and Customs and Excise, 15 April 1964; *ibid.*, Con O'Neill, UK Delegation to the European Communities, to HBC Keeble, Foreign Office, 24 March 1964 ; PRO T 320/49, Leo Pliatzky to McKean, "Harmonisation of Turnover Taxes", 2 October 1963.

[19] Whiting, R., *The Labour Party and Taxation: Party Identity and Political Purpose in Twentieth Century Britain*, Cambridge, Cambridge University Press, 2000 ; Pemberton, H., "Taxing Task" ; Daunton, M., *Just Taxes* ; Dosser, D., "Fiscal and Social Barriers to Economic Integration in the Atlantic Area", in B. Balassa (ed.), *Studies in Trade Liberalization: Problems and Prospects for the Individual Countries*, Baltimore MD, Johns Hopkins Press, 1967, p. 251.

[20] Whiting, R., *Labour Party*, p. 201-2 ; Stout, D., "Value-Added Taxation", in B. Crick and W. A. Robson (eds.), *Taxation Policy*, Harmondsworth, Pelican, 1973, p. 189.

[21] Daunton, M., "'A Kind of Tax Prison': Rethinking Conservative Tax Policy, 1960-1970", in M. Francis and I. Zweiniger-Bargielowska (eds.), *The Conservatives and British Ssociety 1880-1990*, Cardiff, University of Wales Press, 1996, p. 289-315.

Where does British industry fit into this story? First, the Richardson Committee put great emphasis on the views of industry in reaching its conclusion to reject VAT. Crucial here was the belief that businesses, especially in manufacturing, would regard a value-added tax and the profits tax as very different types of taxation and would react differently to them:

> A value-added tax would be regarded as a charge or cost and that businesses would aim to recover it in prices, either immediately or in their next review of costs and prices. On the other hand, [...] [companies] did not, or did not directly, take the profits tax (and income tax) into account in prices[22].

In other words, any attempt to replace profits tax with VAT would not improve the price competitiveness of British goods either at home or in export markets and could set off a round of wage demands. Under-pinning this finding was evidence from a questionnaire circulated to 'the managements of a fairly small number of large businesses'[23]. Seventeen business organisations, listed in table 1, were approached, of which three were nationalised industries and the remaining fourteen were private companies.

Table 1. Business Organisations Consulted by the Richardson Committee

Associated Electrical Industries Limited
Boots Pure Drug Company Limited
The Bowater Paper Corporation Limited
The British Motor Corporation Limited
British Railways Board
The Electricity Council
English Sewing Cotton Company Limited
Ford Motor Company Limited
George Wimpey & Company Limited
Guest, Keen & Nettlefolds, Limited
Imperial Chemical Industries Limited
Marks & Spencer Limited
Pilkington Brothers Limited
Shell International Petroleum Company Limited
Unilever Limited
Vickers Limited

Source: Report of the Committee on Turnover Taxation, p. 70.

In addition, the FBI and the Institute of Chartered Accountants of England and Wales were approached and at a later stage so too were the Gas Council, British Petroleum Company Limited and Esso Petroleum

---

[22] *Report of the committee on turnover taxation*, p. 73.
[23] *Ibid.*, p. 70.

Company Limited. The questionnaire tended to focus on the issue of the replacement of profits tax by VAT as the committee found this the most difficult part of their enquiry, asking eighteen questions on this aspect and a further nine on more general considerations. These questions then formed the basis of oral evidence presented to the committee by all seventeen organisations plus the FBI and the Gas Council[24].

Given this degree of consultation and the additional written representations from a range of trade associations, companies and other business-related organisations, it might seem that business, like the committee, was categorically opposed to the introduction of VAT. However, this conclusion seems questionable. The majority did not support the introduction of VAT, favouring a broadening of purchase tax with a uniform rate. Nevertheless, a closer study of the submissions reveals the complexity of the issue, the diversity of opinion and the contingent nature of many of the views, none of which is evident from the Report of the committee. Some views were straightforward and easily explained. The Retail Distributors' Association was in favour of widening purchase tax rather than VAT since purchase tax only related to the wholesale stage of production whereas VAT would involve a large administrative burden for retailers. The National Coal Board did not favour the replacement of profits tax by VAT (or a broader based purchase tax) because they did not earn profits (the removal of profits tax would not ease its tax burden) and energy products were not liable to purchase tax but probably would become liable to a broader based purchase tax or VAT. The Society of Motor Manufacturers and Traders (SMMT), given the burden of purchase tax on motor vehicles, wanted to shift away from the status quo towards a broader based form of indirect taxation[25]. Unilever, usually a stalwart supporter of anything which might ease Britain's accession into Europe, took a contrary position here, based on calculating the likely relative tax burdens on its products. If Britain joined the Community it would have to adopt VAT, its submission noted, but 'this is no reason to abandon purchase tax now'[26]. These positions begin to illustrate the complexity of the situation and the range of starting points of different industries and firms.

---

[24] *Report of the committee on turnover taxation*, appendix F and appendix G.

[25] PRO T 320/55, "Committee of inquiry into turnover taxation', Retail Distributors" Association, n.d. ; PRO T 320/54, TT(63)25 part 2, 25 July 1963 ; and PRO T 320/56, "Memorandum for submission to the Committee on Turnover Taxation", SMMT, August 1963.

[26] PRO T 320/ 54, TT(63)27, Report of the Unilever Study Group on Turnover Taxation, 29 May 1963.

There were also inconsistencies and clear disagreements among the submissions on key issues. One of the standard arguments against a narrow based purchase tax was its inequity – some products were heavily taxed while others were tax free – and its fluctuating nature as the tax was used to manage demand[27]. Yet, the Silk and Man-made Fibres Users' Association made this very point in favour of retaining the status quo. More significantly in light of the Report's conclusions, there were disagreements over the impact of replacing profits tax with VAT. Within the SMMT the majority of members believed that any such shift would be passed on in increased prices and were not in favour of it. The two exceptions to this position were the British Motor Corporation and the Ford Motor Company, both of whom favoured the introduction of VAT[28]. More generally, the FBI was clear that if VAT replaced profits tax companies would pass on the taxation in increased prices. Yet this was contradicted by the Association of British Chambers of Commerce (ABCC) submission. Despite being strongly opposed to the introduction of VAT when it discussed what it described as 'the main point of contention between supporters and opponents of the added value tax', the ABCC argued that the issue was one of degree, not of absolutes: 'the degree to which *all* taxes are reflected in prices is governed by the scale of competition and the level of profit margins' (emphasis added)[29].

Context was also important and made the views expressed contingent rather than absolute since they were dependent on other factors. A survey of its members carried out by the Birmingham Chamber of Commerce to inform its 1963 budget submission illustrates this point. The large firms which responded were less in favour of a shift from direct to indirect taxation than the average because they mainly produced consumer durables. Their main objective was an easing of hire purchase restrictions and they feared that any change in the balance of taxation would erase any benefit gained on hire purchase[30]. Similarly, both the FBI and the SMMT raised the uncertainty over the rate at which VAT would be charged as an issue but in very different ways. The SMMT wanted as low a rate as possible so as not to reduce demand in the home market while the FBI wanted as high an indirect tax rate as possible without leading to inflation in order to give as great as possible

---

27 PRO T 320/56, "Memorandum", SMMT, p. 3.
28 *Ibid.*, p. 7-8.
29 *Ibid.*, E.224.63, "The introduction of a turnover tax in the UK", FBI, p. 15, although the discussion on p. 1-4 is less clear-cut ; and PRO T 320/54, "Report of the views of the Tax Panel on a tax on added value", ABCC, 16 April 1963, p. 3-4.
30 *Birmingham Chamber of Commerce Journal*, "Economic policy", vol. 62, January 1963, p. 29-30.

an encouragement to growth[31]. There was also the issue of the details of products given exemption and other details of the form of any VAT to be introduced in the UK which remained uncertain. After all, although the Neumark Committee had made its recommendations to the European Commission and these had been accepted by the Commission, the only system of VAT then operating was in France. Even there, at this stage VAT only applied at the wholesale stage and not at the retail stage as the Neumark Committee proposed. The views presented by business to the Richardson Committee were not as consensual and clear as the committee's Report implied. As the FBI's submission put it:

> The study in isolation of one aspect of a country's fiscal system – its indirect taxes – is liable to lead to false conclusions about the course which future fiscal policy should in general pursue. Valid conclusions are also difficult to reach because the arguments which might support them are, at best, expressed in terms of probabilities and, at worst, of conflicting possibilities, one of which has to be selected as the most likely in fact to occur[32].

Nevertheless, despite this conclusion and the contingent nature of many of the opinions expressed, even the FBI did not give a high priority to the issue of tax harmonisation with the EEC in its submission to the Richardson Committee, and this was typical of the submissions from business.

By the second half of the 1960s this position was changing as illustrated in two developments. First, as one of its first steps the Confederation of British Industry (CBI), which replaced the FBI in 1965, embarked on the 'Britain and Europe' study and secondly, discussion of VAT within NEDO re-emerged. A new NEDO paper argued for the introduction of VAT and a reduction of corporation tax. This was closely linked to another paper considering export incentives. Within the CBI the FBI's views given to the Richardson Committee were endorsed but the prospect of entry into the EEC was now given prominence, as this would require the UK to adopt VAT[33]. In this context, the proposed reform was criticised as a further piecemeal change: a thorough review of the tax system was needed[34]. As it was put a couple of months later, 'The fiscal changes of the past two years have greatly intensified dissat-

---

[31] PRO T 320/56, E.224.63, "The introduction of a turnover tax in the UK", FBI, p. 8-9 ; and *ibid.*, "Memorandum", SMMT, p. 3-4.

[32] *Ibid.*, E.224.63, "The introduction of a turnover tax in the UK", FBI, p. 14.

[33] MRC MSS200/C/3/ECO/16/4, Taxation panel meeting, 23 May 1966.

[34] MRC MSS200/C/3/ECO/16/4, E/243/66, "President's notes for the NEDC meeting 15 June 1966". See also MRC MSS200/C/3/S1/12/8, Ken Johnson to Whitehorn, 16 June 1966.

isfaction with our system of taxation and the desire for fundamental reform'[35].

The CBI's 'Britain and Europe' study reflected this growing sense of dissatisfaction. Many of its recommendations were predictable: the need for a widening of the tax base and a shift towards greater reliance on indirect taxation were both reiterated. Most significant was the much more positive tone adopted towards VAT:

> It is true that as a fiscal instrument the VAT is administratively more cumbersome than the British purchase tax. It is also true that it would bear on many industrial intermediaries and finished products (including capital goods) that have hitherto escaped tax, so that costs would to that extent be directly increased, as they might also be indirectly by the efforts of any taxation of foodstuffs which may be agreed within the Community. But this is no more than the corollary of widening the tax base, and provided there was an immediate and substantial cut in direct taxation should cause no major difficulty[36].

The chapter concluded:

> Entry into the Community could thus imply many changes in British tax legislation in the long term. No real immediate problems of adjustment are apparent. This is, however, an area where it will be particularly important that the implications of possible future membership should be given due weight in the evolution of British policy[37].

The increased possibility of Britain joining the Community, rather than any fundamental shift in view on VAT, was, it would seem, the main factor behind the more positive view towards VAT shown by the CBI compared with the FBI's submission to the Richardson Committee.

These recommendations were sent to the CBI's membership for comment. Hardly any replies referred directly to VAT. A large number did call for tax harmonisation: the only sector where there was little mention of taxation was food and drink[38]. However, it is clear that these

---

[35] MRC MSS200/C/3/ECO/16/4, E.343A.66, "Proposed review of the fiscal system", 16 August 1966.

[36] CBI, *Britain and Europe vol. 1: An Industrial Appraisal*, London, CBI, 1966, p. 20.

[37] *Ibid.*, p. 21.

[38] MRC MSS200/C/1/2/O contains a summary of the replies. The actual replies can be found in MSS200/C/3/S1/12/11. Trade associations calling for tax harmonisation included Roll Makers' Association, British Internal Combustion Engine Manufacturers' Association, Covered Conductors Association, Electronic Engineering Association, British Iron and Steel Federation, British Non-Ferrous Metals Association, SMMT, British Man-Made Fibres Federation, Wool Textile Delegation, National Hosiery Manufacturers' Federation, Zip Fastener Manufacturers' Association, Asso-

demands for tax harmonisation built on long-standing perceptions rather than any new found support for VAT. Thus there are also calls for social harmonisation, linking to the consideration of equal pay, hidden subsidies given to foreign competitors needed to be eradicated, but, most of all, tax harmonisation was seen to mean a reduction of British taxation and/or a shift towards more indirect taxation (for example SMMT, British Man-Made Fibres Association)[39]. In other words, British industry faced an unfair tax burden and that this needed to be equitable to that experienced by business in the Six so that British business could compete fairly.

It is also clear that uncertainty remained widespread. The response of the Scottish Whisky Association (SWA) is informative here[40]. Spirits in the UK faced a rate of duty 2.5 to 5 times higher than in the EEC member states. In these circumstances it might be expected that the SWA would favour entry into the EEC because of the prospect of tax harmonisation, the argument used by those faced with purchase tax on its domestic sales. However, the industry feared that harmonisation might involve increasing the rate of duty in the Six. Underpinning this fear was a lack of information about the nature and timing of excise duty harmonisation and uncertainty, therefore, of the implications of EEC membership. The extent of uncertainty was also illustrated in the returns from a questionnaire sent to the regular participants in the CBI's Industrial Trends Survey. One question asked:

> Do you on balance see the following as advantages to your company as a result of British membership of an enlarged EEC: harmonisation within an enlarged EEC of policies on taxation[41]?

Of the 865 responses, 44 per cent replied 'Yes', 19.9 per cent 'No', 23.2 per cent 'Don't know' with the rest either not applicable or rejected. What is significant in these tables is the scale of the 'Don't knows'. All sectors apart from food, drink and tobacco had such returns at over 20 per cent. It might have been expected that large firms would be better informed but while the smallest firms have the highest percentage of 'Don't knows' at 28.7 per cent, this fell to 17.5 per cent for firms with 200-499 employees before rising again to 22.3 per cent for 500-4999 employee firms and falling only marginally to 21.1 per cent for

---

ciation of Solid Woven Belting Manufacturers, Webbing Manufacturers' Association, British Leather Federation.

[39]   MRC MSS200/C/1/2/O and MSS200/C/3/S1/12/11.

[40]   MRC MSS200/C/3/S1/12/11, PJ Woodhouse, Secretary of the SWA, to Graham Mason, CBI, 18 April 1967.

[41]   MRC MSS200/C/1/2/O, "CBI Europe Study", attached press release, 7 March 1967, question C (iii)(d)(1).

firms with over 5000 employees. In addition, the size of the 'Don't knows' is far larger than in any other similar question posed. This would suggest that not knowing whether tax harmonisation would be advantageous was not simply an issue of ignorance but also of uncertainty. It was not clear to many firms whether they would gain or lose because the detailed form of tax harmonisation mattered and on this there was little information.

Despite this uncertainty the CBI presented industry's views in *Britain and Europe vol. 3* as clear and positive towards VAT:

> Most of the replies from manufacturing associations', it observed, 'favour the adoption of a value-added sales tax, which would put them on equal terms with their EEC competitors over export rebates'. It continued, 'Early introduction of the value-added tax would in the opinion of many respondents ease the impact of entry and convince the Six of the earnestness of the British approach[42].

After this clear affirmation of support for the introduction of VAT in 1967 the CBI's statements again became more cautious in their tone about VAT while still calling for a shift in the burden of taxation[43]. In part, this was due to a growing concern with the impact of VAT in fuelling growing inflationary pressures and also a less positive view towards British membership of the EEC within industry.

A further factor was that the CBI awaited the outcome of the NEDC's[44] ongoing study of VAT which finally emerged in 1969. In his foreword Fred Catherwood, the Director-General of NEDO[45] made clear his support for the introduction of VAT, as he had to the Richardson Committee as managing director of British Aluminium, but the rest of the report tried to set out the main considerations in deciding on whether to adopt VAT rather than making any firm recommendations. Nevertheless, the report is informative of industry's views because it reported on a questionnaire sent to the sectoral Economic Development Councils, the results of which largely reflected the views of management in each sector and formed an important foundation for the report. Such a questionnaire was felt necessary because of the focus of the Richardson Committee's questionnaire on a few large firms, that it also related to a switch from profits tax to VAT and that views might have changed. As with the Richardson Committee, industry was asked to consider VAT on

---

[42] CBI, *Britain and Europe vol. 3: A Programme for Action*, CBI, London, 1967, p. 21.

[43] MRC, MSS200/C/1/2/C, C.21A.68, "CBI statement on policy on Europe", no date but 1968.

[44] National Economic Development Council.

[45] National Economic Development Office.

its own merits and not in relation to EEC membership. There remained support for a shift to indirect taxation and there was a stronger conviction that all taxation was passed on to consumers in increased prices. More specifically, many of the points about diversity of opinion and the importance of detail were again evident. As the report put it:

> On the whole the views expressed about the general desirability, or the special effects, of a VAT were diverse and inconclusive, and there was no unanimity or even a general consensus either in favour of, or against, the introduction of the tax, or about its general industrial and economic impact. Also, the assumptions on which some of the conclusions were reached (for example, on the other tax changes which might be made, or on the levels at which a VAT might be imposed) varied very widely between one industry and another. However, it was clear that there is a very genuine and widespread concern in industry mainly about the complexity of our existing tax arrangements (both direct and indirect), and that at least a part of the intuitive appeal which a VAT seems to possess lies in the belief (even though probably coloured somewhat by the thought that the grass is always greener on the other side of the hill) that it is simple and comprehensive and would enable much of the present tax jungle to be cleared away[46].

By 1969, therefore, industrial opinion in Britain remained unhappy with the existing tax regime, in particular demanding a shift towards indirect taxation but were still not convinced that VAT offered an appropriate solution to the problem. This was particularly the case when the issue of European integration was stripped out of the discussion. Nevertheless, British membership of the EEC could not be ignored and, as shown in 1966-1967, once this was on the agenda, attitudes towards VAT as a means of ensuring an equitable tax burden with that elsewhere in the EEC became more positive. Yet, even here, this remained a balance of opinion and the CBI's comments hid a wide and diverse range of opinion, reflecting not just the implications for each sector of industry but also the differences for individual firms within each sector. This picture was further muddied by the uncertainty about the details of any changes and the resulting different interpretations which emerged.

III. Conclusion

The tax issue was an important aspect of British industry's consideration of European integration, highlighting the interaction between domestic policy issues and international ones. British industry approached the tax issue in a number of different ways in this respect. Taxation was one element of European integration. Also, differences

---

[46]   NEDO, *Value added tax*, HMSO, London, 1969, p. 6.

between the British tax system and those on the continent were presented comparatively as factors in Britain's relatively poor export and growth performance. In turn, this could form an attack on continental practice, for example in the form of 'unfair' export subsidies. Alternatively, these differences could be used as a lever with which to attack the UK tax system. For example, it was hoped that joining the EEC would limit the UK government's ability to manipulate purchase tax as part of the government's efforts to stabilise the economy, a policy highly unpopular in those industries, mainly consumer durables, which faced sudden and unexpected changes in the prices of their goods sold in Britain.

Taxation was a complex issue. Much of industry was unhappy with what it considered as an unfair tax burden in Britain and supported a shift towards indirect taxation. Beyond that point, however, there was considerable diversity of opinion not just within industry in general but also between sectors and even between individual firms within the same sector. Added to this complexity was a lack of certainty about how VAT would be implemented and the importance of detail in reaching in any firm conclusion. Moreover, given its contingent nature, any balance of opinion could shift significantly over time depending on developments both in Britain and on the continent. As a result, the FBI/CBI leadership did have some room for manœuvre in presenting business opinion but were also often frustrated by the durability of prejudiced and uninformed views. To many businessmen there seemed an obvious link between their inability to compete and the tax burden they faced and, on the other side of the coin, between continental European economic success and the nature of taxation there. Detailed examination often questioned this link: 'In taxation', an FBI tax expert told an audience of businessmen in Glasgow in 1963, 'the grass on the foreigner's lawn always seems greener than the grass on one's own; only on closer examination than one finds that what looked like an immaculate stretch of turf is more like an obstacle course'[47].

Résumé

La question de l'harmonisation fiscale a posé des problèmes récurrents et a été l'objet de controverses dans l'histoire de l'intégration européenne et les progrès en direction d'une structure fiscale harmonisée ont été lents du fait de l'opposition marquée des gouvernements nationaux. Cependant, ce sujet a rarement été considéré

---

[47]   MRC MSS200/C/3ECO/16/1, G.L. Walker, "Aspects of taxation in the UK and EEC", speech to be given at Accountants Hall, Glasgow, 7 March 1963.

comme prioritaire dans les travaux sur l'intégration européenne. La taxe sur la valeur ajoutée a été le premier domaine dans lequel des progrès ont été accomplis et cette contribution illustre l'importance de la question fiscale dans la perception de l'industrie britannique de l'intégration européenne et dans son attitude à son égard dans le courant des années 1960, depuis la première candidature britannique au Marché commun en 1961 jusqu'au Sommet de La Haye en 1969. Cela n'a pas été une histoire facile, mais une interaction complexe entre la situation du Royaume-Uni et celle du continent. Il n'y avait pas non plus de consensus à l'intérieur de l'industrie britannique. Bien au contraire, on découvre un large éventail d'opinions, non seulement entre les secteurs mais également entre les firmes d'un même secteur. Ces différends portaient non seulement sur les bases de calcul et les taux des nouvelles taxations, mais également sur les propositions de modification des taxes existantes, la nature des charges fiscales rencontrées par les firmes concurrentes et, en particulier dans le cas italien, leur capacité à échapper à l'impôt. Comble de difficulté, la situation ne cessait d'évoluer à mesure que les compagnies acquéraient une meilleure connaissance des différences d'imposition, que la politique du gouvernement britannique changeait, que la politique fiscale de la CEE se développait et que la possibilité d'une adhésion du Royaume-Uni aux Communautés européennes connaissait des fluctuations importantes.

Tariff Removal and
Output-Mix Optimisation
The Case of Fiat (1960s-1970s)

Giuliano MAIELLI

*School of Business and Management –
Queen Mary University of London*

This paper focuses on a specific episode in the history of the Italian car company Fiat, namely the rift between engineers and marketing managers over whether or not Fiat should adjust its product mix upmarket in the late 1960s and early 1970s. Until recently, the only trace of such a rift could be found in an autobiographical book written by Dante Giacosa[1], who supervised vehicle designing and engineering at Fiat from 1930 to 1970. However, thanks to a set of unpublished documents recently disclosed by Fiat[2], it has been possible to put that episode in a much wider and complex context, which is characterised by the relationship between the output-mix optimisation strategy pursued by Fiat in the late 1960s, and intra-EC tariffs removal. This paper aims to capture that relationship. In particular, by analysing the process of decision making that eventually led Fiat to adjust its output mix upmarket in the late 1960s, this paper sheds light on two issues: a) the attempt carried out by Fiat and Renault between 1962 and 1965 to persuade the European Commission to introduce production quotas in the car industry; b) the actual response of European car manufacturers to tariffs removal during the 1970s. As will be shown, those issues were correlated to each other.

In the 1960s Fiat controlled about 70 % of domestic market with about 70 % of its output-mix consisting of small cars (below 1000 cc.). Thus, the company dominated the lower end of the market while in the medium and upper segments the company was exposed to the internal

---

[1]   Giacosa, D., *Progetti alla Fiat prima del computer*, Milano, Automobilia, 1988.
[2]   This includes the verbatim minutes of the Administration Board Meetings from 1960 to 1967.

competition from Lancia and Alfa-Romeo, and to the external competition from a number of European (mainly German) manufacturers. Indeed, the structure of the Italian market had driven Fiat specialisation in the production of small cars. While the entry level in the Volkswagen range featured a 1200 cc. engine, the entry level in the Fiat range featured a 500 cc. engine. In theory, the progressive reduction of tariffs during the 1960s should have allowed Fiat to maximise its comparative advantage in the lower end of the European market as well as the comparative advantage of German manufacturers in the medium and upper end. In practice, Fiat was in a weaker position relative to German competitors for two reasons: firstly, in the 1970s the EC demand for cars above 1100 cc. was expected to grow faster than the demand for cars below 1100 cc., since the EC market had entered its maturity stage in the late 1960s. Secondly, assuming state of the art processes in both small and large car manufacturing, upmarket units should bring larger contribution margins. On this basis, in 1965 Fiat marketing management proposed to adjust its output mix upmarket. On the other hand, engineers opposed the move on the basis that Fiat was not as cost-efficient as European competitors in the production of medium and large units and, therefore, the company would have lost its comparative advantage once tariffs had been removed and output mix had shifted upmarket. This paper shows that Fiat top management supported the strategy of shifting upmarket proposed by the marketing management, because the President of Fiat and his closest advisors were confident that tariff removal after 1968 would have not led to severe price competition. On the contrary, they expected the largest manufacturer in each EC country to retain a 'price leadership privilege', which implied followers setting their prices above the price level of the leader, regardless of whether or not they were more cost efficient than the leader.

The existence of implicit collusive behaviours in the 1970s has been suggested by a number of studies on the European car market made in the early 1980s[3]. Those studies, nonetheless, see implicit collusion as a reaction of car manufacturers to a number of micro- and macro-economic shocks. This paper, on the other hand, suggests that since the late 1960s a number of manufacturers, including Fiat, might have expected collusive behaviours to take place, which may explain why the Italian company dared to shift upmarket in spite of the fact that Fiat had its comparative advantage in the manufacturing of small rather than big cars. Moreover, the paper suggests that Fiat and Renault used the chapter of the Treaty of Rome concerning the defence of national interests

---

[3]   Silva, F., Grillo, M., Prati, M., *Il mercato italiano dell'auto nel contesto europeo*, Milano, Angeli, 1982.

against dominant positions as a credible threat to dissuade competitors from engaging in severe price competition. The scenario suggested by the paper, therefore, is one in which after 1968 market protection imposed by individual states through tariffs might have been *de facto* replaced by a regime of market protection imposed by manufacturers through implicit collusion.

The paper is organised as follows: firstly it analyses changes in the output structure of Fiat form 1968 to 1987. Then, it moves on to looking at how the regime of competition could in theory affect output-mix optimisation. The following section analyses collusive behaviours in the European car market during the 1970s, by referring to the existing literature on the topic. Then, the paper looks at the output-mix optimisation of Fiat in the 1960s and 1970s. The final part of the paper focuses on conclusions.

I. The Structure of Output at Fiat, 1968-1987

Since the post-war period, Fiat had specialised in the manufacturing of small cars. Units above 1100 cc. were produced mainly as "flagship models", in order to enhance brand reputation. Yet, those models were expected simply to break even or provide modest shares of total profits, while the bulk of profits came from vehicles below 1100 cc. During the 1970s, though, Fiat experienced a shift upmarket of its output mix which lasted until 1981.

Figure 1 represents changes in the output structure of Fiat. Vehicles have been grouped in lower-segment units (A and B) and upper-segment units (above C)[4]. This reflects the same criterion used by Fiat management to distinguish between lower and upper segments. The 3-year moving average has been chosen to smooth the line from contingent peaks and troughs. The figure is based on data on output per model[5]. Unsurprisingly, the figure shows that Fiat output was skewed towards the bottom range in the 1960s and in the 1980s. This is consistent with the picture of Fiat reported by the literature. However, the surprising feature of figure 1 is that contrary to the common wisdom, during the 1970s Fiat had indeed adjusted its output mix upmarket.

---

[4]   Segments are defined as follow: A (500-800 cc.), B (800-1100 cc.), C (1100-1300 cc.), D (1300-1600 cc.), E (1600-2200 cc.).

[5]   Output structure calculated on the basis of data concerning monthly output per model per plant from 1967 to 1987. The database has been derived using per model serial numbers from the Fiat production file. For an extended analysis of changes in the Fiat's output-mix see: Maielli, G., "The Machine That Never Changed: Intangible Specialisation and Output-mix Optimisation at Fiat, 1960s-1990s", *Competition and Change*, Issue 2, June 2005.

**Figure 1. Segment Share of Total Output (Percentage), by Grouped
Segments (A+B; C-H), 1968-1987 (3-year Moving Average)**

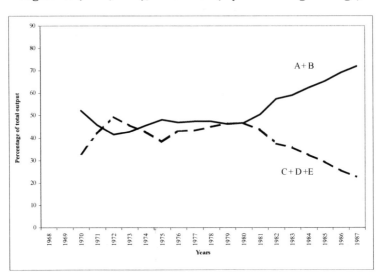

Source: Output structure calculated on the basis of data concerning monthly output per
model per plant from 1967 to 1987. The database has been derived using per model serial
numbers from the Fiat production file.

The shift upmarket was consistent with the take-over of Lancia in
1969. It was also consistent with the product renewal strategy of the
firm. This included the launch of the 124 and 125 Special (segment D)
in 1970, the 130 Coupe (segment I) in 1971, the 132 (segment E) in
1972, and the 131 (segment D) in 1974, and the Lancia Beta range
(segment E) from 1970 onwards. Meanwhile, in the bottom segment two
models were launched in 1971, namely the 126 (segment A) and the 127
(segment B)[6]. Because market shares are influenced by product renewal,
the amount of resources allocated to the renewal of specific segments
determined the commercial success of specific models and, ultimately,
the output mix[7].

Figure 1 poses the question why Fiat shifted upmarket given that the
company had been developing its pattern of routines and technical
expertise towards the maximisation of efficiency in the production of

---

[6] Archivio Storico Fiat (ed.), *Fiat. Le fasi della crescita*, Torino, 1996, p. 50-55.

[7] See Abernathy, W. J., *The Productivity Dilemma: Roadblock to Innovation in the
Automobile Industry*, Baltimore, Johns Hopkins University Press, 1978 ; Abernathy,
W. J., Clark, K. B., Kantrow, A. M., *Industrial Renaissance: Producing a Competi-
tive Future for America*, New York, Basic Books, 1983.

small rather than large cars, and given that the middle and upper segments of the European market were already dominated by strong incumbents. The point made in this paper is that the answer lies in the relationship between output-mix decision-making and the regime of competition. The following paragraphs of the paper address first the theoretical relationship between output-mix decision-making and the regime of competition, then move on to reviewing the competition regime during the 1970s in the European car market. Finally, the process of decision-making leading to the shift of Fiat output upmarket in the late 1960s will be analysed, through internal documents.

It is interesting to notice that after 1981 the output mix of Fiat shifted back down market. Output-mix optimisation during the 1980s goes beyond the scope of this paper. Here it is sufficient to say that the shift back downmarket was again the effect of a product renewal strategy that this time focused on small rather than medium and large units. As shown by Silva[8], in the late 1970s it became evident that collusion was not holding and that car manufacturers shifted back to price competition. Therefore, the fact that in the late 1970s Fiat privileged the product renewal of small cars, while the market for car was experiencing a shift back to price competition, confirms the relationship between output-mix decision-making at Fiat, specialisation and the regime of competition.

II. Regime of Competition and Output-Mix Optimisation

In a multi-production function, output-mix optimisation consists of the choice of the product mix that best maximises total contribution margins. This is because the larger the total contribution margin, the larger the total operating profits. In the case of car manufacturing, each producer supplies different types of cars, competing in different segments of the market. The cost structure changes across segments, because of changes in quality benchmarks. Selling prices vary across segments too, so that shifts in output mix affect average costs and revenues. It is commonly thought that upmarket units provide larger per unit margins of contribution, because the demand for upmarket units tends to be income rather than price elastic, whereas the demand for downmarket units tends to be price elastic. For this reason, the difference between average costs and prices in the case of upmarket units is expected to be wider than the difference between prices and costs of downmarket units[9].

---

[8]   Silva, F., Prati, M., Grillo, M., *op. cit.*, p. 174-177.

[9]   Pricing in car manufacturing is based on mark-up pricing (average costs plus margins) rather than marginal cost pricing. This is because economies of scale are sub-

In theory, therefore, the more the output mix shifts towards the up-market units, the more the total contribution margin increases, and total operating profits are maximised. Actually, within competitive markets, manufactures specialised in the production of upmarket units set price/quality benchmarks, which represent the barrier to entry for less specialised manufacturers. In fact, if in order to shift upmarket the less efficient manufacturer is forced to set the price of its upmarket units at too low a level, the difference between average costs and prices will shrink. If this is the case, because average costs of upmarket units are larger than those of downmarket units, the shift upmarket will have a detrimental effect on total contribution margins. In the real world, thus, management has to maximise the output mix in the face of many con-straints, such as capacity, design and manufacturing expertise, the structure and quality of the component supply chain and so on. Ulti-mately, specialisation (the pattern of routines around which the manu-facturing process is organised) represents a constraint to the shift up-market, and manufacturers have to maximise sales in the segment of the market in which they are more specialised and competitive.

This point leads directly to the relationship between the regime of competition and output-mix optimisation. If for whatever reason price competition is inhibited, price become an 'endogenous variable' in the contribution margin equation of the collusive price leader, so that the price level might be so high as to maximise the contribution margin of the non-specialised manufacturer, in the face of a higher level of per unit variable costs relative to the specialised manufacturer[10]. The next para-graphs address the regime of competition during the 1970s and investi-gate the relationship between the competition regime and output-mix decision-making. Then, based on primary qualitative sources, the paper will move on to analyse the strategic thought underpinning output-mix decision-making at Fiat during the 1960s and 1970s.

III. *Infra*-EC Tariffs Abolition and Collusive Behaviour in the 1970s

By 1968, tariffs among EC countries had already been abolished for a wide range of products including cars. This resulted in an adjustment in the market shares of each producer in each of the EC countries. How-

---

stantial, which means that average costs are in excess of marginal costs. Therefore, by applying marginal cost pricing, prices will be lower than average costs.

[10] In other words, if MC is USP-UVC, under price competition it is essential to mini-mise UVC in order to maximise MC, whereas under collusion MC can be maximised by increasing USP, which becomes an endogenous variable. MC = per unit margin of contribution ; USP = unit selling price ; UVC = unit variable costs.

ever, price competition played a marginal role in the adjustment, as non-price competition was much more effective and implicit collusion was in place[11]. Implicit collusion of car manufacturers during the 1970s was investigated by Silva, Grillo and Prati in early 1982[12]. The authors showed that between 1970 and 1980 the price of output in Italy increased much faster than the price of inputs. The results of this analysis have been reported in table 1.

Table 1. Output and Inputs Price Indexes and Relative Price Coefficient, Italian Market, 1965-1979

Years	Output price index	Inputs price index	Relative price coefficient
	(a)	(b)	(C = b/a)
1965	94.4	87	0.92
1966	94.6	87.3	0.92
1967	94.6	88.4	0.93
1968	94.5	90.9	0.96
1969	94.5	93.7	0.99
1970	100	100	1.00
1971	108.3	102.9	0.95
1972	116.6	105.9	0.91
1973	130.6	124.8	0.96
1974	166.5	166.5	1.00
1975	216.5	181.3	0.84
1976	274.1	216.3	0.79
1977	323.9	250.8	0.77
1978	376.1	279.8	0.74
1979	430.7	323.6	0.75

Source: Silva, F., Prati, M., Grillo, M., *Il mercato italiano dell'auto*, p. 79.

The first column displays the index of the price of output (a), while the second column shows the index of the price of inputs (b). The third column reports the coefficient of the output relative price (C= b/a),

---

[11] Non-price competition usually means product renewal and quality competition. However, it is better to distinguish between competition based on product renewal and quality competition, the former not necessarily being related to price since a new model could have the same quality and price as a preceding one and simply have a different style. However, the latter is related to price since quality is not an absolute concept but is relative to price. This implies that the most efficient manufacturer will increase quality faster than prices.

[12] Silva, F., Prati, M., Grillo, M., *op. cit.*, p. 79.

which is the index of price of inputs divided by that of output. The base year is 1970. The relative price coefficient increases from 1965 to 1970 and then decreases for the entire decade with the exception of 1973 and 1974, when the Government introduced restrictive rules to contain price increases. Since a decrease in the coefficient of relative price indicates that the prices of output increase faster than those of inputs, the table shows that the total margin contribution of the Italian car industry increased from the 1970s onwards with the exception of 1973 and 1974[13].

Silva also showed that increases in the official prices of various manufacturers in Italy tended to move upward almost simultaneously, and that the same trend could be traced in the other EC countries[14]. He estimated the output price function for Italian car industry, concluding that demand was not statistically significant as an explanatory variable of the price of output[15]. Finally, he showed that the relative prices of cars increased faster in Italy than in the other countries[16], as shown by table 2.

In this table, relative price means the price of cars relative to the cost of living. It is represented by the coefficient C, which is obtained by dividing the output price index (a) by the cost-of-living index (b). The bigger the value of C, the higher the price of cars relative to the cost of living. The scenario described by Silva indicates collusive behaviours. The author assumes that in each country pricing was regulated by the national champion playing the role of price setter. Although the author does not prove it, the assumption seems more than reasonable.

Silva does not imply that collusion was based on formal agreement among car manufacturers. On the contrary, he maintains that car manufacturers had no incentive to restore price competition, because collusion enabled them to defend and in some cases expand total contribution margins in the face of increasing production costs[17]. Moreover, there was no incentive to restore price competition, due to the instability of exchange rates, which, in a context of transparent oligopolistic competition, would have penalised manufacturers in those countries where the exchange rates favoured imports rather than exports. Finally, the foreign distribution network for each car manufacturer was not sufficiently developed to sustain a strategy of price-driven expansion of market share outside the domestic market. In any case, according to Silva, manufacturers were keen to restore price competition as soon as input

---

[13] *Ibid.*, p. 78-86.
[14] *Ibid.*, p. 124-125.
[15] *Ibid.*, p. 126-133.
[16] *Ibid.*, p. 164-168.
[17] *Ibid.*, p. 172.

prices and exchange rates stabilised, so that in 1980 there was already evidence of a tendency towards price competition, as indicated by the behaviour of prices in that year[18].

Table 2. Nominal Price Indexes and Relative
Price Coefficients, 1960-1978, 1970 =100

Years	France Vp. l	Rp	Germany Vp. l	Rp	Italy Vp. l	Rp	UK Vp. l	Rp
1960			89	1.14	91.2	1.33		
1961			89	1.11	84.4	1.20		
1962	83	1.14	89	1.09	84.4	1.14	86	1.19
1963	84	1.09	90	1.07	88.3	1.11	84	1.14
1964	85	1.08	90	1.05	95.6	1.13	83	1.09
1965	86	1.06	92	1.03	91.8	1.04	84	1.05
1966	86	1.04	94	1.02	91.8	1.02	88	1.06
1967	86	1.01	95	1.01	91.8	1.01	89	1.05
1968	87	0.98	95	1.00	91.8	0.99	91	1.02
1969	94	0.99	98	1.01	93	1.97	98	1.04
1970	100	1.00	100	1.00	100	1.00	100	1.00
1971	108	1.03	107	1.02	107.5	1.02	110	1.01
1972	116	1.04	113	1.02	116.6	1.05	117	1.00
1973	122	1.02	118	1.00	128	1.05	123	0.96
1974	136	0.99	125	0.99	159.6	1.09	141	0.95
1975	168	1.10	136	1.01	192.2	1.12	189	1.02
1976	190	1.14	148	1.06	254	1.27	218	1.02
1977	204	1.11	151	1.04	306.6	1.30	263	1.07
1978	225	1.13	156	1.05	349.5	1.32		

Source: Silva, Prati, Grillo, *op. cit.*, p. 165. Vp. l = vehicle price index. Rp = relative price coefficient = Vp. l/cost-of-living index.

The point made in this paper is that output-mix decision-making at Fiat was influenced by the regime of competition, because collusion minimises the comparative cost advantage of manufacturers specialised in the upmarket segments, allowing non-specialised manufacturers such as Fiat to expand into the upmarket sector. This entails that the emergence of implicit collusion during the 1970s was somehow expected in the late 1960s when Fiat set its output-mix strategy for the 1970s. Such an expectation helped Fiat to resolve its output-mix decision-making

---

[18]   *Ibid.*, p. 176.

dilemma. In the late 1960s the output-mix decision-making dilemma for Fiat was determined by the fact that the structure of demand in Italy started to shift upmarket at the same time when tariffs started to be reduced. Such a dilemma created a difference in opinions between those managers that thought a shift upmarket was the way forward, and those who thought that the long-term survival of Fiat would depend on the company's ability to outperform competitors in the segment in which Fiat was more specialised. In particular, some engineers in Fiat were concerned by the fact that in a competitive market Fiat could be price competitive only in the bottom end of the market. In that matter, the absence of severe price competition would have helped Fiat to minimise the risks attached to a shift upmarket of the output-mix.

IV. Giacosa versus Minola : Product-Mix Decision-Making at Fiat in the 1960s

As already mentioned, in the 1960s Fiat specialised in the manufacturing of small cars. The ratification of the Treaty of Rome in 1958, which would lead to the abolition of tariffs for cars by 1970, introduced an element of uncertainty for car manufacturers specialised in the bottom end of the market. Increasing imports had to be compensated by exports. However, cars such as the 500 and 600 were not suitable for countries such as Germany or France, in which consumers were already used to higher standards of quality and different technical specifications, such as size and cubic capacity. Moreover, while Fiat could reasonably expect to keep its dominant position in the domestic lower end of the market, the management had the problem of defending the upper end of the domestic demand. Fiat, in fact, was producing upper-segment units, but given the scale of production, it was not price competitive as compared with German manufacturers and, therefore, more sensitive to the removal of tariffs.

From the second half of the 1960s, Fiat management, and in particular the director of the car division Antonio Minola, had been pushing for a shift of the output structure in favour of higher segments. Moreover, Gaudenzio Bono, the General Director of Fiat, had started to pay more attention to the renewal of top-range models. On the other hand, Dante Giacosa, the influential director of the technical department who had designed all Fiat cars since 1930, did not welcome the new strategic tendency. Giacosa's dislike for upper-segment cars was well known to the top management. For this reason, in 1966, Bono did not consult Giacosa about the decision to commission a viability study for a car to compete with Mercedes in segment F (over 2300 cc.)[19]. Giacosa was put in charge of the project only once Bono had already decided the size of the car and the quantity to be produced. On the other hand, Giacosa tried to persuade top management to postpone the project once he was in charge. Indeed, he wanted to focus on the development of new models competing in segments A, B, and C[20]. Eventually, though, the new Fiat competing in segment E, the 130, was presented in 1969 along with the Fiat 128 and Autobianchi 111 (segment C). The only model launched in segment B was the Autobianchi 112 (segment B). Giacosa retired in 1970. As already mentioned, the number of upmarket models presented between 1970 and 1974 outweighed those in the bottom range.

Giacosa's opposition to the views of Bono and Minola was based on a pattern of interrelated arguments describing the typical lock-in imposed by path dependency. The first argument referred to learning costs. According to Giacosa, Fiat did not possess labour skills to reach a sufficient standard of quality, particularly in the final assembly, to be able to compete in the higher segments of the market. An extensive labour training program was necessary. There was a technical management problem too. According to Giacosa the technical level of production engineers and the quality standard of the welding and painting shops had plenty of room for improvement. The second argument was related to the component supply chain, which had to be totally restructured if Fiat wanted to improve the quality of components up to the level of competitors such as Citroën, Peugeot, Opel and Ford, not to mention Mercedes and BMW. Finally, Giacosa claimed that cars above 1500 cc. involved higher costs per unit since each unit required the processing of a larger amount of raw material, especially steel, the cost of which was comparatively higher than that of other inputs[21].

The latter argument reflected the technical culture of Fiat engineers at the time, according to which the most effective way to control costs consisted of limiting the use of steel. This resulted in a tendency to contain the weight of cars, and therefore their size. This routine explains why production was usually measured in both weight and units. This was a typical routine of manufacturing industry across Europe and in the United States during the inter-war period, and reflected the high cost of non-labour input such as steel. In the post-war period, steel remained the

---

[19] It was not the first time that Giacosa was excluded from the basic decision-making of a luxury car project. It had already happened in 1958, when Valletta and Bono decided to start the viability study for a luxury car over 4000 cc. The programme was aborted after a few years. See Giacosa, *Progetti alla Fiat*, p. 279.

[20] *Ibid.*, p. 279-282.

[21] *Ibid.*

most expensive input relative to labour, particularly in Europe, so that many Fiat designers kept considering the manufacturing of lighter units as the best way to ensure cost control. Indeed, Giacosa was convinced that the increase in production of upmarket, and heavier, units would have expanded total costs. This, combined with the lower quality of the Fiat upmarket units relative to German competitors, would have prevented Fiat from profiting from moving upmarket because the adjustment could be achieved only by setting prices at too low a level given Fiat's cost structure in the upper segment. He was convinced that after the abolition of tariffs, only those manufacturers able to transfer the savings deriving from more efficient production process and supply chain to better product quality would survive. Given the specialisation of Fiat, it would be able to realise this transfer only by producing small and medium cars. Throughout his career, Giacosa remained convinced that as far as output structure was concerned, the best move for Fiat was to stay where it was.

It is important to notice that since the 1920s, Valletta and his managerial team had set up a process-oriented structure[22], in which production engineers exercised cost control. Production engineers were able to superimpose process-oriented criteria on designers and marketing staff. It is not surprising that Giacosa remained loyal to the process-oriented culture. He had been developing his career in a managerial context in which the skills of designers were evaluated on the basis of the ability to control complexity[23]. Now, Giacosa was not prepared for a shift in the criteria by which his own designing skills were evaluated. Moreover, by containing complexity, Fiat had been able to be price competitive in respect to domestic competitors and to become the foremost Italian car producer. Giacosa was obviously proud of the results achieved at the time and sceptical about any strategic change.

Given the production-oriented culture of the Fiat management, it seems surprising that in 1963 Minola had been appointed Director of the Vehicle Division from the Marketing Division. Moreover, the U-turn of Bono, who shifted attention from small mass-produced models to the 130 model, seems even more surprising[24]. At first glance, the appointment of Minola and the new attitude of Bono seem to indicate a marked change of direction toward a more market-oriented approach to the business. Yet, as will be shown in the next paragraphs of the paper, Bono's U-turn and Minola's marketing-oriented approach were more

---

[22] Vittorio Valletta was Director of Fiat from 1922 to 1946 and President of Fiat from 1946 to 1966.

[23] *Ibid.*

[24] The 130 was a model competing in the upper end of the market.

apparent than real. It will be shown that the way Minola approached output-mix optimisation was far from a genuine marketing-oriented competitive approach. It was still based on the old routines traditionally used by Fiat management for pricing decision-making and profitability calculations and, overall, reflected the old pattern of Fiat managerial culture. This was the reason why Bono supported the views of Minola. The critical point outlined in the next section is that those routines were all based on the assumption that Fiat could 'endogenise' price setting.

V. Weight, Pricing and Competition

As is clear from the reports of the Board of Directors, as well as from other sources[25], until the late 1960s, revenues from sales of many different products including spare parts and even raw steel were compared on the base of revenues per kilo within a well-established routine. For example, agricultural machinery was compared to road vehicles, including both cars and lorries. During a meeting of the Administration Board held on the 24th of January 1967, Minola applied the same methodology within the road vehicle sector, finding that an increment of the weight of cars led to an increment of revenues per kilo[26]. This was consistent with the result of previous comparative analyses of revenues per kilo from sales of road vehicles and agricultural machinery, showing that higher revenues per kilo derived from agricultural machinery, the average per unit weight of which was higher than that of road vehicles, be they cars or commercial. However, the fact that revenues per kilo increased with the weight of vehicles reflected the pricing routine. When the decision to produce a new vehicle was taken, the Chairman and the General Director decided the selling price, usually set at a slightly higher level than the price of the vehicle to be replaced. Then, designers had to choose a design of an appropriate weight in order to meet the target revenue per kilo. Therefore, revenues per kilo reflected the weight of the car and the pricing mark up.

As already said, Minola claimed that to raise revenues per kilo was important in order to achieve a rise in profitability. In so doing, he assumed a constant relationship between costs and weight. This implied that, for Minola, weight could be used as a proxy for costs. However, since weight captures only those costs driven by the quantity of raw material input, but does not capture the cost driven by the complexity of

---

[25] In particular see: Archivio Storico Fiat, Administration Board Meeting Report, March 1958, Book 26, p. 105.

[26] Archivio Storico Fiat, Administration Board Meeting Report, January 1967, Book 37, p. 155.

design and manufacturing, nor labour costs, the routine of using revenues per kilo as a proxy for per unit profits is deeply incorrect. It is
important to emphasise that both Giacosa and Minola shared the same
idea that weight was a proxy for cost. However, there was a big difference between the two managers. Giacosa thought that weight could be
used as a proxy for costs if the same manufacturer had to choose between two different design options for the same product. Other things
equal, the design leading to savings in raw material would have led to
savings in material costs. For example, in the case of the Fiat 500 and
the Fiat 600, Giacosa opted for a design involving rear engine and rear
wheel drive, instead of front engine and rear wheel drive, because the
former was simpler and led to a substantial reduction in the weight of
mechanical components[27]. On the other hand, without a *ceteris paribus*
situation, weight could not be used for decision-making on cost-cutting,
let alone on marketing strategy involving cost comparisons with competitors. This is precisely because weight does not capture entirely
complexity costs.

Minola, on the other hand, used weight as a proxy for costs to justify
the shift upmarket. He posed the argument that larger cars had larger
revenues per kilo, which, in his view, indicated a better per unit revenue
to costs ratio. However, given that weight as a proxy for costs could not
be used to compare costs between different types of car and, overall, to
compare costs between different manufacturers, Minola was amazingly
using a methodology that could only be meaningful in the absence of
competition, where a manufacturer sets prices according to its expected
revenues per kilo and the competitors follow upward.

In this light it is worth asking whether the use of that measure reflected the difficulty Fiat management had in monitoring costs, or the
simple fact that Minola did not share Giacosa's concern with controlling
costs because he was confident that Fiat would have been able to 'endogenise' selling prices even after the removal of tariffs in 1968. In
order to investigate this point, it is necessary to address the question
whether Minola had the cost information to approach output-mix decision-making in a more methodologically correct way.

In the 1960s cost analysis was performed by Antonio Crescimone,
the head of the Production Management Department, and his staff,
according to the industrial engineering method. This was a method of
estimating the cost function by analysing the relationship between input
and output in physical terms and then transforming physical inputs and
output into costs. The result is an estimated cost function relating total

---

[27]   Giacosa, D., *Progetti alla Fiat*, p. 223.

manufacturing costs to the cost-driven unit of output. The 'Technical Specification Sheets' (hereafter TSS) contained the relevant information on physical input/output, namely material and time/labour units needed for the production of each single component and to assemble them into a vehicle. TSS were made for each single job in the production process and provided the basis to monitor and balancing the process according to the Bedaux System. On that basis, it was possible to forecast the precise cost of each type of vehicle and to confront forecasts with the actual data from the Raw Material and Labour departments[28]. Because cost analysis included time and methods analysis, complexity was captured.

The feedback was given directly to Valletta and Bono, though it is not clear whether Minola had access to this information[29]. Giacosa had a fairly precise idea of the material costs as his staff engineered every single component apart from electrical devices. Moreover, the design staff worked in conjunction with the Time and Methods Office. That was because designers had to take into account not only the mechanical characteristics and performance of each component but also the segmentation and timing of the production process in order to minimise complexity and optimise cycle times. Therefore, Giacosa should have known at least the expected cost of each vehicle.

The Crescimone collection – the set of documents and studies produced by the Production Department and currently stored in the Fiat Historical Archive – includes a number of files concerning the cost analysis of the production of a wide range of components as well as the cost analysis of some models produced by Fiat and by competitors[30]. The collection includes files from 1950 to 1970. As far as Fiat models are concerned, the cost analyses of the 850 (segment A) and the 124 (segment C) for 1968 are available[31]. These provide valuable informa-

---

[28] In theory, by using relevant information from the TSS, it was possible to work out standard costs. However, this technique was introduced only in 1970. See Rossignolo in P. Gennaro and G. Scifo (eds.), *Parabole di imprese ed imprenditori : in cinquant'anni di sviluppo economico italiano*, Milano, Franco Angeli, 1997, p. 79-87.

[29] According to Agnelli only Valletta knew how much cost a Fiat 500.

[30] It was an established practice to disassemble models made by competitors, redesign the TSS and project the manufacturing of that model assuming the deployment of Fiat technology. The process is known as reverse engineering. R.E. was implemented for a number of reasons, as to check whether or not it was more convenient to produce models of other manufacturers under licence rather than Fiat models. Overall, by using this system it was possible to compare the efficiency of Fiat technology with that of other competitors.

[31] Reasonably, the same cost analysis was systematically made for all models. However, only the reports of some models have been stored in the archive.

tion, although the Minola strategy of shifting upmarket had been formalised in the Board meeting of January 1967. In fact, both models were already in production in 1966. Moreover, the information provides an immediate test for the validity of Minola's point of view. According to the Crescimone analysis, the total production costs of the 124 (segment C) were 27.2 % higher than that of the 850 (segment A)[32]. However, the selling price of the 124 was 35.5 % higher than that of the 850, so that the company enjoyed an extra 8.3 % profit for each 124 sold in comparison with the 850[33]. This proves that Giacosa's concern about the higher costs of manufacturing larger cars was consistent with the actual dynamic of Fiat costs, but also proves that, given current prices, larger cars were providing better margins, as Minola thought.

However, another Crescimone study, concerning the production costs of the Peugeot 204, the closest competitor of the Fiat 124, shows that the manufacturing costs of the French car were lower by 6.3 %, and that the cost saving was mainly due to better design, enabling Peugeot to cut lead time[34]. This means that in the context of straight price-based competition, the per unit margin of profit of the 124 compared with that of the 850 would have been just 2.3 % (the difference between 8.3 % and 6.3 %), which, considering the different scale of production and sales between the two models, would have reduced considerably the profitability of the 124. In addition, the study demonstrates that in perspective, Fiat should have caught up with the technology of foreign competitors more specialised in the manufacturing of medium and large cars. Thus, Giacosa's concern with the higher costs of producing larger cars was more than justified, unless tariffs were kept or collusive agreements were put in place.

It is not clear if Giacosa discussed the output-maximisation strategy directly with Minola. In his book, Giacosa quotes Minola only twice[35].

---

[32] Archivio Storico Fiat, Fondo Crescimone (Crescimone File), Production Services Department corda 55/7.

[33] *Ibid.*

[34] The information on the Peugeot 204 costs, as well as the information of costs of many other models, was obtained via reverse engineering, the process of analysing the technology of competitors by analysing their product.

[35] In Giacosa's book there are several indications that the relationship between designers and marketing staff was not based on mutual respect. For example, during the 1960s engineers at Fiat used to refer to marketing management as the 'commerciali'. This word was supposed to be a sort of slang translation for the Anglo-Saxon term 'marketing staff'. Actually, in Italian the word 'commerciale' is an adjective rather than a noun. When the adjective 'commerciale' refers to a product, it is synonymous with cheap. Indeed, by referring to marketing staff as 'commerciali', engineers did not mean to flatter them. See Giacosa, *Progetti alla Fiat*, p. 280.

In any case, information on costs was available to the Executive Committee, as well to the board. Why, therefore, at the January 1967 meeting, when Minola based his proposal for a shift upmarket argument on the analysis of revenues per kilo, did nobody point out the inconsistency of the methodology, or support Giacosa's well-known opinion that Fiat would not acquire upmarket competitiveness in the short or medium term? Why did Bono, the most 'process-oriented' manager in the Fiat structure, support Minola's view, instead of advising Gianni Agnelli[36] that the methodology was not sufficiently robust to support the analysis of output-mix decision-making in price-competitive markets?

It seems that those questions can be addressed only by formulating two hypotheses. Firstly, the members of the Board were unaware of the effects that the removal of tariffs would have on price competition. Secondly, they thought the removal of tariffs would not lead straight to price competition so they accepted the implicit assumption underpinning the Minola methodology, which is that Fiat would retain its position of price setter in any segment of the market after 1968.

The former hypothesis can be rejected on the grounds that the reports of the Administration Board meetings contain plenty of evidence that management was perfectly aware of the risks involved with the abolition of tariffs. In fact, the removal of tariffs and price competition had been the object of relentless discussion during the Board meetings between 1963 and 1965[37]. From the analysis of documents, Valletta's views seem fairly straightforward. According to him, the Italian industry was less developed and it would take at least ten years for Italy to catch up with the scale of production already reached in the other European countries. Meanwhile, the production capacity of the European industry was already growing faster than demand, and, according to Valletta, there was the risk that Ford and General Motors could expand their capacity at a level not attainable by European competitors. If this were the case, Fiat could not sustain price competition once tariffs were removed. On this basis, Valletta expressed the view that the European Commission should introduce quotas, to prevent price competition from spiralling and cutting some producers out of the industry. The alternative was that each individual country would reintroduce tariffs on the grounds of the

---

[36] Gianni Agnelli became President of Fiat in 1966, while Valletta became Honorary President.

[37] Archivio Storico Fiat, Administration Board Meeting, 30th of January 1963, book 33, p. 22-25 ; ABM, 29th of July 1963, book 34, p. 1-7 ; ABM 4th of February 1964, book 34, p. 96-99 ; ABM 24th of January 1965, book 35, p. 179-187 and book 36, p. 1-23 (continued). For the translation of the most interesting passage from the Administration Board Meetings Minutes, see appendix.

clause of the Treaty of Rome concerning the defence of national interests against external competitors acquiring dominant positions. In
addition, Valletta underlined the substantial agreement between Fiat and
French manufacturers, most notably Renault, concerning the possible
ways of avoiding the creation of a dominant position within the European Industry.

Given the comparative advantage of Fiat in the bottom end of the
market, the concern of management about price competition focused
particularly on the middle and top ranges of the demand spectrum,
which, as already said, were expected to expand along with the matura-
tion of Italian demand. Moreover, given the Fiat managers' concern
about price competition up to 1965, it seems amazing that in 1967,
Minola was discussing output-mix strategy using a methodology that
assumed Fiat price leadership and, at the same time, overlooked completely the costs structure of each market segment across the industry.
This paradox can be explained only by assuming that in 1967, one year
before the actual removal of tariffs[38], management was no longer concerned about price competition after 1968. Moreover, the fact that
Giacosa, who was not member of the Board, was still concerned about
price competition suggests the legitimate suspicion that management
and Board members did not share the same information about the regime of competition.

If this was the case, it seems reasonable to think that Minola could
not explicitly report to the Board that his strategy was going to work
only if tariffs or implicit collusion were in place. Therefore, Minola
approached output-mix optimisation through a methodology that implied collusive price leadership, while the Board accepted the methodology without addressing questions concerning costs and competition
because the members implicitly agreed with the assumption of implicit
collusive behaviours. In other words, it seems reasonable to speculate
that Minola and the rest of the Board were sharing implicit knowledge
that was not at the disposal of the whole managerial structure.

Whether such knowledge derived from formal agreements between
manufacturers is impossible to say. In the light of the Administration
Board reports, though, it is possible to say three things. Firstly, the 1967
report shows the lack of concern of Fiat top management over price
competition. Secondly, this lack of concern was a remarkable U-turn in
comparison with the 1963-1965 period, when Valleta's fears over price
competition forced him to utter many threats about joining with French

---

[38]   Tariffs should have been removed before 1970, but had been already removed in
1968.

manufacturers to lobby for the reintroduction of tariffs if price competition became unbearable[39]. Finally, the lack of concern over price competition in 1967 was not shared by those managers, such as Giacosa, who were not members of the Board, suggesting different information and/or perceptions of the competitive regime.

It is also conceivable that the Fiat top management believed the threat to reintroduce tariffs would be a credible way to discourage German manufacturers from pursuing a price war, as long as the agreement with French manufacturers held. Moreover, managers expected non-tariff barriers to trade to play a substantial role in cooling down price competition. As has been demonstrated by Silva[40], during the 1970s, the regime of competition was shaped by collusive price leadership. Overall, the available evidence from the reports of the Administration Board suggests that such an outcome was not unexpected.

VI. Conclusions

This paper has examined the output-mix optimisation strategy of Fiat in the late 1960s and 1970s. It has been shown that in the late 1960s, management was conscious that Fiat had its comparative advantage in the manufacturing of small rather than large cars. On the other hand, it also seems that Fiat's management was confident that the abolition of tariffs would not lead straight to price competition and that Fiat could still 'endogenise' prices, setting them according to its cost structure and its *per unit* target contribution margin. Because demand in the upper segments was expected to grow faster than demand in the bottom segments, to move upmarket seemed a good idea. Already in the early 1980s, the seminal study of Silva showed that during the 1970s implicit collusion was actually in place during the whole decade. Moreover, there were many *ex ante* reasons why Fiat management expected price competition not to be a factor in the 1970s. Non-tariff barriers to trade, most notably the underdevelopment of selling network abroad, were certainly an important element of the equation. In the same way, during the 1970s many *ex post* factors, most notably the instability in the price of input and exchange rate, represented an incentive for European manufacturers not to push price competition. Finally, there are reasons to think that in the late 1960s Fiat management had confidence on its ability to pose a credible threat to German manufacturers, in order to minimise the risk of severe price competition in those segments in

---

[39] In particular, Valletta refers to the President of Renault Pierre Dreyfus as a possible ally. See Administration Board Meeting Report, 30th of January 1963, book, p. 24.

[40] Silva, F., Prati, M., Grillo, M., *op. cit.*

which Fiat was less specialised. Such a threat consisted of the reintroduction of tariffs to protect national interests against dominant position. In this light it is possible to understand why after lobbying for many years to the European Commission for the introduction of quotas to prevent Ford and General Motors to exacerbate price competition, Fiat decided to adjust its output mix upmarket, increasing the output in those segments in which the company was less specialised and, therefore, less price competitive. The scenario emerging from this story seems to be one in which the gradual abolishment of tariffs in the second half of the 1960s was expected to be somehow counterbalanced by the pricing behaviour of the various actors in the industry and certainly did not lead straight to price competition.

Résumé

Cette contribution étudie un épisode spécifique de l'histoire de la compagnie automobile italienne Fiat, à savoir le désaccord entre les ingénieurs et les responsables marketing au sujet de l'ajustement éventuel de sa production sur les produits haut de gamme à la fin des années 1960 et au début des années 1970. La contribution resitue cet épisode dans un contexte plus large et complexe, qui se caractérise par la relation entre la stratégie d'optimisation de production poursuivie par Fiat à la fin des années 1960 et la suppression des tarifs douaniers entre les pays du Marché commun. Le scénario qui apparaît semble être celui dans lequel l'abolition progressive des tarifs douaniers au cours de la seconde moitié des années 1960 fut contrebalancée par une stratégie des prix des différents acteurs de l'industrie automobile et n'a certainement pas conduit directement à l'ajustement des prix en fonction d'une libre concurrence.

Troisième partie

Stratégies d'entreprises et politique industrielle communautaire

Third Part

Firms' Strategies and Community Industrial Policy

Lobbying, compromis, rapprochements transversaux

Les manœuvres autour de la définition d'un nouveau code européen pour le transport routier (1950-1980)

Marine MOGUEN-TOURSEL

Centre de recherches historiques –
École des Hautes Études en Sciences Sociales

L'harmonisation des poids et dimensions des véhicules utilitaires dans les pays du Marché commun, initiée dès 1949, a progressé avec beaucoup de lenteur pendant plusieurs décennies. Pourtant, le transport routier prend une importance de plus en plus grande par rapport aux autres modes de transport en Europe (de l'ordre d'un tiers du trafic passe par la route en 1970). L'enjeu de la détermination d'un nouveau code européen pour le transport routier est, notamment, celui de la rentabilité de ce type de transport. Mais il se heurte à des considérations environnementales et à des choix de politique publique davantage orientés vers le transport ferroviaire ou du moins souhaitant un équilibre ou une coordination entre les différents modes de transport[1].

La Convention sur la circulation routière établie à Genève dans le cadre de la Commission économique pour l'Europe de l'Organisation des Nations unies le 19 septembre 1949 constitue le point de départ des efforts entrepris sur le plan international pour parvenir à une réglementation uniforme relative aux poids et dimensions des véhicules routiers en trafic international. Le texte de la Convention, assez imprécis, est rapidement devenu inopérant.

---

[1] Pour le cas français, cf. Neiertz, N., *La coordination des transports en France. De 1918 à nos jours*, Paris, Comité pour l'histoire économique et financière de la France, 1999.

Dans l'article 75 du traité de Rome de mars 1957, il est stipulé que le Conseil établit sur proposition de la Commission « des règles communes applicables aux transports internationaux exécutés au départ ou à destination d'un État membre ou traversant le territoire d'un ou plusieurs États membres ». Cette question est donc désormais du ressort du cadre réglementaire communautaire.

La conférence européenne des ministres des transports (CEMT) se saisit du problème. Au cours de la réunion de son conseil des ministres en octobre 1960 à La Haye, la résolution adoptée est très proche des prescriptions nationales allemandes[2]. Parmi les pays membres de la Communauté économique européenne, l'Italie et les Pays-Bas n'ont pas souscrit à cette proposition, tandis que la République fédérale et la France l'ont ratifiée (signalons à ce propos que la France revient sur sa position en 1963). Le ministre français des Transports, Robert Buron, tente, en 1962, d'aligner les normes nationales de portance sur les normes définies à La Haye en 1960. Il est contré par le ministre de l'Industrie, Jean-Marcel Jeanneney, qui fait échouer ce projet.

Devant l'absence d'avancée du dossier au niveau communautaire, les pays membres reprennent leur autonomie. Le gouvernement italien décide de sa réglementation en la matière en octobre 1961 et le Benelux adopte un texte valable pour le trafic interne aux trois pays en octobre 1962.

Au début des années 1960, il existe donc plusieurs textes dont l'ambition est de réglementer les poids et dimensions des véhicules utilitaires en Europe. Mais les prescriptions de ces textes sont sensiblement différentes et aucun d'entre eux n'a été retenu comme texte de référence par l'ensemble des pays européens[3]. En mars 1962, le Conseil institue une

---

[2] En République fédérale, les conditions d'admission à la circulation ont été modifiées cinq fois depuis 1950 et chacune de ces modifications représentait un accroissement des poids et dimensions des véhicules. Au moment de la modification de 1960, la République fédérale a souscrit, lors de la Conférence européenne des ministres des Transports, à la recommandation de La Haye avec treize autres pays européens, parmi lesquels l'Autriche, la Suisse et l'Espagne, pays alors susceptibles d'adhérer un jour à la CEE. La République fédérale se trouve confrontée à des problèmes d'ordre financier, du fait qu'une partie des routes est à la charge exclusive du gouvernement, mais également au problème de voir ses camions interdits au trafic intérieur par un État alors qu'ils seraient admis au trafic communautaire. 24 avril 1963, Remarques de M. Brand, Annexe à l'avis du Comité économique et social sur la proposition de directive du Conseil relative aux poids et dimensions des véhicules routiers utilitaires admis à la circulation entre les États membres, Archives de la Commission européenne à Bruxelles (ci-après ACOM), BDT 375.99.135.

[3] L'accord de Genève et la recommandation de La Haye avaient le défaut de vouloir lier trop de pays profondément différents les uns des autres. Les standards définis n'ont donc pas été opérants.

procédure d'examen et de consultation préalable pour certaines dispositions législatives, réglementaires ou administratives envisagées par les États membres dans le domaine des transports. C'est alors que la Commission européenne se saisit de la question et que le dossier devient vraiment un sujet de discussions au sein des institutions communautaires.

Ainsi, malgré la volonté de la Commission européenne de voir aboutir les négociations sur ce sujet (citons notamment les efforts du commissaire luxembourgeois aux Transports, Lambert Schaus), certains aspects de la question, tels que la détermination de la charge à l'essieu pour les camions circulant à l'intérieur de la communauté européenne, n'ont quasiment connu aucune avancée. Schématiquement, deux clans s'opposent : les partisans du 10 tonnes[4] par essieu simple, et ceux du 13 tonnes[5] par essieu simple (longtemps majoritaires). L'incertitude persistante pesant sur la réglementation technique communautaire a évidemment posé des problèmes aux transporteurs et aux constructeurs. Les transporteurs utilisaient de ce fait des véhicules qui ne répondaient pas toujours à leurs besoins, et retardaient le renouvellement de leur parc en prolongeant l'utilisation de matériels obsolescents. Les constructeurs devaient ajouter aux frais normaux de fabrication ceux induits par les modifications à apporter aux véhicules exportés, en fonction des législations nationales, ainsi que par l'absence de développement de grandes séries de production.

Un blocage aussi manifeste du processus de concertation européenne a d'abord éveillé notre curiosité. Quels sont les enjeux réels de ces débats ? Pourquoi le compromis recherché par la Commission européenne a-t-il mis si longtemps à poindre ? Quel État membre l'a-t-il « finalement emporté » en obtenant des prescriptions communautaires au mieux de ses intérêts ? Les firmes du secteur automobile ont-elles pu intervenir dans les débats et les influencer ? Par quels biais ? Ont-elles défendu un point de vue similaire ?

---

[4] République fédérale d'Allemagne et Pays-Bas, auxquels s'ajoutent, au fil des adhésions de nouveaux pays membres, le Royaume-Uni, le Danemark et l'Irlande.

[5] La France se situe nettement dans cette catégorie. Cette limite a été instituée à l'origine car la charge utile la plus répandue parmi les camions alors en circulation était de 10 tonnes. Pour porter ces dix tonnes, il fallait un poids mort – châssis, moteur et carrosserie – de 9 tonnes. Le total atteignait 19 tonnes, ce qui donnait une charge sur l'essieu avant de 6 tonnes et sur l'essieu arrière de 13 tonnes. Le véhicule lourd courant était donc le camion de 19 tonnes de poids total roulant. Cette norme est conservée sur les semi-remorques que la France a hérités des Américains aux lendemains de la guerre, alors que les autres pays européens leur préféraient les camions avec remorque. Les constructeurs comme Berliet, SAVIEM ou Unic se sont spécialisés dans la production de semi-remorques de 13 tonnes de charge par essieu.

Notre curiosité a redoublé quand nous avons réalisé que cette question n'avait pas été cantonnée aux réunions des groupes de travail des questions de transport d'instances internationales, loin s'en faut. En effet, des personnalités politiques de premier plan se sont réunies pour en débattre. Ainsi, le Président de la République française, Georges Pompidou, et le Chancelier allemand, Willy Brandt, abordent ce point lors d'une réunion au sommet en février 1972. Dès lors, la dimension politique de cette question a priori technique se pose en pleine lumière.

Les principales sources qui nous ont permis de nous pencher sur ce dossier ont été les archives de la Commission européenne à Bruxelles, ainsi que celles des constructeurs au travers de leurs archives privées (Daimler-Chrysler, Volkswagen, Renault, Berliet) et de celles de leurs organisations professionnelles (le Comité des constructeurs français d'automobiles). Que l'ensemble des personnes travaillant dans ces structures soient remerciées de nous avoir permis d'accéder aux sources, avec une mention toute spéciale à Paul Berliet qui nous a fait part de la position de sa firme lors d'un entretien qu'il nous a accordé à la Fondation Marius Berliet de Lyon et qui nous a permis de consulter ses archives personnelles très riches sur le sujet. Ainsi, tout naturellement dans le cours du texte, les exemples les plus précis et les plus nombreux de stratégies de firmes s'appuient sur l'expérience Berliet qui a été particulièrement en flèche sur le sujet.

I. Les enjeux des débats

A. *Les dimensions technique et économique*

L'objectif de cette harmonisation est de réduire – puis de supprimer – tous les obstacles aux échanges en stimulant et en accompagnant la normalisation des véhicules utilitaires au plan européen et, par conséquent, de réduire les coûts de production à moyen terme en permettant aux industriels de développer des véhicules en grandes séries. L'amélioration de la productivité et l'élargissement des marchés d'exportation de l'industrie automobile européenne sont étroitement liés à la création d'un Marché unique, où les obstacles aux échanges sont aussi réduits que possible. Cet aspect est particulièrement important pour les constructeurs automobiles qui vendent 75 % de leur production au sein de la Communauté européenne.

Cette harmonisation permet également d'aplanir les distorsions dans les conditions de concurrence puisque les constructeurs qui souhaitent exporter n'auront plus à adapter leur production aux normes nationales, différentes d'un pays à l'autre. L'existence de différences de régimes applicables aux caractéristiques techniques des véhicules, dont les poids et dimensions présentent les enjeux les plus forts, est de nature à entraver le trafic routier communautaire et, en conséquence, susceptible de réduire les effets des mesures prises dans les domaines autres que les transports, tendant à abolir les restrictions quantitatives à l'entrée et à la sortie des marchandises.

En plus d'octroyer aux constructeurs la possibilité de vendre aisément ces camions dans toute la Communauté, la directive sur les poids et dimensions des véhicules utilitaires implique pour les routiers la possibilité de circuler librement dans toute la Communauté et celle pour ces camions d'être admis par chacun des pays en transport national.

Considérant les très fortes disparités nationales qui existent sur les plans monétaires et fiscaux, il a semblé plus facile à la Commission de rechercher d'abord une harmonisation technique. La Commission estime que l'amélioration de la productivité dans les transports routiers, qui entraînera des coûts de transport plus bas, devrait profiter aux consommateurs. Mais cette amélioration de la productivité par l'augmentation de la capacité des véhicules ne doit pas occasionner des charges pour la collectivité, notamment en matière d'infrastructure[6]. Pour concilier une charge à l'essieu assez élevée et des coûts d'infrastructure modérés, il a d'ailleurs été question de transférer la charge de l'entretien des routes des États pour lesquels la charge financière serait trop lourde à la Communauté. La directive concernant l'homologation des véhicules automobiles (datant de 1970) prévoit une reconnaissance mutuelle des caractéristiques des véhicules par les différents États membres et définit, par conséquent, le type de véhicules autorisé à circuler entre les pays de la Communauté. La réglementation communautaire porte sur les caractéristiques essentielles visées par les réglementations nationales en matière de poids et dimensions, que sont la longueur, la largeur, la hauteur et le poids total en charge. Tous ces dossiers ont fait l'objet d'âpres discussions. Toutefois, la question de la charge à l'essieu est celle qui a suscité le plus de tensions. C'est donc sur elle que nous axerons notre étude.

Sur le plan économique, l'enjeu principal de ce dossier réside dans le fait que le transport routier puisse être à même de suivre la tendance générale vers une augmentation de la capacité unitaire de chargement, constatée dans tous les modes de transport et nécessaire à la réduction

---

[6]   9 avril 1963. Projet de directive relative aux poids et dimensions des véhicules routiers utilitaires admis à la circulation entre les États membres, proposition de directive présentée par la Commission CEE au Conseil, COM(63) 131, ACOM, BDT 375.99.135.

des prix de revient[7]. L'apparition et le développement des techniques de containérisation, considérées comme les transports de l'avenir et objets de normes précises, obligent à définir les véhicules utilitaires les plus lourds en fonction des nouveaux besoins créés par ces techniques.

Ainsi, tandis que les défenseurs du 13 tonnes mettent en avant l'amélioration des coûts de revient qui serait induite par l'augmentation des volumes transportés, ceux du 10 tonnes insistent sur la dégradation rapide des chaussées en cas d'adoption d'un essieu plus lourd, qui entraînerait des coûts d'infrastructure importants pour la collectivité. Il est intéressant de souligner qu'à côté des considérations techniques du dossier pointent des arguments en faveur d'une meilleure sécurité et d'une réduction de la pollution, les partisans du 10 tonnes et ceux du 13 tonnes étayant tous deux leurs argumentations de données chiffrées.

B. La dimension fiscale

Les constructeurs automobiles considèrent que le meilleur moyen de défendre le code à 13 tonnes est d'agir sur la définition de la nouvelle taxe sur le transport routier de marchandises qui s'appliquerait tant sur les véhicules français que sur les véhicules étrangers qui viendraient en France. Au contraire, si la progressivité fiscale correspondant à la charge à l'essieu est retenue, alors l'argument de l'avantage économique de l'essieu de 13 tonnes perdrait beaucoup de son poids. L'objectif d'une coordination fiscale est de moduler la fiscalité directe ou indirecte de chaque mode de façon à ce que ses usagers en supportent le coût collectif réel. Dans le contexte des années d'après-guerre, il s'agit largement de compenser le déficit d'exploitation des chemins de fer par des subventions publiques alimentées par une taxation du transport routier correspondant aux charges d'infrastructures qu'il supporte encore trop peu. Il a été question en 1949 de faire porter cette taxation sur les carburants, mais la puissante Fédération nationale des transporteurs routiers (FNTR) réussit à écarter cette hypothèse en 1952. Les pays voisins réfléchissent également à la même époque à une nouvelle fiscalité sur les transports. En République fédérale d'Allemagne, le plan Leber, du nom du ministre des Transports, entré en application le 1er janvier 1969, développe le soutien de l'État aux chemins de fer et alourdit la fiscalité des transports routiers de marchandises, qui devient la plus élevée d'Europe. Quelques années plus tard, l'Espagne adopte des mesures similaires. En juin 1971, le gouvernement espagnol décide de supprimer la délivrance de nouvelles licences de transport et d'instaurer une taxe

---

[7]   En effet, le prix de revient du transport dépend en partie des poids et dimensions des véhicules routiers par le fait que le coût par unité de fret se réduit très sensiblement au fur et à mesure qu'augmente la capacité du véhicule.

sur le transport routier destinée à alimenter une caisse des chemins de fer espagnols afin d'éponger le déficit du rail.

Le 23 mai 1966, le directeur des Transports terrestres, Philippe Lacarrière[8], a créé la commission Laval[9] sur l'égalisation de la tarification des infrastructures, dans l'optique de la vérité des prix que préconise la CEE. La coordination fiscale se pose en termes nouveaux depuis que le ministre des Transports et de l'Équipement a décidé par la loi du 16 janvier 1966 d'étendre la TVA au secteur des transports à partir du 1er janvier 1968. La commission Laval doit, de ce fait, déterminer s'il convient d'adapter ou de supprimer les taxes spécifiques sur les transports routiers de marchandises.

La nouvelle taxe, dite taxe à l'essieu, calculée à partir des principes de la théorie marginaliste, détermine le supplément de coût que l'usage d'une infrastructure entraîne pour la collectivité (coûts de construction, d'entretien et de gestion, mais aussi coûts jusqu'alors non chiffrables tels que la pollution atmosphérique, le bruit, l'insécurité et la congestion du réseau). L'ensemble de ces coûts est appelé coût marginal social et il croît rapidement avec le tonnage des véhicules. Les transporteurs concluent du rapport de la commission Laval que le camion de 13 tonnes sera lourdement taxé tandis que le camion de 11 tonnes le sera beaucoup moins[10]. Paul Berliet considère que cette nouvelle taxe vise à inciter les transporteurs à acheter et utiliser des camions d'un tonnage inférieur à ceux en usage en France. L'exemple du porteur de 19 tonnes de poids total en charge est à cet égard éclairant : sur dix ans il faudra payer pour son entretien presque autant de taxe à l'essieu que pour son achat, ce qui revient à doubler le prix de son investissement. Paul Berliet estime donc qu'il s'agit d'une incitation à importer le code allemand en France.

Les constructeurs veulent agir rapidement pour faire baisser la taxe envisagée. Suite à diverses interventions, le niveau de la fiscalité routière retenue en 1967 est finalement sensiblement inférieur à celui qui avait été proposé par la commission Laval.

L'article 16 de la loi de finances du 21 décembre 1967 et le décret d'application du 15 mai 1968 instituent la taxe à l'essieu en fonction du

---

8   Cet énarque, inspecteur général des finances, a été directeur des transports terrestres au sein du ministère des Travaux publics et des Transports de 1964 à 1973.

9   Daniel Laval, ancien directeur des ports maritimes et des voies navigables, est président de section au conseil général des Ponts et Chaussées.

10   26 mai 1972, Réunion à la chambre syndicale en présence de M. d'Ornhjelm, Leopold et Vlach de la chambre syndicale, Bonamy et Bosquet de SAVIEM, Jullien, Vantielcke et Forbin d'Unic et Legré, Froissart, Bessond de Berliet, Fondation Marius Berliet (Lyon).

poids total en charge autorisé (PTCA) des véhicules routiers avec une péréquation géographique et temporelle. La taxe est conçue de manière évolutive afin d'affiner le mode de calcul en fonction des progrès de l'évaluation de la part du coût marginal social correspondant aux coûts externes.

Le gouvernement souhaite revoir l'ensemble de la fiscalité routière dans l'optique de la relever et a donc saisi une deuxième fois de ce problème la commission Laval, qui doit faire connaître ses conclusions en juin 1969. Mais la loi de finances du 21 décembre 1970 va à nouveau dans le sens d'une minoration de la taxe à l'essieu : elle définit les conditions d'application de réductions pour certaines catégories de transports, résultat des pressions exercées par les organisations professionnelles routières. L'application de la taxe à l'essieu ainsi modifiée devient effective le 1er janvier 1974. Dès 1975, l'idée d'une réévaluation périodique de cette taxe, dans un but d'égalisation des charges d'infrastructures entre rail et route, est abandonnée pour des raisons conjoncturelles. Dans les dix ans qui suivent, en francs constants, le coût de la taxe à l'essieu est divisé par 2,5, faute d'un relèvement des barèmes. En francs courants, le produit de la taxe à l'essieu passe de 400 millions en 1977 à 388 en 1981. Les véhicules gros porteurs cessent de payer leur coût marginal social, même approximativement. Pour remédier à ce glissement progressif et revenir à une imputation effective des charges d'infrastructures sur les transports routiers, le rapport Guillaumat de 1978 préconise un quintuplement du barème de la taxe à l'essieu. La majoration de coûts attendue pour les usagers serait de 8 à 10 % pour les transports routiers de marchandises. Ce coût social, parmi d'autres éléments, empêche la commission des transports du Commissariat général du plan (CGP) pour le VIIIe plan d'approuver la proposition de la commission Guillaumat.

Le rapport « Transports 2010 » remis par le CGP au ministre de l'Équipement en juin 1992 indique que les transports routiers de marchandises sont sous-tarifés. Les recettes de la fiscalité spécifique et des péages autoroutiers « ne couvrent pas » les dépenses d'usage des infrastructures routières, TVA exclue, imputables à la circulation des poids lourds. Le rapport évalue ce déficit à cinq milliards de francs par an. En effet, la taxe à l'essieu n'a jamais été revalorisée et son niveau en France est « parmi les plus bas d'Europe ». Elle a été calculée en 1971, date à laquelle le réseau autoroutier français ne comptait que 1125 km. Les taxes sur les véhicules routiers de transport de marchandises ont procuré une recette fiscale de 618 millions de francs en 1985 dont 468 pour la taxe à l'essieu et 150 pour la vignette automobile. Une réévaluation est indispensable, estime le CGP, dans la perspective d'une harmonisation fiscale européenne. Cette dernière est largement bloquée. En 1967, la

Commission européenne avait présenté une proposition d'harmonisation des taxes sur les véhicules utilitaires. Il fallait avant toute adoption que les États membres évaluent ses répercussions dans des délais sur lesquels ils ne se sont pas fermement engagés[11].

En 1990, le Conseil national des transports estimait pourtant qu'en matière de fiscalité des transports routiers de marchandises, la France occupait en Europe une position moyenne. En conséquence, toute réévaluation des taxes spécifiques entraînerait une perte de compétitivité. C'est la raison pour laquelle l'État allège les charges des entreprises de transports routiers[12].

La taxe à l'essieu pour les transports routiers réalise la couverture de l'usage des infrastructures des transports de marchandises au coût marginal social. Selon le juriste Denis Broussole[13], qui adopte à cet égard une position assez provocatrice, l'absence d'une véritable coordination fiscale constitue « une aide financière indirecte » de l'État aux transports routiers de marchandises. À supposer

> que les taxes sur les carburants et la taxe à l'essieu correspondent aux frais de construction et d'exploitation, entretien et police, du réseau routier, elles sont « loin de couvrir » les frais sociaux induits que représentent l'hospitalisation des accidents de la route, les pensions pour leurs invalidités ou leurs veuves, les embouteillages donc les retards causés et subis par les autres usagers, enfin les nuisances, bruit et pollution, occasionnés aux riverains.

C. La position de la firme Berliet

1. Les avantages du 13 tonnes

D'après les arguments développés par Paul Berliet, le code à 13 tonnes permet de faire face aux principaux concurrents (notamment l'Amérique, l'Allemagne et l'Angleterre), réduire les prix de revient en augmentant la charge et éviter un encombrement de la route. Il est aisément réalisable du fait de l'enrochement abondant et bon marché, de l'épaisseur de la route permettant la circulation hors gel, et des qualités des nouveaux pneumatiques mis au point qui permettent cette charge sur des dimensions réduites. La maison Michelin est d'ailleurs également en

---

[11] Neiertz, N., *La coordination des transports en France. De 1918 à nos jours*, Paris, Comité pour l'histoire économique et financière de la France, 1999, p. 370.

[12] *Ibid.*, p. 574.

[13] Broussole, D., *Le rail et la route : la convergence des secteurs publics et privés*, Paris, Economica, 1981 cité par Neiertz, N., *La coordination des transports en France. De 1918 à nos jours*, Paris, Comité pour l'histoire économique et financière de la France, 1999, p. 512.

faveur de l'essieu de 13 tonnes[14]. En revanche, l'abandon de ce code aurait des conséquences catastrophiques dans la mesure où le remplacement du parc coûterait très cher au pays.

La firme Berliet étant fortement intégrée[15], la moindre modification de la charge à l'essieu a une influence directe sur elle.

> L'acharnement de certains de nos concurrents étrangers à obtenir, sous prétexte d'harmonisation, un « décrochage » du 13 tonnes à l'essieu constitue pour notre maison une menace très directe[16].

L'adoption du code à 10 tonnes constituerait, pour plusieurs années, un avantage certain octroyé à l'industrie allemande, en particulier, ses véhicules au code à 10 tonnes à deux ou trois essieux étant bien au point, ce qui augmente les risques d'une forte hausse de leurs importations en France. Les constructeurs étrangers dépassent au total 30 % des immatriculations effectuées en France, et si l'on considère seulement le haut de gamme, le pourcentage est beaucoup plus élevé encore. La maison Berliet considère que le but poursuivi par ses concurrents est de la supplanter dans les tranches où sa position est encore prédominante (19 et 26 tonnes).

La volonté des membres de l'entreprise Berliet de maintenir en France une charge à l'essieu de 13 tonnes et de l'étendre au code européen est motivée par des considérations économiques aussi bien que techniques, une réduction de 15 à 18 % du prix de revient ainsi qu'une meilleure adhérence sur route.

2. *Le coût d'une éventuelle réduction de la charge à l'essieu*

En cas de réduction de la charge à l'essieu, la firme devrait arrêter la production de certains modèles (ou en maintenir la production, mais seulement dans l'optique d'une vente à l'extérieur des pays du Marché commun dans les pays « code 13 tonnes ») et mettre en œuvre la fabrication de nouveaux modèles. Ceci aboutirait à une multiplication des modèles avec toutes les conséquences que cela entraîne sur les plans de la conception, de la fabrication, des échanges commerciaux et des finances.

---

[14] 30 juillet 1971, lettre de Henri Puaux à Paul Berliet, compte rendu de l'entretien du 29 juillet 1971 avec M. Costa de Beauregard, Fondation Marius Berliet (Lyon).

[15] Une entreprise qui suit un « modèle intégré » est une entreprise dans laquelle le constructeur produit lui-même ses macro-éléments (moteurs, boîtes de vitesses, essieux, etc.).

[16] 19 octobre 1971, Lettre de Paul Berliet à Jean Chamant, ministre des Transports, Fondation Marius Berliet (Lyon).

En effet, s'il est relativement facile, pour répondre à un code à 11,5 tonnes de renforcer un véhicule conçu à l'origine pour 10 tonnes, la démarche inverse est pratiquement impossible et entraînerait une refonte totale des matériels et, en fait, la création d'une gamme nouvelle.

Par conséquent, l'entreprise Berliet devrait supprimer un grand nombre de ses modèles, sauf si elle les destine aux pays extérieurs au Marché commun. Elle est particulièrement bien implantée sur les marchés africains de langue française et les marchés asiatiques (en particulier la Chine). Ces derniers représentent en 1972 plus de 35 % de ses ventes.

Les véhicules présentant la charge à l'essieu la plus élevée appartiennent à la catégorie « haut de gamme ». Or, la marge sur laquelle vit la société Berliet est dégagée essentiellement par ces matériels. En effet, les véhicules des gammes basse et moyenne sont vendus à des prix marginaux du fait de l'âpreté de la concurrence internationale, les constructeurs étrangers travaillant dans des séries beaucoup plus importantes (la production anglaise représente environ cinq fois celle de la France). Par conséquent, la remise en cause des bases de la gamme haute compromettrait inéluctablement l'équilibre de gestion de la firme.

Enfin, dans une profession où la vente des matériels neufs est presque toujours liée à la reprise de matériels anciens, phénomène aggravé par le fait que la durée de vie des matériels français est longue et peut être estimée en moyenne à douze ans, le problème du rachat de véhicules inutilisables ou qui risquent de le devenir par des décisions administratives, est insoluble. Les perturbations qui en résulteraient pour les réseaux de vente, les concessionnaires, les utilisateurs, sont aussi inappréciables (problème du service, de modifications de carrosserie, de semi-remorques).

Les responsables de l'entreprise Berliet expliquent au gouvernement français que l'adoption d'une charge à l'essieu inférieure à 13 tonnes, quelles que soient les mesures transitoires envisagées, engendreraient les conséquences suivantes : disparition à très court terme de l'industrie nationale du poids lourd, déjà fragile ; impossibilité de faire face dans les conditions du moment à une reconversion de main-d'œuvre qui porterait sur plusieurs dizaines de milliers de personnes, tant au niveau des constructeurs que de leurs sous-traitants, et enfin, difficultés financières insurmontables pour les sociétés de transport, la valeur de revente de leurs matériels subissant une décote extrêmement importante.

Afin de compenser les dommages causés par l'introduction de nouvelles normes, les firmes françaises pensent demander des compensations financières à la Communauté économique européenne et à l'État français en cas d'élaboration d'un compromis autour de 11,5 tonnes ou moins : 33 millions de francs sont demandés par l'entreprise Berliet au titre des conséquences techniques (SAVIEM demande un montant compris entre sept et neuf millions de francs). Pour les conséquences commerciales du changement de portance, la somme s'élève entre 83 et 133 millions de francs. Toutefois, ils s'attendent à recevoir un « plat de lentilles » (selon leur expression) dans le cadre du Plan poids lourds du gouvernement français.

II. Les négociations entre les différents acteurs : Commission européenne, États nationaux et industriels

A. Les années 1960 : négociations sur la base de 13 tonnes par essieu

1. Les canaux d'influence en Europe

La Commission européenne est en faveur du 10 tonnes : c'est la charge retenue dans la proposition de directive de juillet 1962[17]. Mais, après la consultation du Comité économique et social des Communautés européennes, le 24 avril 1963, et du Parlement européen, le 18 octobre 1963, qui demandent tous deux l'adoption d'une charge par essieu de 13 tonnes[18], la Commission européenne décide de modifier sa position. En mai 1964, la Commission européenne propose un nouveau projet de directive qui prescrit 13 tonnes par essieu, tout en repoussant l'entrée en vigueur de cette mesure : cette dernière ne deviendrait effective qu'après le 1er janvier 1974. Le 22 juin 1964, le Conseil ne parvient pas à se mettre d'accord sur la proposition. L'opposition de l'Allemagne et des Pays-Bas ne parvient pas à être dépassée[19]. Le Conseil ne prévoit qu'une procédure d'accords bilatéraux entre les pays membres pour la circulation des véhicules en Europe. Le travail du Conseil, en relation avec la proposition amendée de la Commission européenne (9 avril 1963 et 21 mai 1964) pour une directive concernant les poids et dimensions des véhicules et certaines conditions techniques complémentaires relatives à ces véhicules, ne trouve pas d'aboutissement. Les divergences d'opinion entre pays membres tournent pour l'essentiel autour de la question de la

---

[17] La Commission n'a pas pris les réglementations nationales existantes comme base de départ en vue d'un rapprochement. Elle a proposé le 10 tonnes, conformément à la Résolution de La Haye et à l'accord Benelux, sans prendre en compte le fait que trois États membres basent leur réglementation nationale sur le 13 tonnes par essieu simple. 9 avril 1963, proposition de directive du Conseil, ACOM, BDT 375.99.135.

[18] Le premier autorise la circulation des poids lourds de 13 tonnes sur les itinéraires définis d'« intérêt communautaire », tandis que le second autorise leur circulation sur toutes les routes de la Communauté.

[19] 19 juillet 1971, conférence de presse ADPVI, Fondation Marius Berliet (Lyon).

charge à l'essieu[20]. Néanmoins, lors de sa session du 22 juin 1965, la Commission demande au Conseil d'accélérer les négociations bilatérales sur des solutions qui rendraient temporairement possible le maintien des deux systèmes concernant le poids maximal par essieu dans le transport international entre pays membres de la Communauté économique européenne[21]. Par la suite, aucune discussion ne s'est tenue au Conseil sur ces questions entre 1965 et 1970.

Cette versatilité des positions de la Commission peut être la conséquence des pressions importantes des différents lobbies à son égard, notamment industriels. Paul Berliet est notamment à l'origine de la création, en 1959, d'un groupe de lobbying à Bruxelles, l'ADPVI[22], dont le rôle est de promouvoir la défense du code de 13 tonnes, en particulier auprès des institutions européennes. Un de ses responsables, Henri Puaux, était notamment en contact étroit avec Jacques Dousset, le directeur général des Transports permanents, qui sous la direction de Paolo Rho, commissaire aux Transports, était chargé des services administratifs dans le secteur des transports de la Communauté économique européenne. L'ADPVI se targue également d'avoir joué un rôle dans l'avis du Comité économique et social de la CEE le 24 avril 1963 et celui du Parlement européen en octobre de la même année, qui ont tout deux préconisé le 13 tonnes.

Au-delà des contacts personnels, l'ADPVI fonctionne depuis le début des années 1960 à travers la diffusion de brochures soulignant l'intérêt d'une portance de 13 tonnes auprès des fonctionnaires européens et des membres du Parlement européen, auprès des milieux administratifs nationaux et de ceux des transporteurs publics et de la construction automobile dans les différents pays européens.

Sur maints aspects du dossier des poids et dimensions, nous pouvons observer une parfaite similarité entre les positions des représentants français et celles des industriels du pays. Les leviers les plus courants de l'action des industriels de l'automobile auprès des institutions européennes sont encore largement nationaux : la firme Berliet exerce

---

[20] *Dixième rapport général des activités de la Communauté* (1 avril 1966-31 mars 1967), Harmonisation technique.

[21] *Neuvième rapport général des activités de la Communauté* (1 avril 1965-31 mars 1966), Politique commune des transports, Poids et dimensions des véhicules utilitaires.

[22] Association pour le développement de la productivité des véhicules industriels, dirigée par Henri Puaux et Roger Ricard. Au vu des niveaux des contributions des différents membres en 1971, on peut établir l'importance des automobiles Berliet dans la structure : Pegaso intervient à hauteur de 3000 francs, Michelin de 3000 francs, Marrel de 1500 francs, comme Kleber Colombes, Dunlop et Unic, les Automobiles Marius Berliet intervenaient pour leur part à hauteur de 18000 francs.

l'essentiel de son action auprès du représentant permanent de la France auprès de la CEE (Jean-Marc Boegner), via des membres des Affaires étrangères (conseiller aux affaires étrangères).

Henri Rochereau[23], membre français de la Commission européenne au sein de l'équipe de Walter Hallstein puis de celle de Jean Rey et restant par conséquent en poste de 1962 à 1970, ainsi que son chef de cabinet, Henri Varenne, et Jean-Claude Muller, conseiller technique à son cabinet, ont de nombreux contacts avec l'ADPVI.

De fait, les interventions de Henri Rochereau sur ce dossier font montre d'une intime concordance avec les positions de Paul Berliet. Il remet en question le principe de travail adopté par la Commission qui consiste à établir la réglementation européenne en faisant la moyenne entre les législations nationales. Il pense qu'il aurait été préférable de se projeter dans l'avenir en se fixant comme objectif de permettre aux transports routiers européens d'atteindre, dans les meilleures conditions, un certain développement.

Pour ces raisons, il estime qu'il aurait été plus judicieux de retenir 13 tonnes par essieu simple. À ses yeux, la limitation préconisée à 10 tonnes pour l'essieu simple et à 16 tonnes pour l'essieu double constitue une régression très significative pour certains pays dans lesquels les limites nationales sont fixées à 13 et 20 tonnes. Il pense qu'une telle proposition risque, en outre, d'avoir de graves conséquences dans ces pays, aussi bien pour les entreprises de transport routier que pour les constructeurs automobiles. De telles suites semblent pouvoir être atténuées en envisageant l'une ou l'autre des solutions suivantes[24] : fixation d'un poids supérieur pour les essieux moteurs[25] ou détermination « d'essieux équivalents » aux essieux de 10 et 16 tonnes[26].

---

[23] Né à Chatonnay (Vendée) le 25 mars 1908, il devient sénateur de la Vendée de 1946 à 1959. Il est ministre de l'Agriculture du gouvernement de Michel Debré à partir du 28 mai 1959. Remercié par le général de Gaulle (et remplacé à son poste par Edgard Pisani), il entre dans l'équipe de Walter Hallstein à la Commission européenne où il reste de 1962 à 1967 puis dans celle de Jean Rey de 1967 à 1970. Il meurt à Paris le 25 janvier 1999.

[24] Ces solutions ont déjà fait l'objet d'études, notamment en France, de concert entre le département ministériel intéressé, les constructeurs de véhicules et les fabricants de pneumatiques.

[25] Les limites normales étant fixées à 10 tonnes pour l'essieu simple et à 16 tonnes pour l'essieu double, on pourrait toutefois admettre, pour les seuls essieux moteurs, des limites supérieures atteignant respectivement 13 et 20 tonnes. Cette formule n'irait pas à l'encontre des règles de sécurité, car elle permettrait d'augmenter le rapport entre le poids sur le ou les essieux moteurs et le poids total en charge.

[26] Divers facteurs tels que la rigidité de la suspension, la souplesse des pneumatiques, l'écartement des roues jumelées ont une incidence marquée sur « l'agressivité » d'un

Ces prises de position sont intéressantes dans la mesure où elles tentent, par tous les moyens, de faire valoir les arguments des industriels français au plan communautaire.

Quand l'ADPVI estime que le débat tourne en rond à Bruxelles, elle s'est efforcée de faire porter ses efforts sur des pays qui, du fait de leurs frontières communes avec la France, peuvent être sensibles à l'adoption des normes françaises de portance d'essieu (l'Italie puis l'Espagne). En Italie, l'action est soutenue par le journal Tuttimottori et le groupe automobile Lancia. Fiat semble également favorable au 13 tonnes. En 1966, le gouvernement italien dépose devant la chambre italienne un projet de loi préconisant le 13 tonnes. En dépit de l'opposition des syndicats de cheminots qui fait différer l'adoption de ce projet et d'une campagne qui se développe chez les transporteurs italiens qui préfèrent jouer l'arme du 10 tonnes dans les négociations en espérant, en retour, obtenir le poids total roulant de 44 tonnes[27], la chambre devrait l'inscrire prochainement à son ordre du jour. En Espagne, le gouvernement adopte un décret le 1er juillet 1967 qui retient les portances de 13 et de 21 tonnes.

2. La mobilisation au plan national

La firme Berliet est en relation étroite avec les ministères en charge de ces questions (ministère de l'Équipement et ministère des Transports). Edgard Pisani, le ministre de l'Équipement, et son chef de cabinet, M. Orsetti, s'entretiennent fréquemment avec les industriels. Néanmoins, il semble que le ministre de l'Équipement reste opposé au 13 tonnes par essieu, même si la taxe à l'essieu, mise en œuvre en 1970, est destinée, en particulier, à financer les coûts d'infrastructures sur les routes[28].

De la même façon, Jean Chamant, ministre des Transports, a des relations étroites avec les constructeurs. Paul Berliet et ses collaborateurs indiquent dans des lettres et rapports que la position défendue à Bruxelles par ce ministre se base souvent sur des notes émanant de leur firme.

---

essieu d'un poids donné sur la chaussée. Des études, suivies d'essais sur le terrain, ont montré en particulier qu'en donnant un plus grand écartement aux roues jumelées d'un même essieu, on diminuait sensiblement la fatigue subie par le soubassement de la chaussée, donc les risques de détérioration.

[27] Les transporteurs italiens sont prêts à lâcher le 13 tonnes pour tenter d'avoir un poids total roulant (PTR) plus élevé. L'objectif de l'ADPVI est de les convaincre que cette idée est fausse, que la CEE ne dépassera pas 38 tonnes de PTR et, qu'avec cette norme, l'essieu de 13 tonnes est la condition nécessaire pour la rentabilité optimale. (Cf. 10 novembre 1967, Association pour le développement de la productivité du véhicule industriel, Fondation Marius Berliet, Lyon).

[28] « Revenons à la charge », *Routes et chantiers*, n° 30, novembre 1972.

M. Chamant semble puiser son inspiration pour la définition de la position française dans les notes que notre firme établit pour l'Administration[29].

Je voudrais vous remercier d'avoir défendu à Bruxelles la position des constructeurs français de poids lourds. [...] Par conséquent, je me permets d'insister afin qu'il vous soit possible, malgré les assauts dont vous allez faire l'objet, de maintenir durant la réunion au mois de décembre prochain la position que vous avez adoptée jusque-là avec fermeté[30].

Les ministères de l'Équipement et du Transport soutiennent donc largement la position des industriels français à Bruxelles. Telle était également la position du Secrétariat général du comité interministériel (SGCI) pour les questions de CEE, qui dépend du Premier ministre. Les membres de la firme Berliet ont reçu dans l'usine de Vénissieux le jeune fonctionnaire Albert Costa de Beauregard, qui était membre de la délégation française pour les questions de transports à Bruxelles, dans le but de lui exposer leur point de vue sur la charge à l'essieu. Quand, en 1972, il fut affecté aux questions de politique commerciale dans le cadre du comité interministériel et remplacé par Jean-Marie Perrin pour les questions de transport, un ingénieur des Ponts et Chaussées, les membres de l'entreprise Berliet ont rapidement instauré des relations de confiance avec le nouveau délégué.

Il existe un consensus dans la plupart des ministères français sur la charge à l'essieu de 13 tonnes. La direction du Budget se distingue : elle accepterait la réduction de la charge à l'essieu pensant que cela réduirait les dépenses d'infrastructures. L'entreprise Berliet décida, par conséquent, de mener une action auprès de Lincou-Barême, membre de la direction du Budget, afin de lui montrer que les deux éléments ne sont pas liés du tout[31].

En 1969, la firme Berliet est encore très optimiste sur l'adoption du code à 13 tonnes en Europe. Elle estime

qu'on peut légitimement penser que, sous la pression politique de leurs organisations professionnelles et diplomatique du gouvernement français, l'Allemagne et l'Italie finiront par se rallier dans un délai qui pourrait être

---

[29]   Lettre de A. de Polignac à Roger Ricard, 15 octobre 1971, Réunion des ministres des Transports de la CEE, 12 octobre 1971 à Luxembourg, Fondation Marius Berliet (Lyon).

[30]   19 octobre 1971, Lettre de Paul Berliet à Jean Chamant, ministre des Transports, Fondation Marius Berliet (Lyon).

[31]   Lettre de Henri Puaux à Paul Berliet, 30 juillet 1971, Rapport de la réunion du 29 juillet 1971 avec Albert Costa de Beauregard, Fondation Marius Berliet (Lyon).

de l'ordre de deux ans [à la portance de 13 tonnes par essieu], mesure indispensable à la productivité des transports routiers[32].

Si vraiment aucune solution globale ne peut intervenir à Bruxelles, les constructeurs français, notamment Berliet, envisagent une harmonisation bilatérale des normes entre la France et l'Italie, qui a déposé un projet de loi en janvier 1967, en la personne du ministre des Travaux publics, Scalfarro, retenant l'essieu de 13 tonnes[33].

3. *Les discussions bilatérales entre firmes européennes sur ces dossiers*

À la fin des années 1950, plusieurs firmes essaient d'initier des discussions bilatérales avec leurs collègues européens sur ces questions. Un dialogue bilatéral franco-allemand s'est instauré à plusieurs reprises, suivi par un dialogue franco-italien[34], dans le but de s'accorder, dans un premier temps entre un nombre réduit de partenaires, sur des normes européennes et, dans un deuxième temps, de faire accepter les propositions par leurs partenaires des Communautés européennes. Nous avons étudié, en particulier, les contacts établis par Daimler-Benz avec des firmes françaises. Les contacts noués avec Renault ont été les plus fructueux. Les discussions ont commencé en 1956 et se sont poursuivies les années suivantes. Elles ont mené à la mise en place d'un groupe de travail régulier traitant des questions européennes.

Le rapport du groupe de travail pour les contacts bilatéraux présenté en avril 1958 est constitué de deux parties : la première traite d'échanges de vues entre les firmes au sujet des dispositions économiques du traité de Rome. Parmi les questions techniques, le groupe de travail s'est concentré en particulier sur la définition d'une norme européenne pour le transport des camions entre les pays du Marché commun. Il réussit à élaborer une proposition commune. Il est particulièrement intéressant de souligner que les industriels français et allemands ont travaillé conjointement sur ces questions dans la mesure où ils disposaient des prescriptions nationales les plus extrêmes. Les normes françaises autorisent 13 tonnes par essieu simple tandis que les normes allemandes n'auto-

---

[32] 28 avril 1969, Lettre de Roger Ricard à Paul Berliet, Politique des transports, 38 tonnes, Fondation Marius Berliet (Lyon).

[33] 11 janvier 1967, lettre de Roger Ricard à Paul Berliet, ministère de l'Équipement, Fondation Marius Berliet (Lyon).

[34] Les archives Berliet font état d'accords sur ce dossier avec les constructeurs et transporteurs italiens, notamment Montanari, ainsi qu'avec les constructeurs allemands (sur ce sujet, François-Xavier Bonamy, chargé des relations avec les pouvoirs publics et les organisations professionnelles de la SAVIEM, s'exprime couramment dans les réunions internationales au nom de MAN).

risent que 8 tonnes. Si les normes proposées par le document commun étaient adoptées pour la définition d'un standard européen, cela entraînerait pour la France une réduction comprise entre 7 et 18 % de la charge par essieu. Le texte prévoit l'adoption de 11,5 tonnes par essieu simple. En ce qui concerne le poids total autorisé, la limite de 32 tonnes serait retenue. Cette disposition a été moins critiquée que celle portant sur la charge à l'essieu. Le but de cette proposition était de réduire les coûts des transports pour la tonne kilométrique dans le cadre du Marché commun, d'offrir de meilleures conditions de transport et, plus généralement, d'améliorer la régulation du trafic en augmentant la charge utile.

À la fin de l'année 1969, Paul Berliet donne son accord[35] pour que l'ADPVI réfléchisse aux possibilités d'une action en commun avec la société MAN à Bruxelles afin d'essayer de faire sortir de l'impasse la question de la portance des essieux. Les pourparlers avec le Dr Werner Görge et le Dr Moll de la société MAN font état d'une concordance parfaite sur cette question et, en particulier, sur les bases de calcul adoptées par la Commission européenne sur la charge à l'essieu et les conclusions qu'elle en tire. En effet, la société MAN est opposée, tout comme Berliet, à la prise en compte des essais AASHO comme base de calcul.

Les constructeurs français se font à Bruxelles les porte-parole de la plupart de leurs homologues allemands et des transporteurs de ce pays qui sont également favorables à 13 tonnes à l'essieu, mais ne peuvent pas prendre une position officielle aussi nette car ils craignent les remontrances de leur ministre des Transports, Georg Leber. Ces industriels allemands demandent à leurs homologues français de poursuivre la lutte en faveur de l'essieu de 13 tonnes. François-Xavier Bonamy, membre de la firme SAVIEM mais s'exprimant à cette occasion également au nom de la société MAN, a été particulièrement clair à ce sujet.

B. Les années 1970 : un glissement progressif des fondements de la négociation vers le 10 tonnes

La Commission européenne, chargée de l'harmonisation des codes en Europe, a rencontré un échec en 1964. Néanmoins, plusieurs éléments nouveaux la conduisent à rouvrir les discussions :

(a) le développement de la pratique des containers ;
(b) l'amélioration des techniques de construction des routes ;
(c) les essais AASHO[36].

---

[35] 8 octobre 1969, lettre de Berliet à Puaux, Fondation Marius Berliet (Lyon).

[36] Les Américains sont les premiers, dans les années 1950, à réaliser des essais sur l'influence de la charge à l'essieu sur la voirie. La construction d'un site de tests à Ottawa, dans l'Illinois (États-Unis) s'est déroulée d'août 1956 à septembre 1958. Les

Il semble que les gouvernements des Six soient soudain décidés à atteindre un compromis sur la question des poids et dimensions. Les industriels, sentant cette nouvelle volonté communautaire, manifestent leur volonté d'exercer une pression constante et forte sur les décideurs à partir du mois d'octobre 1971.

Considérant l'impossibilité d'atteindre un compromis autour d'une des deux valeurs limites (10 ou 13 tonnes), la Commission européenne propose d'abandonner l'une et l'autre. Par conséquent, en juin 1971, dans un projet de directive, le Conseil prévoit officiellement une limite de 11,5 tonnes par essieu, moyenne arithmétique. Cette proposition représente un effort pour trouver une solution qui « combine les nécessités techniques, économiques et politiques du dossier et l'opportunité d'adopter de nouveaux standards, en s'écartant des précédentes valeurs ». Étant donné que la proposition de directive est basée sur l'article 75 du traité CEE, la consultation du Parlement européen et du Comité économique et social est obligatoire. Ce dernier préconise, en janvier 1972, 12 tonnes par essieu simple.

Les aspects techniques du future code communautaire sont dépassés. Les techniciens des deux bords ont expliqué plusieurs fois leurs positions : nous nous trouvons désormais sur un plan strictement politique. L'entrée en vigueur d'un règlement commun est pour nous un test d'une importance considérable : tout doit être sacrifié à l'esprit de la Communauté.

Les industriels français et italiens s'étonnent de voir les discussions quitter un plan technique pour aborder nettement un plan politique et

---

tests ont été menés d'octobre 1958 à novembre 1960, puis ont eu lieu des études spéciales. Les essais AASHO – *American Association for State Highway Officials* –, ont permis une meilleure appréciation des relations entre la charge à l'essieu et la détérioration des routes. Ils aboutissent à la conclusion selon laquelle l'agressivité sur la chaussée augmente de façon exponentielle (à la puissance quatre) en fonction du poids des essieux. Ces essais sont particulièrement importants dans la mesure où les institutions communautaires déterminent leur politique en fonction de ces résultats chiffrés et que les groupes de réflexion nationaux, comme la commission Laval pour la taxe à l'essieu, les prennent également comme base de calcul.

Néanmoins, les principes et les conclusions de ces travaux sont contestés par certains constructeurs. Paul Berliet indique que les résultats ne peuvent pas être transposés au cas français, car les routes ne sont pas construites de la même façon : les routes utilisées pour les essais AASHO sont, d'après lui, réalisées sur des fondations mauvaises, non traitées contre le gel et volontairement sous-dimensionnées afin d'amplifier le phénomène de détérioration. Il cite des ingénieurs qui indiquent que « la question de la charge à l'essieu n'est plus pertinente avec les routes que l'on sait construire aujourd'hui ». Il se réfère également aux essais Lahr, réalisés en Allemagne, qui montrent que l'agressivité sur les routes résulte davantage de la fréquence de circulation des essieux que de leurs poids unitaires. La firme MAN est opposée pour les mêmes raisons à l'application des résultats des essais AASHO au contexte européen.

considèrent que leur interlocuteur de la Commission européenne, Mario de Agazio, responsable de la coordination des investissements et des études économiques à la direction générale des Transports, ne cherche pas à simplifier les normes, mais plutôt à résumer un certain nombre de règles admises en Allemagne, en Italie et au Benelux pour l'imposer à l'ensemble des pays de la Communauté. Ils trouvent également que leur interlocuteur est réellement en faveur du transport ferroviaire, qui présente à ses yeux un plus grand potentiel de développement et d'évolutions techniques que le transport routier. De plus, ils s'étonnent que la Commission tienne absolument à consulter le Royaume-Uni sur ce dossier. Enfin, ils regrettent que leur interlocuteur soit insensible aux arguments de prix de revient et d'augmentation des coûts des véhicules.

1. Un isolement croissant de la France

En juin 1971, la position française qui reste en faveur du 13 tonnes est isolée. De leur côté, l'Allemagne et les Pays-Bas maintiennent fermement l'option de la charge maximale de 10 tonnes par essieu, appuyées plus discrètement par la Belgique et l'Italie. Dans la coulisse, Georg Leber, le ministre allemand des Transports, laisserait cependant entendre qu'il pourrait « dans un esprit de grande compréhension » accepter le 11 tonnes. Il a déclaré que l'accord qui pourrait intervenir devrait également avoir l'agrément du Royaume-Uni, candidat à l'adhésion, mais également de la Suisse et de l'Autriche, bons clients et voisins de l'Allemagne.

Certains changements se font jour en 1972 (c'est-à-dire juste avant l'adhésion du Royaume-Uni, de l'Irlande et du Danemark à la Communauté) : la Belgique et l'Espagne[37] décident d'abandonner le 13 tonnes. En ce qui concerne l'Espagne, la volonté d'abandonner ce tonnage n'est pas partagée par les industriels de ce pays[38].

---

[37] Le gouvernement espagnol prit des mesures concernant le secteur des transports en 1971 : suppression de la délivrance de nouvelles licences de transport et instauration de taxes sur le transport routier, dont les fonds sont transférés aux chemins de fer espagnols pour éponger leur déficit. Les prélèvements sur le transport routier, par le jeu de taxes versées directement au chemin de fer, doivent passer de 800 millions à plus de un milliard et demi de Pesetas – certains parlent même de deux milliards et demi de Pesetas. En outre, la lutte de tarifs entre petits et gros transporteurs est intense, les premiers, se trouvant dans la nécessité de réaliser les recettes, n'hésitant pas à pratiquer une exploitation intensive de leurs véhicules, notamment par la surcharge. Cette pratique détermine la mauvaise humeur de l'administration, qui pense qu'elle a été mal inspirée en adoptant l'essieu de 13 tonnes qui, d'après elle, permet des surcharges supérieures à celles que permettrait l'essieu de 10 tonnes.

[38] Colloque sur les charges et surcharges, Madrid, 1-5 juin 1971, lettre de Henri Puaux à Roger Ricard, Fondation Marius Berliet (Lyon).

Jacques Dousset, le directeur général des Transports permanents à la Commission européenne, estime que l'attachement à tout prix au camion de 13 tonnes, une valeur qui ne pouvait pas représenter un compromis européen, a contribué à faire évoluer la base des discussions en direction d'un allègement de la charge à l'essieu (10 tonnes). Une position plus souple aurait pu permettre la recherche d'un compromis autour de 11,5 tonnes. Le lobbyiste français œuvrant pour Berliet, Henri Puaux[39], lui rétorque que si les industriels français n'avaient pas contribué à maintenir une position nationale ferme, l'accord d'orientation, qui est la base du compromis européen, pourrait d'ores et déjà se situer autour de 10 tonnes.

Il reste que le découragement domine, les constructeurs français étant désormais les seuls à réclamer le maintien du 13 tonnes.

> Les projets européens vont à contre-courant de nos possibilités et de l'évolution américaine comme des récentes constatations et tendances en matière de pneumatiques, de sécurité, de prix de revient, d'adhérence, d'encombrement, de productivité et ne s'appuient que sur des arguments ou transactions diplomatiques à l'exclusion de toutes études techniques valables. Ils bénéficient pourtant pleinement aux constructeurs étrangers, et notamment allemands, déjà maîtres d'une part importante de notre marché intérieur (33 % en juin 1971)[40].

La position industrielle française n'est plus unanime. Les transporteurs travaillant dans le transport international rencontrent fréquemment des difficultés aux frontières. Ils souhaitent donc voir s'accélérer le processus d'harmonisation, même si cela nécessite de légères concessions. Ils redoublent d'autant plus leurs efforts qu'ils considèrent que l'adhésion du Royaume-Uni complique la question et que la position française aura du mal à s'imposer au niveau européen.

Les fonctionnaires français se tournent vers les industriels afin de discuter de l'élaboration de la nouvelle stratégie qu'ils pourraient défendre à Bruxelles. Les deux parties se renvoient la responsabilité de l'échec de l'adoption du 13 tonnes[41]. Les négociateurs français doivent choisir entre l'isolement et un compromis aussi près que possible de 11,5 tonnes. Il semble que le gouvernement français, ou du moins certains cercles ministériels, recherche un compromis officieux avec Bonn

---

[39] Président de l'ADPVI (Association pour le développement de la productivité des véhicules industriels), association créée sous la houlette de Paul Berliet.

[40] 1er septembre 1971, Automobiles Berliet, Code de la route, conséquences d'une éventuelle réduction de la charge par essieu, Fondation Marius Berliet (Lyon).

[41] Lettre de Henri Puaux à Paul Berliet, 26 décembre 1972, Code de la route – réunion du Conseil des ministres, 18 et 19 décembre 1972 à Bruxelles, Fondation Marius Berliet (Lyon).

sur la base de 12 tonnes[42]. L'idée qui sous-tend la position des fonction-naires français est que « le temps ne joue pas en faveur [de la position française]» dans la mesure où l'entrée du Royaume-Uni dans le Marché commun, s'ajoutant à la position des Suisses et des Scandinaves, va entraîner un glissement de la base des négociations. L'hypothèse de travail la plus probable à ce moment paraît donc être la recherche d'un compromis difficile avec Bonn souhaité par la France assorti, sur le plan national, d'un plan professionnel poids lourds pouvant comporter une aide publique à titre de compensation et d'encouragement pour une reconversion difficile et dangereuse. Les représentants de la firme Berliet s'émeuvent de cet infléchissement de la position du gouverne-ment français qui considère désormais, comme la majorité des gros transporteurs internationaux, que l'harmonisation justifierait un com-promis franco-allemand sur la charge à l'essieu.

La position de la firme Berliet est la suivante : elle préférerait voir les négociations de Bruxelles se rompre, ce qui offrirait aux industriels – dans le pire des cas – un délai de quelques années, que déboucher sur un compromis dont les constructeurs des autres pays recueilleraient les premiers bénéfices. Comme son interlocuteur du ministère des Trans-ports ne comprenait pas pourquoi le responsable de la firme Berliet, Roger Ricard[43], cherchait à repousser la décision de quelques années, il lui expliqua que l'entreprise Berliet était la seule qui irriguait la région, grâce à d'importants investissements. C'était également la seule entre-prise, travaillant en France dans le secteur des poids lourds, qui était entièrement intégrée. Enfin, elle devait faire face, pour le moment, à des conflits sociaux. Il était raisonnable d'estimer que la firme allait se trouver dans quelques années dans une bien meilleure situation pour faire face à ces nouvelles mesures, qui risquaient, si elles étaient adop-tées de façon trop précipitée, de lui être fatales. En termes de com-promis, ils accepteraient la possibilité d'un accord sur la base de 12 tonnes… mais pas de 11 !

Si l'harmonisation des poids et dimensions est souhaitable au plan européen, il est regrettable qu'elle se fasse sur les normes allemandes ou anglaises

---

[42] Jacques Dousset, directeur général de Paolo Rho, commissaire aux Transports de la CEE, donna cette information à Henri Puaux, 12 octobre 1971, Lettre de Henri Puaux à Paul Berliet et Roger Ricard, Conseil des ministres, Fondation Marius Berliet (Lyon).

[43] Ancien préfet, Roger Ricard, dont l'intelligence semble tellement remarquable à Paul Berliet qu'il décida de lui offrir un poste dans sa firme, devint directeur de l'antenne parisienne des Automobiles Marius Berliet.

pour protéger le rail allemand ou tenir compte de l'infrastructure routière anglaise[44].

Certains industriels, tels que la firme Berliet, sont donc très critiques à l'égard de la stratégie élaborée, qu'ils jugent trop éloignée de leurs intérêts[45]. D'autres envisagent plus sereinement l'hypothèse d'un compromis.

2. Les « Accords d'orientation » du 18 mai 1972

Quand le Conseil des ministres des Transports de la CEE fut annoncé le 18 mai 1972, il était évident que les pays en faveur du 13 tonnes (France, Italie et Belgique) devraient amorcer un repli. Les délégués français promettent néanmoins aux industriels de maintenir aussi fermement que possible l'option de 12 tonnes.

Ce fut donc une réelle surprise pour les industriels du secteur d'apprendre qu'un compromis avait été atteint sur la base de 11 tonnes. Si un accord avait été réalisé sur la base de 11,5 tonnes, cela aurait montré la volonté des tenants du 13 tonnes, comme des partisans du 10 tonnes, de faire un effort comparable. Mais, dans le cas présent, les industriels du secteur considèrent que leurs intérêts n'ont pas été défendus avec l'énergie qui aurait été nécessaire. La raison en est probablement que le ministre allemand des Transports a réussi à maintenir sa position et également que la délégation britannique – qui n'était présente qu'à titre d'observatrice comme le Royaume-Uni n'est pas encore membre des Communautés à cette date – est intervenue avec vigueur pour annoncer qu'ils n'accepteraient en aucun cas une charge à l'essieu supérieure à 10 tonnes. Les industriels français indiquèrent à ce propos qu'ils trouvaient paradoxal qu'un pays qui n'était pas officiellement partie prenante des négociations puisse influencer les débats de telle façon (conduisant les Français à des concessions qu'ils n'étaient pas prêts de faire au début).

Ils savent que la décision n'est pas définitive et que les Britanniques sont prêts à poursuivre la lutte afin d'obtenir une charge à l'essieu de 10 tonnes. Dans ces circonstances, il leur paraît évident que le ministre français des Transports doit continuer à plaider en faveur du 13 tonnes. Ils se trouvent face à une alternative : les termes du compromis sont définitifs et seules les modalités d'application doivent faire l'objet de discussions, ou les discussions ne sont pas closes et il est alors nécessaire, comme vont le faire les autres délégations, de repartir des positions initiales. Face au 10 tonnes voulu par les Britanniques et les Alle-

---

[44]   A. de Polignac à R. Ricard, Poids et dimensions, Compromis du 18 mai 1972, Fondation Marius Berliet (Lyon).

[45]   « Revenons à la charge », *Routes et chantiers*, n° 30, novembre 1972.

mands, ce n'est pas alors 11 tonnes mais 13 tonnes que la délégation française doit défendre.

La Commission européenne, tout particulièrement Jacques Dousset, le directeur général des Transports permanents à la direction générale des Transports, considère cette réunion comme un demi-succès puisque les deux parties acceptent l'idée d'un compromis, même si elles sont encore loin de l'atteindre.

L'étude de la proposition du 21 juin 1971 a conduit le Conseil, dans sa composition à Six, à adopter lors de sa session des 17-18 mai 1972 puis à confirmer les 6-7 novembre une orientation générale portant sur les caractéristiques principales en matière de poids et dimensions des véhicules. Cette orientation générale représente une grande avancée dans les négociations car elle propose une valeur de compromis élaboré par les Six. Ce compromis prévoit les prescriptions suivantes : 11 tonnes par essieu et 40 tonnes de charge utile pour les poids lourds circulant dans la Communauté européenne. La France n'a accepté ce compromis que dans la mesure où les normes retenues n'entreront pas en vigueur immédiatement et que des conditions complémentaires, dont elle avait fait dépendre son accord, ont été retenues[46].

La firme Berliet, opposée à ce compromis, imagine un dispositif de retardement à la conclusion des accords définitifs : d'abord, le maintien du 13 tonnes en législation interne qu'elle souhaite amorcer par une bataille sur l'essieu de 13 tonnes pour les véhicules de chantiers et de travaux publics et pour les véhicules de l'armée. Comme les véhicules de cette catégorie sont de plus en plus nécessaires pour les marchés avec la Chine et Cuba, la firme Berliet pense que cela pourrait être un argument de poids sur le plan français. Et ensuite, la tentative de conclusion d'un accord bilatéral avec l'Espagne qui a l'essieu de 13 tonnes[47].

3. Le rejet britannique de ce compromis

Le Conseil devait se réunir à dix pays en novembre afin de mettre un point final au dossier très épineux des poids et dimensions des véhicules et d'essayer de convaincre le Royaume-Uni, le Danemark et l'Irlande d'adopter ce compromis, qui n'a aucune valeur légale tant que la directive communautaire n'a pas été publiée au *Journal Officiel des Communautés européennes.*

---

[46] L'application de ces mesures est repoussée au 1er janvier 1980. En outre, la circulation des véhicules à 13 tonnes par essieu pourra être autorisée jusqu'au 1er janvier 1985 en trafic national et entre les États qui admettent alors cette norme.

[47] 8 juin 1972, lettre de Henri Puaux à Paul Berliet, Code de la route, Accords de Bruxelles des 17-18 mai 1972, Fondation Marius Berliet (Lyon).

Avant la réunion, le ministre britannique aux Transports expose vigoureusement aux institutions communautaires et à son homologue français, Jean Chamant[48], le problème que constitue pour le Royaume-Uni le fait d'atteindre une solution définitive avant son adhésion au Marché commun (1er janvier 1973) et sa ratification par le Parlement britannique.

Deux scénarios sont possibles durant cette réunion : soit le Royaume-Uni accepte 11 tonnes par essieu et 40 tonnes de charge utile, le code européen entre alors en vigueur sans retard (en 1980 et 1985) ; soit il maintient son code national (10 tonnes par essieu et 32 tonnes de charge utile). Dans ce cas, les pays européens doivent choisir entre l'adoption du code britannique ou le maintien de leur propre code national pour une période indéterminée.

Du fait de la forte opposition des trois nouveaux pays membres, en particulier des Britanniques, le compromis est mis de côté. Ils estiment que le poids maximum par essieu ne devrait pas excéder 10 tonnes. Le Conseil ne se met même pas d'accord sur une date ultérieure pour discuter de cette question[49].

D'après certains journaux français[50], la véritable raison du rejet des normes communautaires par les Britanniques a un fondement industriel. Pour les constructeurs, la mise en œuvre de nouveaux standards implique des changements dans les modèles, par conséquent de nouveaux investissements. Une lutte entre les constructeurs se prépare donc afin de gagner les marchés qui vont s'ouvrir. Le Royaume-Uni n'est pas prêt à affronter la concurrence des autres grands constructeurs européens.

---

[48] Lettre de A. de Polignac à Roger Ricard, Poids et dimensions, Compromis du 18 mai 1972, Fondation Marius Berliet (Lyon).

[49] Par la suite, le sujet est régulièrement abordé par les présidents de la Commission des ministres des Transports de la CEE sans parvenir à un accord. Les négociateurs français à Bruxelles proposent d'accepter un compromis autour de 11 tonnes. Mais tandis qu'ils acceptent ce pas en faveur d'un compromis, certains pays membres, notamment les Allemands, demandent que l'accord se fasse autour de 10,5 tonnes, ou même de 10 tonnes. En novembre 1978, une nouvelle proposition est préparée par la présidence allemande de la Commission européenne des ministres des Transports. Elle prévoit une charge à l'essieu de 10 tonnes, mais accepte d'atteindre 11 tonnes s'il s'agit d'un essieu moteur, avec en plus une tolérance de 5 %. Dans le cadre du Comité économique et social des Communautés européennes, cette proposition est critiquée par les délégations françaises et italiennes, tandis qu'elle est soutenue par l'Allemagne, les Pays-Bas et la Belgique. Finalement, la directive du 24 juillet 1986 introduit à partir du 1er janvier 1992 la limite de 11,5 tonnes pour les essieux moteur, à l'exception du Royaume-Uni et de l'Irlande qui maintiennent temporairement 10,5 tonnes.

[50] « Poids lourds européens : la Grande-Bretagne devra choisir », *L'Aurore*, 26 décembre 1972.

En contre-partie du rejet par les Britanniques du compromis européen, les transporteurs de leur pays ne disposent l'année suivante que d'un nombre limité de licences communautaires[51]. Il ne s'agit pas d'une mesure sans conséquence. En effet, si une partie du transport routier est réalisée dans le Marché commun par des accords bilatéraux, les licences communautaires sont de plus en plus largement appliquées. Attribuées à tous les pays membres, leur nombre augmente de 15 % en 1973, et du même pourcentage en 1974. Leur objectif est de constituer un équilibre entre les échanges routiers dans la Communauté. Arrivé sur le tard dans la Communauté européenne, le Royaume-Uni ne se voit attribuer que 99 licences, tandis que la France et l'Allemagne en obtiennent 300. Le ministre britannique des Transports demande une réévaluation des quotas, à laquelle son homologue français s'oppose immédiatement.

Une reprise des négociations en 1973 s'appuie sur une séparation nette des problèmes pour lesquels des solutions doivent être recherchées sur un plan politique et ceux qui revêtent un caractère plus strictement technique[52].

En 1975, l'Allemagne abandonne le compromis de 1972. Les raisons de ce revirement sont multiples : l'Allemagne ne s'y était ralliée que du bout des lèvres. Ne croyant plus à une possibilité d'accord communautaire sur cette base, elle a préféré rejoindre le clan du 10 tonnes. Au sein de l'administration allemande, les arguments des partisans de charges à l'essieu faibles, afin de préserver l'état des chaussées, auraient, après une éclipse, repris de la vigueur. Enfin, le gouvernement allemand, inquiet de l'évolution de la situation de la *Deutsche Bundesbahn*, entend ne rien faire qui puisse améliorer la compétitivité du transport routier. Comme cela était attendu, le Royaume-Uni a confirmé qu'il ne pouvait dépasser la limite de 10 tonnes pour la charge par essieu simple.

En 1976, le problème des poids et dimensions a pris à la Communauté un véritable caractère mythique. Le problème est posé de savoir pourquoi on applique à l'adoption d'une telle directive la règle de l'unanimité et non celle de la majorité qualifiée qui est celle de la politique des transports. Dans ce cas, le code 10 tonnes sortirait immédiatement[53]. De plus, du fait des nombreuses attaques environnementalistes contre le poids lourd, participant activement à l'usure du réseau, Jacques Dousset écarte absolument la possibilité pour l'Europe à cette date d'adopter un code de 13 tonnes. Il estime qu'aucun ministre ne prendra une position

---

[51] Les licences qui autorisent les transporteurs d'un pays membre à franchir indifféremment les frontières de n'importe quel pays de la CEE.

[52] 8 octobre 1973, Note du groupe des questions de transport, ACOM, BDT 241/91.

[53] 29 mars 1976, Lettre de PA Thibaudon à L. Froissart, Harmonisation des poids et dimensions, ACOM.

en faveur d'une augmentation du tonnage, surtout en tenant compte du problème ferroviaire dont les déficits dans les différents pays sont tels qu'il
n'est pas possible de donner l'impression de renforcer la concurrence.

III. Conclusion

Cette question nous a donc semblé particulièrement intéressante car
elle présente une imbrication d'enjeux économiques, énergétiques, de
sécurité, de coordination des transports, etc.

Nous pouvons expliquer le transfert progressif des négociations (cen-
trées autour de 13 puis de 10 tonnes) par l'absence de volonté des
membres des gouvernements de donner au transport routier l'occasion
de devenir trop compétitif et d'accentuer encore le déséquilibre par
rapport au transport par chemin de fer. C'est du moins l'argument
souvent développé par les professionnels de l'automobile. Il s'agirait
donc d'un choix politique plutôt que technique ou économique.

Il est également particulièrement intéressant d'observer quels intérêts
sont particulièrement opérants à Bruxelles : tandis que l'on peut remarquer un échec de la prise en considération des intérêts français et italiens
sur ce dossier, les autres constructeurs voient leurs programmes de
production modifiés plus superficiellement par ces nouvelles règles
communautaires. L'échec des intérêts français est d'autant plus patent à
partir du début des années 1970 (soit même avant l'adhésion du
Royaume-Uni aux Communautés européennes) quand les perspectives
d'adhésion de ce pays, ainsi que celles de l'Irlande et du Danemark, qui
sont en faveur d'une charge à l'essieu plus légère, modifient la donne.

Deux conceptions s'opposent : Français et Italiens prêtent une attention particulière à la rentabilité du transport routier, tandis que les autres
pays membres refusent l'alourdissement des coûts d'infrastructures qui
pourrait s'ensuivre de l'adoption d'un essieu plus lourd et souhaitent
maintenir un réel équilibre entre le transport routier et le transport par
chemin de fer.

Il est intéressant d'observer la stratégie déployée par les industriels
français en ce qui concerne la question de la charge à l'essieu et la façon
dont ils agissent à Bruxelles quand il devient clair que leurs préférences
ne vont pas être retenues[54]. Ils trouvent des alliés au sein de l'administration française, qui n'apprécient pas la solution de 11,5 tonnes proposée
par la Commission européenne. Mais certains désaccords se font jour :
certains pensent qu'il faut atteindre un compromis avant que les Britanniques ne rejoignent la Communauté car leurs positions feront davan-

---

[54] Lettre de Henri Puaux à Paul Berliet, 30 juillet 1971, rapport de la réunion du
29 juillet 1971 avec Albert Costa de Beauregard, Fondation Marius Berliet (Lyon).

tage pencher la balance en faveur d'un tonnage plus léger. Dans cette optique, ils jouent la carte d'un compromis avec les professionnels allemands du secteur autour de 12 tonnes, espérant même – en cas de négociations habiles – atteindre un accord autour de 12,5 tonnes. D'autres pensent qu'il est préférable de provoquer une rupture des négociations, afin de gagner un peu de temps.

Enfin, il nous semble opportun d'insister sur les rapprochements transversaux qui s'opèrent entre industriels en Europe sur ces dossiers de poids et dimensions des véhicules. Des contacts sont pris entre firmes, notamment Renault et ses homologues Daimler-Benz et Volkswagen. L'idée d'adopter une charge à l'essieu la plus élevée possible qui rentabilise d'autant le transport routier fait son chemin au sein des firmes allemandes au fil des discussions. Mais cette position n'est pas entendue par les ministres allemands en charge de ces questions, qui sont des ministères à cette époque peu enclins à la concertation avec les industriels de leur pays.

Abstract

The stake of this chapter is to highlight the oppositions of various interests, which led to numerous dead-ends despite many compromises by the European Commission, on a very important Community issue: the adoption of a European standard for road transport. These oppositions crystallised in the European Council, in particular through the confrontation between France and Germany and the constant support of the German position during the 1970s due to the membership of the UK and Denmark in 1973. Meanwhile we can observe a failure to consider French and Italian interests on this issue, other car makers have their output programs affected less by these new Community rules. We can explain the final choice of a lighter axle road for lorries operating in the European Communities by the desire of national governments to impede road transport becoming too competitive and to accentuate a bit more the unbalance with railways. What emerges from this chapter is that the harmonisation process on this issue was marked by influential countries, like Germany, more than it was the product of the elaboration of proper Community standards. Nevertheless, it is interesting to discover that the German national position is not shared by German firms in road transport sector. They approached their French counterparts in order to try to be heard on this matter at an international level. This strategy was all the more logical as French industrialists' positions were closely followed by their national representatives with European Institutions.

La coopération européenne, la meilleure solution face au Marché commun ?

Les stratégies de la SAVIEM, constructeur français de poids lourds et filiale de Renault (1958-1973)

Jean-François GREVET

Professeur agrégé d'histoire en lycée et docteur – EHESS
et Université Lille III-IRHIS

Fabrication annexe de l'industrie automobile, l'industrie du poids lourd[1] a été, en partie à cause de cela, longtemps négligée par les historiens[2]. Elle se caractérise pourtant par trois éléments majeurs qui justifient l'intérêt d'une analyse de ce secteur. Tout d'abord, son rythme de croissance, celui d'une industrie de construction de biens d'équipements, épouse en général le rythme de l'économie en raison de la diversité des marchés et des usages du véhicule industriel ; cela constitue un bon indicateur du développement et de la structure des économies concernées. Ensuite, la faiblesse des séries produites comparativement à la production de véhicules de tourisme entraîne une difficulté croissante d'amortissement des investissements nécessaires au développement d'une gamme de plus en plus étendue de produits. Ceci explique les

---

[1] Les poids lourds correspondent aux camions au-dessus de 6 tonnes de Poids total en charge (PTC) et aux autocars et autobus.

[2] Ce papier donne quelques-uns des résultats des recherches effectuées dans le cadre d'une thèse de doctorat à l'Université de Lille III et l'EHESS qui a été soutenue en décembre 2005. Elle s'intitule « L'industrie française du poids lourd au cœur de la révolution automobile : entreprises, marchés et État, du plan Pons (1944) au regroupement Berliet-SAVIEM (1974) ». L'ensemble s'appuie sur l'examen des archives publiques (notamment ministère de l'Industrie), des archives privées des entreprises industrielles (les différents constructeurs Berliet, Renault-SAVIEM...), bancaires (Crédit Lyonnais) et d'entretiens avec différents acteurs tels Paul Berliet, Bernard Vernier-Palliez (†), respectivement anciens PDG de Berliet et de SAVIEM. Pour des raisons de place, les références bibliographiques et archivistiques sont ici limitées à l'essentiel et nous nous permettons de renvoyer le lecteur à la thèse.

projets récurrents d'ententes ou d'accords de gammes entre les industriels, en discussion depuis les années 1930 à l'échelle nationale ou
européenne. Enfin le développement des marchés et de l'industrie du
poids lourd au XXe siècle porte particulièrement en Europe la marque de
cultures techniques nationales forgées autour de compromis entre les
entreprises, les ingénieurs, les usagers au premier rang desquels figurent
les administrations publiques. Les commandes militaires en temps de
guerre comme en temps de paix et le rôle des États – ancien mais accru
depuis le XIXe siècle – en matière de régulations des transports en
raison du développement des réseaux ferroviaires et/ou postaux expliquent l'importance des relations incontournables des entreprises avec les
États[3].

Dans le cas français, en dehors de la crise d'adaptation de l'après-
guerre de 1920-1921, l'industrie du poids lourd connut avec l'appui de
l'État un essor brillant jusqu'aux années 1920. À la veille de la crise de
1929, l'industrie française du poids lourd s'enorgueillissait d'être la
seconde au monde derrière les USA. Mais le cumul de la crise économique, d'une politique de coordination du rail et de la route malthusienne,
et les conséquences d'une activité maintenue mais ralentie sous
l'Occupation entraînèrent une stagnation de cette industrie à partir de
1934 face à ses concurrentes anglaises et allemandes. Ce déclin suscita
des débats sur les meilleures voies pour sortir de cette situation qui
mettaient aux prises industriels, hauts fonctionnaires, militaires, organisations professionnelles dans différentes instances entre le début des
années 1930 et 1948. Citons les travaux du Conseil national économique
en 1935-1936 ou ceux du conseil consultatif du Comité d'organisation
de l'automobile sous l'Occupation. La DIME[4] – une des grandes directions du ministère de la Production industrielle, créée en août 1940 et
chargée de la tutelle de l'industrie automobile – prépara sous la houlette
de son directeur-adjoint Paul-Marie Pons un plan quinquennal. Baptisé
du nom de son concepteur, le plan « Pons », rendu public en décembre
1944, entendait concentrer la petite vingtaine de constructeurs de poids

---

[3]   Cf. Grevet, J.-F., « Le rôle de l'armée dans le développement de l'industrie du poids
lourd en France avant 1914 », *Cahiers du CEHD*, n° 14, 2000, p. 85-126 ;
Merki, C.-M., *Der holprige Siegeszug des Automobils, 1895-1930. Zur
Motorisierung des Strassenverkehrs in Frankreich, Deutschland und der Schweiz*,
Vienne, Böhlau, 2002 ; Hard, M. et Knie, A., « Style ou langue technique ? Construction orthodoxe et pragmatique de moteurs Diesel en Allemagne et en France dans les
années 1920 et 1930 », in B. Zimmermann, C. Didry et P. Wagner (dir.), *Le travail et
la nation. Histoire croisée de la France et de l'Allemagne*, Paris, Éd. de la Maison
des Sciences de l'Homme, 1999, 402 p., p. 311-334 ; San Roman, E., *Exerjito e
industria : el nacimiento del INI*, Barcelone, Ed. Critica, 1999.

[4]   La Direction des industries mécaniques et électriques.

lourds existants en 1939[5]. La nationalisation en janvier 1945 de Renault, principal constructeur de véhicules industriels de l'entre-deux-guerres, modifia la structure de l'industrie française. Au-delà de l'objectif mis en avant d'une sanction pour faits de collaboration et de la nécessité d'offrir une satisfaction à la pression d'« en bas » des comités patriotiques revendiquant le contrôle des outils de production, apparaissait la volonté de l'État, notamment du ministère de l'Industrie, de disposer des moyens d'imposer ses vues modernisatrices à l'ensemble de l'industrie automobile. Dans ces conditions, des débats passionnés entre partisans du libéralisme et partisans d'une planification sous impulsion étatique se prolongèrent au sein de la Commission de modernisation de l'automobile (entre 1946 et 1948) dans le cadre du Plan de Jean Monnet. Lors de la Reconstruction, la France privilégia le rail et pour cela reconduisit les principes de la coordination du rail et de la route en 1949[6]. Dans ces conditions, les constructeurs généralistes présents dans la voiture et le poids lourd privilégièrent les investissements dans la voiture. Pour le poids lourd, les investissements limités et ciblés, financés en partie dans le cadre du plan Marshall, portèrent généralement sur quelques machines destinées à l'amélioration de la qualité. C'est pourquoi les industriels accueillirent avec hostilité les différents projets de libération des échanges développés à partir de 1950 notamment dans le cadre du comité de l'Équipement de l'Organisation européenne de coopération économique (OECE). Les Français défendirent un protectionnisme à la fois douanier contingentaire et technique que symbolisait la norme pondérale de 13 tonnes par essieu préconisée lors de la Conférence de Genève de 1949 face au projet américain de 8 tonnes par essieu. Les constructeurs français furent appuyés par le ministère de l'Industrie, et surtout leur direction de tutelle, la DIME soucieuse de défendre les industriels de son ressort et par là même ses prérogatives face à d'autres administrations, comme le ministère de l'Économie et des Finances. Lorsque la France décida d'honorer sa signature du traité de Rome et en conséquence d'entrer dans la première phase d'abaissement des droits de douanes au 1er janvier 1959, la perspective d'une libéralisation des échanges était donc déjà depuis les années 1950 une réalité présente dans les esprits des industriels français de l'automobile et plus particulièrement du poids lourd.

---

[5] Cf. Grevet, J.-F., « Des turbines au Plan : la Marine au service de l'économie dirigée ou les ambitions des ingénieurs du Génie Maritime à la direction des industries mécaniques et électriques (1940-1944) », in J.-P. Barrière et M. de Ferrière (dir.), *Aéronautique, Marchés, Entreprises : Mélanges en mémoire d'Emmanuel Chadeau*, Douai, Pagine, 2004, p. 473-513.

[6] Cf. Neiertz, N., *La coordination des transports en France de 1918 à nos jours*, Paris, CHEFF, 1999, p. 284 et sq.

Dans ce contexte, l'instauration du Marché commun apparut comme un défi majeur pour les entreprises françaises : la promesse d'un accès à un marché plus large était aussi synonyme d'une dangereuse confrontation directe avec les autres entreprises européennes ou extra-communautaires soucieuses de s'implanter sur un marché jugé prometteur en raison précisément de sa taille accrue. La disparition à terme des protections contingentaires, tarifaires et techniques (à l'instar de la norme pondérale de 13 tonnes par essieu) et l'absence à court terme d'harmonisation fiscale, sociale et technique entre pays européens constituaient autant de remises en cause des règles du jeu en place depuis les années 1930. Il ne s'agit pas de simples éléments anecdotiques mais au contraire d'éléments qui déterminent profondément l'orientation des stratégies des entreprises, les choix organisationnels et conditionnent ainsi largement leur survie. D'où l'intérêt pour l'historien d'analyser à l'aune de la construction du Marché commun les stratégies des entreprises et de tenter de restituer un horizon très mouvant en raison de l'incertitude sur les limites et le contenu de ce Marché commun entre 1958 et 1973.

Nous nous interrogerons ici sur la stratégie de la SAVIEM, entreprise qui présente la double particularité d'appartenir à la Régie nationale des usines Renault (RNUR), et d'être connue pour avoir développé une coopération dans les années 1960 avec le constructeur MAN[7], élargie ensuite à un Club regroupant des constructeurs suédois (Volvo), néerlandais (DAF), et allemand (Magirus-Deutz). L'autre élément connu était l'existence de projets récurrents et infructueux de regroupement avec Berliet, l'autre constructeur national. L'idée qui a prévalu jusqu'à présent est que le groupe Renault-SAVIEM aurait manifesté une volonté continue de rechercher un accord avec Berliet mais qu'en dépit d'efforts acharnés et d'une volonté étatique continue dans ce sens, les dirigeants de la firme nationalisée se seraient heurtés à l'intransigeance de la famille Berliet notamment au début des années 1960, cette dernière préférant intégrer en 1967 le groupe familial Michelin-Citroën[8].

---

[7] Cf. Fridenson, P., « Les relations entre les industries automobiles française et allemande des années 1880 aux années 1960 », in Y. Cohen et K. Manfrass (dir.), *Frankreich und Deuschland. Forschung, Technologie und industrielle Entwicklung im 19. und 20. Jahrhundert*, actes du colloque tenu à Paris et Munich (12-15 octobre 1987), München, Beck, 1990, p. 334-342 ; Picard, F., *L'épopée de Renault*, Paris, A. Michel, 1976, p. 342-343 ; Eck, J.-F., « Les entreprises françaises face à l'Allemagne de 1945 à la fin des années 1960 », Mémoire d'habilitation, Université Paris X-Nanterre, 2000, 2 vol., 635 p., p. 117, publié par le CHEFF en 2003.

[8] Cf. par exemple Loubet, J.-L., *Soixante ans de stratégies. Citroën, Peugeot, Renault et les autres*, Paris, Le Monde Éditions, 1995, p. 180-189 et *Histoire de l'automobile française*, Paris, Seuil, 2001, p. 391.

L'examen des archives des entreprises concernées et de la DIME, l'autorité de tutelle de cette industrie, permet en effet d'exhumer une réalité plus complexe, déterminée tout à la fois par l'impact de la libéralisation des échanges et de la construction du Marché commun et par la multiplication des négociations interentreprises et entre les entreprises et les pouvoirs publics nationaux et communautaires. Comme on va le voir, face à l'émergence du Marché commun, le groupe Renault-SAVIEM tenta de développer d'ambitieuses coopérations européennes et la recherche d'un accord avec Berliet ne fut qu'une option parmi d'autres.

I. Une phase d'interrogation et de doute (1958-1962)

Au moment de la signature du traité de Rome, la Régie Renault n'était plus présente qu'indirectement dans l'industrie du poids lourd. C'était le résultat des vicissitudes rencontrées dans ce secteur par la firme nationalisée depuis 1945. Marqué par le plan Pons dont il avait été un partisan, Pierre Lefaucheux, le premier PDG de la Régie, avait renoncé à la stratégie de gamme complète et étendue développée par Louis Renault dans l'entre-deux-guerres pour, au contraire, réduire le nombre de modèles. La Régie Renault abandonnait ainsi en 1946 la fabrication rentable du 3,5 tonnes de charge utile (C.U.). Hésitant à investir dans le poids lourd en raison de ses difficultés de financement[9], Renault ne put cependant parvenir à un accord ni avec Berliet, le spécialiste lyonnais du camion lourd alors en « gestion ouvrière », ni avec Chausson, important fabricant de radiateurs devenu avec succès constructeur d'un autocar innovant. Suivant le programme défini par le puissant service des Méthodes et le directeur des Études et Recherches Fernand Picard, Pierre Lefaucheux avait donc accepté de lancer des investissements pour produire en grande quantité une gamme réduite de véhicules industriels construite autour d'un seul moteur afin de bénéficier de l'avantage des économies d'échelle. Le car, le bus et le camion de 5 et 7 tonnes sortis en 1950 partageaient un nouveau moteur à plat de 105 CV. Cette stratégie pouvait se justifier, sous certaines conditions, dans le cas de la voiture de tourisme en raison des conséquences du plan Pons qui aboutissait à un partage de fait d'un marché protégé entre Citroën, Peugeot et Renault. Elle s'avérait en revanche mal adaptée aux marchés du poids lourd caractérisés en France et sur les marchés coloniaux par une forte segmentation correspondant à une diversité de besoins. De surcroît, Renault n'avait pas investi pour développer un réseau commercial spécialisé, capable de vendre le matériel et de fournir

---

[9] Cf. Fridenson, P., « Le prix de l'expansion : le financement de Renault en 1948 », *Études et documents* X, CHEFF, 1998, p. 461-482.

le service après-vente indispensable à une clientèle exigeante et à un matériel à caractère utilitaire souffrant en outre de défauts de conception. Toutes ces raisons avaient expliqué l'échec. En mars 1953, le concepteur de la gamme, Fernand Picard, le reconnaissait : « en jouant le 5 tonnes lourd et le 7 tonnes léger, nous nous sommes mis à côté du marché »[10]. Alors qu'à la veille de la Seconde Guerre mondiale, Renault était le premier constructeur de véhicules industriels avec 40 % du marché, la firme ne pesait plus que 29 % du marché des véhicules industriels de plus de 2,5 tonnes et à peine 11,2 % des véhicules industriels de plus de 3,5 tonnes de C.U. derrière Citroën, Berliet et Unic[11].

Handicapés par le manque de ressources financières, humaines et matérielles et voulant développer la production de voitures, notamment la future Dauphine, les dirigeants avaient cherché, dès la fin 1953, les moyens de se désengager au mieux de ce secteur. Alors que se précisaient les projets de libéralisation des échanges, l'annonce en juin 1954 de la fusion de Simca et de Ford SAF, la filiale française de la firme de Detroit, avait précipité la décision. Au cours de l'été 1954, les conversations engagées avec Latil, petit constructeur en perte de vitesse, furent étendues à la Société d'outillage mécanique et d'usinage d'artillerie (SOMUA). Constituée en 1914, cette filiale de l'empire Schneider avait vivoté dans l'entre-deux-guerres. De taille très médiocre au regard de l'industrie française du poids lourd et *a fortiori* à l'échelle européenne, présente également dans le secteur de la machine-outil, du matériel d'imprimerie et de l'hydraulique et de la construction ferroviaire, SOMUA cherchait depuis 1941 à constituer un groupe poids lourd capable de sauver son existence de constructeur de véhicules lourds. La disparition accidentelle de Pierre Lefaucheux en 1955 et son remplacement par Pierre Dreyfus, inspecteur général du ministère de l'Industrie, ne ralentirent pas les pourparlers qui aboutirent en mai 1955. Il s'agissait officiellement d'accélérer la concentration de ce secteur et de répondre ainsi aux vœux exprimés par les pouvoirs publics depuis les années 1940. En octobre 1955, la Société anonyme de véhicules industriels et d'éléments mécaniques (SAVIEM) fut constituée à partir de la SOMUA, pivot de cette concentration. La Régie Renault apportait ses machines, sa marque était minoritaire dans le capital (avec 29 % du capital) mais elle pouvait, si elle le souhaitait, devenir majoritaire par le rachat des actions du groupe Latil. Les circonstances mêmes de la création expliquèrent largement les difficultés originelles de cet ensemble,

---

[10] Société d'Histoire du Groupe Renault (SHGR), RNUR, Réunion du Courrier du 4 mars 1953.

[11] Calculés d'après les chiffres d'immatriculations établis par les services commerciaux de Renault, SHGR, Papiers Lefaucheux.

conglomérat de fabrications hétérogènes ne disposant ni d'usines, ni de réseau commercial, ni de technique compétitive aux échelles nationale et *a fortiori* internationale. À l'aube du Marché commun, la SAVIEM apparaissait comme une

> entreprise assez informe dont l'activité débordait d'ailleurs largement du domaine du camion et s'exerçait dans ceux de la machine-outil, de l'hydraulique, des machines d'imprimerie et qui, même dans le domaine du camion, donnait plus l'impression d'une juxtaposition de techniques et d'équipes que d'une entreprise cohérente[12].

La SAVIEM n'avait pas encore digéré la concentration de 1955 et réussi à bâtir une gamme de véhicules compétitive à partir d'éléments de valeur très inégale. Le seul secteur valable était les autocars, où la Régie avait continué de bénéficier du soutien critique mais fidèle de la Société générale des transports départementaux, premier opérateur de transport, dont le PDG Jean Richard-Deshayes figurait depuis 1945 au conseil d'administration de la Régie Renault. Alors que Berliet et Unic réalisaient depuis 1954-1955 un important effort d'investissements et de modernisation pour conforter leurs positions, la SAVIEM était marquée par des dissensions entre les équipes dirigeantes de Latil et de SOMUA aux cultures entrepreneuriales différentes ; la première incarnait l'entreprise de mécanique parisienne capable de faire du sur-mesure, la seconde était la filiale d'un grand groupe de mécanique lourde. SAVIEM avait bien entamé une opération de décentralisation de ses fabrications pour installer à Blainville (Calvados) le montage des poids lourds issus de Renault. Mais le site avait été essentiellement choisi en raison d'un montant d'aides publiques plus important et de l'entregent de J.-M. Louvel, ancien ministre de l'Industrie et homme politique influent du Calvados[13]. La rationalisation des fabrications était encore compliquée par le rachat en 1956 des marques d'autocars Floirat et Isobloc-Besset et d'une usine à Annonay (Ardèche) à Sylvain Floirat, qui entamait une reconversion réussie dans les médias et l'armement et jetait les bases du groupe Matra. Très lourdement endettée et présente quasi-exclusivement sur le marché français, la SAVIEM était en mauvaise posture pour absorber les effets du ralentissement du marché français en 1958-1959. Dans ces conditions, l'avènement du Marché commun et son éventuelle

---

[12] Archives contemporaines de Fontainebleau (AC), 900592/22, note pour le directeur de l'expansion industrielle de F.Bazin, directeur adjoint de la DIME, du 22 décembre 1960 et appréciation reprise par R. Lescop, le directeur, dans sa note au directeur de cabinet du ministre de l'Industrie le 31 janvier 1961.

[13] Au détriment de Valenciennes que sa situation géographique plaçait pourtant au cœur du futur marché européen et où le coût de transport et d'énergie était meilleur marché.

extension à une zone de libre-échange incorporant la Grande-Bretagne posaient crûment la question de l'avenir de cette entreprise.

Trois types d'actions furent donc tentés au cours de la période 1958-1962 : d'abord essayer de retarder au maximum les échéances du Marché commun et surtout éviter ou retarder le plus possible son élargissement à une zone de libre-échange intégrant la Grande-Bretagne, ce que nous ne développerons pas ici[14] ; dans le même temps, réorganiser la structure de l'entreprise et entamer un effort de modernisation ; enfin, parallèlement à une réflexion sur les choix des produits à développer, étudier des accords de spécialisation avec d'autres constructeurs. PDG en train de s'affirmer au sein de la Régie, Pierre Dreyfus choisit de reprendre le contrôle de la SAVIEM par le rachat en 1959 des actions de la famille Blum, actionnaire de Latil. Pour entreprendre la réorganisation, il fit nommer un nouveau PDG, Noël Pouderoux[15]. Administrateur général de la CEGOS, l'un des cabinets de conseil[16] français les plus importants, spécialisé dans le conseil aux grandes entreprises managériales et les grandes administrations d'État, Noël Pouderoux venait de publier *Techniques et hommes de direction*. Cet ouvrage typique de la littérature de management qui s'épanouit en France à partir des années 1950 venait après la parution du livre de Peter Drucker, *Practice of Management*, traduit en français l'année précédente[17]. L'ouvrage présentait la particularité de développer, entre autres, les bases d'un plan d'expansion pour la France visant à accélérer la reconversion des entreprises « marginales », c'est-à-dire en difficulté et condamnées par l'évolution technique, ce qui correspondait de fait au cas de la SAVIEM en 1959. Noël Pouderoux put s'appuyer sur Alfred Bardin que Pierre Dreyfus avait fait recruter en 1956 pour aider la SAVIEM. Au parcours atypique, cet ancien instituteur avait ensuite bifurqué comme dessinateur dans l'aéronautique. Il avait surtout appartenu au courant trotskiste fran-

---

[14] Cf. Ramirez Perez, S.-M., « The Role of Multinational Corporation in the Foreign Trade Policy of the European Economic Community: the Automobile Sector between 1959 and 1967 », communication à la 12e rencontre internationale du GERPISA, 9-11 juin 2004.

[15] Archives de la Fondation Berliet (AFB), SAVIEM, PVCA du 19 mai 1959.

[16] Sur les origines de la CEGOS et le parcours de N. Pouderoux dans cet organisme, cf. Weexsteen, A., « Le conseil aux entreprises et à l'État en France. Le rôle de Jean Milhaud (1898-1991) dans la CEGOS et l'ITAP », thèse de doctorat d'histoire, Paris, EHESS, 1999. Voir aussi l'entretien au titre de « pionnier du management » de N. Pouderoux recueilli par Roger Priouret, *La France et le management*, Paris, Denoël, coll. Hommes et Techniques, 1968, 411 p., p. 394-411.

[17] Pouderoux, N., *Techniques et hommes de direction*, Paris, Éd. Hommes et Techniques, 1958, 317 p. ; Drucker, P. F., *La pratique de la direction des entreprises*, traduit de l'américain par le Bureau des temps élémentaires (titre original : *The Practice of Management*), Paris, Éditions d'Organisation, 1957.

çais et milité dans la région parisienne à la tête de la Fédération des techniciens dans les années 1930. Il avait été nommé à la tête de la direction technique de Berliet sous « l'Expérience ouvrière » entre 1944 et 1949. Doté d'un sens mécanique aigu, il avait conçu la gamme de produits qui avait contribué au succès de la firme lyonnaise dans les années 1950. Fait remarquable, A. Bardin avait participé à la mission de l'OECE partie étudier en mai-juin 1952 l'industrie automobile américaine[18]. La progressive reprise du pouvoir par Paul Berliet avait entraîné son départ en 1956. Ces deux personnalités se réclamant du socialisme élaborèrent un plan qui fut présenté en septembre 1959 à l'état-major de la Régie.

Ce plan visait à rejoindre les meilleurs constructeurs européens Mercedes, Fiat et Berliet par la constitution d'une gamme autour d'un nouveau camion de 7,5 tonnes de C.U., futur cheval de bataille d'une SAVIEM restructurée. Élargie vers le bas, cette gamme devait faire le raccord avec la gamme légère dérivée à partir des véhicules particuliers Renault et constituée des Goélette (1400 kg de C.U.) et Galion (2,5 tonnes) abondamment utilisés en France dans les livraisons urbaines[19]. Grâce à l'accord signé en 1958 par Renault avec Alfa-Roméo, SAVIEM entendait produire des moteurs Diesel nécessaires au bas et milieu de gamme en série comparables à Mercedes[20]. Davantage que sur la différenciation du produit, la SAVIEM privilégiait une stratégie fondée sur le volume pour pouvoir rivaliser avec les constructeurs anglo-saxons. La conclusion d'un accord en 1959 avec Chausson, devenu le premier constructeur français d'autocars et autobus mais aussi sous-traitant de Renault, permit de prendre la première place dans ce secteur[21]. Se spécialisant dans le véhicule industriel, la SAVIEM rétrocéda au groupe Schneider les fabrications mécaniques issues de la SOMUA tout en conservant la SNAV, filiale de construction ferroviaire. Mais le plan élaboré en 1959 supposait des investissements considérables. Il ne résolvait pas l'impasse technologique dans les moteurs de forte puissance destinés au haut de gamme et l'absence de produits adaptés dans le segment des véhicules de chantiers ; ce qui était crucial dans une France en pleine expansion, engagée avec retard dans la construction de logements et la modernisation de ses infrastructures routières. Il fallait trouver une coopération avec un tiers.

---

[18] APB, papiers A. Bardin.

[19] AGR, « Rapport sur les perspectives à long terme de la SAVIEM (sept. 1959) », Note confidentielle attribuée à N. Pouderoux et A. Bardin.

[20] *Op. cit.*

[21] AFB, SAVIEM, PVCA du 19 mai 1959.

Trois options existaient : soit se concentrer au plan national, soit rechercher des accords à l'intérieur du Marché commun, soit s'associer dans le cadre de *joint-ventures* avec un constructeur américain ou anglais qui ne soit pas lié à General Motors, Ford ou Chrysler. Elles furent toutes essayées alternativement. Différentes négociations furent ainsi menées par Renault-SAVIEM avec des constructeurs français notamment entre 1957 et 1960, avec Berliet, le premier constructeur français, en vue d'aboutir à des accords de gammes ou d'échanges d'organes. Mais les discussions échouèrent sur la répartition du capital comme sur la répartition du tonnage : chacun voulait conserver le *leadership* du futur ensemble. Dans le contexte politique mouvant de la future construction européenne – Marché commun ou zone de libre-échange étendue à la Grande-Bretagne –, le choix des partenaires possibles pour les deux constructeurs était encore important et débordait largement du cadre français et même du seul Marché commun. Ainsi, le passage de l'Allemagne à la norme américaine de 8 tonnes par essieu et le projet d'un code européen aligné sur cette norme suscitaient l'opposition des constructeurs français et expliquaient les discussions en avril 1958 entre Mercedes-Benz et Renault pour établir un code transitoire à 10 tonnes par essieu, valeur en usage précédemment en Allemagne. C'était une des manières de protéger le marché européen de l'invasion anglo-saxonne redoutée[22]. Mais les constructeurs français étaient divisés et Berliet souhaitait le maintien du code à 13 tonnes par essieu. S'ajoutait, dans un contexte de développement de coopération franco-allemande dans le domaine militaire, l'étude par Renault d'une francisation du Mercedes Unimog dont l'armée française souhaitait se doter. Finalement l'accord ne put se faire. En revanche, l'accord signé à la fin de 1958 avec Alfa-Roméo laissait espérer une implantation sur le marché italien et la production à moindre coût de moteurs Diesel destinés aux petits camions. La vision française élargissait à l'échelle européenne la spécialisation des investissements et des entreprises afin d'allonger les séries[23]. Entre 1959 et 1962, la RNUR, comme d'ailleurs Berliet, sonda le monde anglo-saxon dans le but de conclure des accords de gammes ou d'échanges d'organes. L'un des projets les plus sérieux et les plus étonnants fut discuté avec le motoriste américain Cummins, pionnier aux États-Unis du moteur Diesel. Prospectant le marché européen pour y commercialiser une gamme nouvelle de moteurs en V en cours de déve-

---

[22] Au-delà de tous les arguments avancés par les différents protagonistes et détaillés ici même dans la communication de M. Moguen-Toursel.

[23] Ce qui avait été discuté sous l'Occupation dans le cadre du Comité européen de l'automobile, sur le plan français dans le cadre du Comité d'organisation automobile et du plan Pons et dans le cadre de l'OECE au début des années 1950. Cf. n° 7 et 14.

loppement[24], l'américain proposa de façon séparée à différents constructeurs européens, dont Berliet et SAVIEM en France, un projet de constitution d'une société européenne de moteurs. Renault préféra se tourner vers le britannique Perkins dont le moteur déjà en production allait fournir le moteur de milieu de gamme. Des conversations eurent lieu aussi avec l'américain Mack pour éventuellement importer ses camions de chantier. Finalement la quête d'un associé déboucha sur un accord avec l'allemand Henschel en avril 1961 qui permit à SAVIEM d'envisager l'avenir avec plus de sérénité. Négocié par N. Pouderoux, l'accord prévoyait d'acheter des moteurs dans le haut de gamme et de diffuser sur le marché français la gamme de camions de chantiers Henschel.

Lancée en 1960, la nouvelle gamme haute de SAVIEM connut un certain succès mais la volonté d'aller rapidement, l'organisation du travail éclatée entre les différentes usines, une main-d'œuvre récemment embauchée – et donc pour une part inexpérimentée – à Blainville entraînèrent, au printemps 1962, de graves problèmes de qualité notamment sur les nouveaux moteurs extrapolés de l'ancien moteur à plat Renault. La Régie Renault, elle-même quelque peu confrontée à des difficultés de trésorerie[25], hésitait encore à franchir le pas pour lancer la nouvelle gamme basse et moyenne. Alors qu'avaient échoué les tentatives pour retarder la libéralisation des échanges et que la suppression des contingents entrait en application le 1er janvier 1962[26], il s'ensuivait une augmentation des importations notamment britanniques qui étaient déjà suffisamment compétitives pour franchir l'obstacle tarifaire. C'est dans ce contexte qu'à l'automne 1961 SAVIEM rejoignit Berliet dans sa défense du « code à 13 tonnes par essieu » et surtout que se produisit l'offre de rachat pur et simple de la SAVIEM faite secrètement en janvier 1962 par Pierre Dreyfus à Paul Berliet. Mais les conditions de la négociation entraînèrent l'échec : le dossier de négociations truffé

---

[24]   AGR, dossier de la négociation Renault-Cummins effectuée par F. Rochette entre juin 1960 et l'automne 1961.

[25]   L'exercice 1961 se solde par des pertes, liées à un effort d'investissements important (lancement de la Renault 4L) mais aussi aux conséquences d'une stratégie mal maîtrisée d'implantation sur le marché américain. Centre des archives du monde du travail (CAMT) 65AQ N77-1, Rapport annuel de la RNUR de 1961.

[26]   Cf. les démarches auprès des pouvoirs publics de Pierre Lemaigre, ex-PDG de Latil, devenu directeur-adjoint de la SAVIEM puis vice-président de la CSCA en 1958, auprès du ministère des Affaires étrangères en 1960, citées par Moguen-Toursel, M., *L'ouverture des frontières européennes dans les années 50, fruit d'une concertation avec les industriels ?*, Bruxelles, PIE-Peter Lang, 2002, 313 p., p. 274 et de la DIME. Cf. AC 900592/22, « Problèmes de l'industrie française des véhicules utilitaires moyens et lourds et des cars face à la libération des échanges », 20 p., note envoyée à la DIME le 30 mai 1960 par D. Moreau-Neret, Directeur général adjoint de la SAVIEM.

d'erreurs et la volonté d'aboutir rapidement à un accord rendirent la démarche suspecte aux yeux d'un Paul Berliet effrayé par l'ampleur de l'endettement de la SAVIEM, la qualité médiocre des produits et la tâche ingrate de réorganisation à effectuer à partir de dix usines héritées des débuts de l'industrie automobile[27]. Confrontée elle-même à un manque de capitaux frais, de cadres et en pleine réforme organisationnelle, la firme lyonnaise devait digérer le développement de ses usines africaines, notamment l'usine algérienne de Rouïba. À l'incertitude liée à l'issue de la guerre d'Algérie s'ajoutaient les menaces toujours présentes d'entrée de la Grande-Bretagne dans le Marché commun et d'alignement du code européen sur le « 10 tonnes à l'essieu ». Enfin, en situation de pointe dans la région lyonnaise sur le plan social depuis la Libération, Berliet devait compter à Vénissieux avec une CGT communiste puissante. Il se voyait mal en liquidateur d'usines au cœur de ce qui constituait la « banlieue rouge » de Paris, en raison de la forte implantation du Parti Communiste Français. L'offre du groupe Renault était donc peu attrayante, alors que Berliet était sollicité par Citroën et l'américain Cummins. Dans ces conditions, regrettant le temps perdu depuis les premiers contacts établis dès 1957, Berliet proposait simplement à la Régie Renault une reprise de certaines fabrications de la SAVIEM comme les autobus, les tracteurs forestiers et une aide pour la reconversion des ateliers et des usines excédentaires. Cette proposition signifiait l'aveu d'un échec pour Renault qui se voulait une entreprise-pilote face à un capitalisme familial jugé dépassé en 1945[28]. Les choses en restèrent là. Renault n'avait pas encore trouvé de solution dans le domaine du poids lourd à l'équation posée par un Marché commun en train de devenir réalité : « Se mettre à l'échelle des nouveaux marchés ou disparaître »[29].

---

[27] En 1962, SAVIEM possède des usines à Saint-Ouen (ex-SOMUA), Vénissieux (SNAV/SOMUA), Saint-Denis (ex-Floirat-Isobloc), Argenteuil (Chausson), Suresnes et Saint-Cloud (ex-Latil), Annonay (ex-Besset Isobloc) et Blainville (ex-Chantiers Navals de Caen). Ces deux dernières avaient été choisies en 1956 pour réaliser la décentralisation à partir des usines parisiennes. APB, dossier de la négociation entre janvier et mars 1962.

[28] Lefaucheux, P., « Passage au socialisme », *Les cahiers politiques*, n° 8 et 9, mars-avril 1945.

[29] Slogan d'un encart publicitaire de l'organisation Paul Planus inséré dans l'édition de 1962 de l'*Annuaire des anciens élèves de l'Ecole Polytechnique*, p. 155.

II. Le réengagement massif dans le poids lourd et le développement de coopérations européennes (1963-1967)

La fin de l'année 1962 sonna la fin des tergiversations et vit l'horizon stratégique de la SAVIEM s'éclaircir progressivement. Après avoir réuni les avis des différents cadres chargés du dossier SAVIEM, Pierre Dreyfus choisit le maintien de la SAVIEM dans le groupe Renault et une stratégie d'investissements importants associée à des alliances européennes, *one best way* pour atteindre une dimension critique capable de résister aux anglo-saxons. L'influence de Maurice Bosquet fut ici décisive. Ce diplômé d'études supérieures de droit et d'économie politique et de l'École des sciences politiques avait commencé sa carrière comme Inspecteur à la Chambre syndicale des Banques populaires (1936-1938) puis à la Société des Coopératives de coopération (1938-1943). Il avait été ensuite chef de service au Comité d'organisation de la mécanique et à la DIME de 1943 à 1948. De 1948 à 1954, il avait été le collaborateur de Robert Marjolin[30] en tant que secrétaire du comité de l'Équipement au sein de l'OECE chargé d'étudier, entre 1950 et 1953, les moyens de libérer les échanges dans le secteur automobile. Il était entré à la Régie Renault en 1954 où il dirigea les relations extérieures de 1954 à 1959 et suivit les négociations sur la construction européenne. Il présida ensuite Renault Incorporated, la filiale américaine de la Régie en 1960 et joua un rôle important dans la gestion de l'« aventure américaine ». Devenu directeur adjoint à la direction générale en 1961, il fut chargé par P. Dreyfus de définir une politique de fusions et d'associations avec d'autres constructeurs[31]. M. Bosquet défendit le maintien de la SAVIEM car il y voyait la base d'une diversification de la Régie Renault sur le modèle de General Motors ou de l'IRI. Il espérait toujours arriver à négocier une spécialisation entre constructeurs européens et à mettre sur pied une organisation européenne permettant de résister aux filiales des *Big Three* américaines[32]. Les rumeurs de pourparlers d'Henschel avec Ford suscitaient la recherche de solutions alternatives au contrat signé par SAVIEM en 1961. La volonté de Renault de trouver un partenaire qui ne fût pas un concurrent direct dans le domaine du véhicule de tourisme empêcha la conclusion d'un accord avec Leyland discuté entre avril et août 1962. Les négociations commencées à l'au-

---

[30]   Signalons l'amitié qui liait R. Marjolin à P. Dreyfus depuis les années 1930 et leur appartenance commune aux Jeunesses Socialistes. Cf. Marjolin, R., *Le travail d'une vie. Mémoires 1911-1986*, Paris, R. Laffont, 1986, p. 33.

[31]   Notice du *Who's who*, édition de 1988-1989.

[32]   AGR, différentes notes de M. Bosquet pour P. Dreyfus entre 1962 et 1966, notamment celle du 26 avril 1962.

tomne 1962, au moment où l'option d'une entrée imminente de la Grande-Bretagne dans le Marché commun devint caduque[33], débouchèrent sur la signature d'un accord avec le constructeur allemand MAN le 15 février 1963. En décidant l'étude d'une gamme commune avec un constructeur allemand, le groupe Renault-SAVIEM s'inscrivait dans une phase où les échanges économiques franco-allemands se développaient fortement[34]. En réalité, la signature du contrat MAN levait l'hypothèque d'une impasse technique à court et moyen terme en permettant de doter rapidement la SAVIEM d'une technologie reconnue. Aucune entreprise en bonne santé financière ou disposant d'un savoir-faire n'était prête à renoncer à cette époque à ce domaine de compétence. La Maschinenfabrik Augsburg-Nürnberg, en tant qu'entreprise pionnière du Diesel, bénéficiait en effet en France d'une aura technologique auprès des ingénieurs du poids lourd. Le système d'injection M de MAN équipait surtout les moteurs Diesel de Berliet et Citroën. Il était devenu, à partir du salon 1958, un élément du succès de la firme lyonnaise qui avait délaissé le système anglais Ricardo utilisé depuis 1937. Si Renault avait choisi Ricardo pour son moteur destiné au « camion léger » de 2,5 tonnes, il avait déjà adopté le système M pour sa division de matériel agricole. En ce sens, Renault imitait les voies suivies par ses concurrents. Du côté allemand, l'accord avec le groupe Renault correspondait à la crainte de MAN devant la pression des investissements américains en Allemagne et l'évolution de Berliet, son principal licencié en France. L'inauguration par Berliet d'un département d'Études et de Recherches en 1962, en vue de développer sa propre technologie de moteurs, ses ambitions exportatrices en Afrique comme en Europe balkanique et la crainte d'un accord avec Cummins faisaient craindre la perte à moyen terme de l'influence de MAN sur le marché français[35]. L'alliance avec Renault-SAVIEM apparut alors comme une solution alternative.

Deux autres éléments liés à l'intervention directe de l'État rendirent possible la stratégie de retour dans le poids lourd. La Régie Renault était désormais assurée à partir de novembre 1962 par Valéry Giscard d'Estaing, alors ministre des Finances, d'obtenir de l'argent frais d'ori-

---

[33] Vaïsse, M., *La grandeur. Politique étrangère du général de Gaulle 1958-1969*, Paris, Fayard, 1998, 726 p.

[34] Eck, J.-F., « Les entreprises françaises face à l'Allemagne de 1945 à la fin des années 1960 », Mémoire d'habilitation, Université Paris-X Nanterre, 2000, 2 vol., 635 p.

[35] AFB, CR du 14 mars 1963 des entretiens « Berliet-MAN » du 13 mars 1963. Cet entretien décidé à la demande de MAN après la signature de l'accord avec Renault visait à éclaircir la situation entre Berliet et MAN. MAN ne dévoile pas le contenu de l'accord avec Renault, réduit à une simple cession de licence complémentaire de l'accord existant sur les petits moteurs.

gine étatique par une recapitalisation[36]. Une large partie allait être utilisée, avec la bénédiction du ministère de l'Industrie, à moderniser la SAVIEM. Le contrat avec MAN, signé le 15 février 1963, précéda le réengagement financier de la Régie Renault dans la SAVIEM. Échaudée par les difficultés rencontrées par la SAVIEM depuis 1955[37] et long-temps perplexe sur les chances de l'entreprise, la DIME privilégiait désormais le maintien de deux constructeurs français associés à des constructeurs européens pour maintenir une situation de concurrence notamment sur les marchés publics et para-publics (RATP...). L'accord de SAVIEM avec l'industrie allemande apparaissait inévitable mais, en attendant et en raison de son programme de décentralisation, l'État entendait aider la SAVIEM à atteindre une taille critique permettant sa survie. Les capitaux nécessaires au financement de la croissance de la SAVIEM provenaient d'une aide massive de l'État, directement par la dotation en capital de la Régie Renault à partir de 1963, indirectement dans le cadre de la décentralisation[38]. Celle-ci avait un double but : d'une part bénéficier d'une main-d'œuvre moins chère, d'autre part trouver un financement auprès des pouvoirs publics, sous forme de prêts du Fonds de développement économique et social, dans un contexte où les crédits étaient chers. Cette politique n'était pas propre à la France. En effet la reconversion des bassins industriels de la première industria-lisation, notamment les « pays noirs », légitimait en Europe les subven-tions aux entreprises publiques et privées pour leur permettre de faire face à la concurrence européenne : ainsi contre une participation de l'État à hauteur de 25 % de son capital, DAF investissait dans le Lim-bourg. En Allemagne, le *Land* de Bavière incitait MAN à participer à la reconversion de mineurs de lignite en développant l'usine de Penzberg.

Plus original, le groupe Renault s'assura également de l'appui du ministère des Armées dirigé par Pierre Messmer et de la nouvelle délé-gation ministérielle pour l'Armement. Déjà en septembre 1962, sollici-tés par le groupe Renault-SAVIEM, ces derniers n'avaient pas hésité à retarder l'étude du futur camion tactique de 3 tonnes pour permettre au groupe Renault-SAVIEM de repartir à égalité avec Berliet et Unic dans un secteur qui représentait environ 10 % de leurs chiffres d'affaires[39]. Au courant de la volonté du ministère des Armées d'accélérer la réforme

---

[36]   Dreyfus, P., *Une nationalisation réussie : Renault*, Paris, Fayard, 1981, p. 30.

[37]   Note du 31 janvier 1961 déjà citée.

[38]   Caro, P., Dard, O. et Daumas, J.-C. (dir.), *La politique d'aménagement du territoire. Racines, logiques et résultats*, Rennes, Presses Universitaires de Rennes, 2002.

[39]   AFB/SAVIEM, CR du 11 septembre 1962 destiné à N. Pouderoux de l'entretien du 10 septembre 1962 de J. Tortat (direction des ventes directes) avec le Général Lavaud, délégué ministériel pour l'Armement.

des arsenaux français en raison de la fin de la guerre d'Algérie et du choix gaullien de la stratégie de dissuasion nucléaire, le groupe Renault-SAVIEM sut faire valoir que le transfert de l'atelier de construction de Limoges à la Régie pouvait régler à moindre coût les problèmes liés à l'extinction du statut des ouvriers d'État. En 1964, l'État transféra à Renault pour un franc symbolique l'usine de Limoges d'une valeur de près de 40 millions de francs. La Régie l'apporta immédiatement à SAVIEM, ce qui lui permit d'asseoir définitivement sa majorité au sein du capital de sa filiale au détriment de Schneider et de Chausson. Dotée de moyens importants d'usinages pour moteurs de chars et d'une chaîne de réparation des moteurs des camions GMC de l'armée française, l'usine de Limoges devait produire à partir de 1967 les moteurs destinés à la gamme moyenne commune SAVIEM-MAN en remplacement de la motorisation Perkins[40]. La SAVIEM devenait ainsi – redevenait si l'on considère l'entreprise Renault sur la longue période – une composante d'un complexe militaro-industriel français remodelé et développé à l'ère gaullienne. En témoignait l'entrée, à son conseil d'administration, de généraux représentants de l'Armée et d'Albert Buchalet, qui avait pantouflé dans le groupe Schneider mais qui avait été, sous l'impulsion de Pierre Guillaumat, à la tête du programme nucléaire militaire français et à ce titre l'un des pères de la bombe atomique française[41].

La Régie Renault put appliquer enfin le plan élaboré en 1959 : transférer la fabrication de la gamme basse à la SAVIEM et lancer à partir de 1964 la nouvelle gamme basse et moyenne partageant des éléments communs comme la cabine. Entre 1963 et 1966, l'ensemble des moyens de production de la SAVIEM fut transféré des usines parisiennes vers celles de Blainville (Normandie) et Annonay (Ardèche), considérablement agrandies. Parallèlement, le groupe investit dans le développement d'un réseau commercial autour d'un réseau de succursales spécialisées « poids lourds ». La SAVIEM avait désormais le statut de filiale ; son encadrement fut étoffé par des ingénieurs et cadres commerciaux venus de la Régie. Sa direction fut confiée en mars 1963 à Paul Durlach, un ingénieur centralien qui venait de s'illustrer en tant que directeur de la qualité chez Renault. Ces différents éléments expliquèrent une remontée sur le plan commercial et l'attitude de refus très net par le nouveau PDG de la SAVIEM des offres de Paul Berliet d'explorer à nouveau les voies

---

[40] AFB/ SAVIEM, dossier ALS Limoges. Et AC 900592/22, correspondance entre le ministère des Armées et le ministère de l'Industrie (1963-1964).

[41] Daviet, J.-P., « Pierre Guillaumat et l'enrichissement de l'uranium 1952-1962 », et Duval, M., « Pierre Guillaumat et l'arme atomique », in H.-G. Soutou et A. Beltran (dir.), *P. Guillaumat, la passion des grands projets industriels*, Paris, Éd. Rive Droite, 1995, p. 131-146 et 41-50.

d'un rapprochement sur certains marchés. Au contraire, SAVIEM s'attacha à élargir les bases de la coopération avec MAN. L'objectif, la mise au point d'une gamme commune destinée à l'ensemble du marché européen, s'opposait aux tentatives d'accords esquissées jusque-là en Europe dans le domaine du poids lourd, essentiellement tournées vers des accords partiels de gamme. Les deux premières années furent occupées à la définition d'un cahier des charges de la gamme commune (moyenne et lourde). Il fallut aussi régler le problème de la commercialisation de la future gamme commune et la politique d'exportation des produits existants. D'après le contrat, MAN devenait le concepteur et le vendeur à l'exportation de la gamme haute (plus de 12 tonnes de PTC) tandis que SAVIEM l'était dans la gamme moyenne (moins de 12 tonnes). Fin 1963, Paul Durlach insista pour mettre au point rapidement une représentation commune en Afrique Noire, en faisant valoir « l'effort important fait par Berliet [...] et [...] l'attitude de la SAVIEM qui a joué intégralement la carte MAN en refusant l'accord proposé par Berliet : gros véhicules par Berliet, petits pour RNUR-SAVIEM en exclusivité »[42]. Le groupe souhaitait appliquer dans le domaine du poids lourd la même stratégie que dans le domaine de la voiture. Convaincu que le Marché commun serait bientôt une réalité, il souhaitait être présent sur l'ensemble des marchés des six pays qui dans le futur (en 1964 on pensait que ce serait en 1967) ne feraient plus qu'un. C'est pourquoi, en Allemagne, Renault-SAVIEM souhaitait pouvoir s'appuyer sur le réseau commercial de MAN pour diffuser sa gamme basse (3,5-6 tonnes). En Italie, Renault-SAVIEM souhaitait s'appuyer sur Alfa-Roméo, propriété de l'IRI, considérée comme la « seule puissance capable de se mesurer avec Fiat »[43]. MAN pouvait avancer comme arguments que le choix d'Alfa-Roméo était peu judicieux en raison de sa place marginale sur le marché italien et d'un médiocre réseau commercial. Pour développer un fourgon à traction avant et concurrencer le type H de Citroën, SAVIEM signa un accord avec Alfa-Roméo en 1964 tandis qu'il était prévu d'établir quelques centres pour assurer le service après vente « poids lourds ». Paul Durlach dut mettre en avant l'exemple de la fusion en 1964 entre Henschel (concurrent allemand présent dans le haut de gamme) et Hanomag (producteur de camions de petits et moyens tonnages) pour convaincre l'état-major de la MAN extrêmement réticent à s'aventurer dans la commercialisation en Allemagne de la gamme basse Renault-SAVIEM. MAN obtint de faire d'abord des essais

---

[42]   AFB/SAVIEM, CR des conférences de la Commission plénière RNUR-MAN-SAVIEM des 9 et 10 décembre 1963.

[43]   AFB/SAVIEM, CR de la réunion plénière MAN-RNUR-SAVIEM des 25 et 26 juin 1964.

techniques de la gamme basse pour la comparer avec les produits des autres concurrents allemands afin de pouvoir juger de la possibilité de commercialisation d'un produit que MAN n'avait pas conçu. Les techniciens allemands ne souhaitaient pas engager la réputation de leur firme inutilement, face aux produits de Mercedes-Benz. Dans ces conditions, les résultats d'homologation furent assez longs alors que Mercedes-Benz présentait le LP 608 à Bruxelles de 1965. Parfaitement adapté à la règle allemande interdisant les camions de plus de 6 tonnes de rouler le dimanche, ce dernier allait devenir la référence du marché allemand et européen[44].

L'un des points cruciaux de la coopération concerna les moteurs. MAN devenait le fournisseur non seulement des moteurs de la gamme haute mais aussi des licences des systèmes d'injection des moteurs de gammes moyenne et basse. Or le changement de système, par rapport au système Ricardo antérieurement utilisé par Renault-SAVIEM, entraîna inévitablement des problèmes de mise au point que le circuit d'informations et de décision pouvait rendre long d'autant que le moteur n'était fabriqué ni chez SAVIEM ni chez MAN mais chez Alfa-Roméo à Pomigliano d'Arco près de Naples. Ceci posait des problèmes nouveaux qu'il fallait solutionner rapidement. Des divergences se firent jour aussi concernant les choix de puissance des futurs modèles de la gamme de cars et d'autobus. Confrontés aux exigences du code allemand comme à la concurrence de Mercedes-Benz, certains techniciens de MAN étaient favorables aux puissances élevées. MAN était d'abord un motoriste qui possédait une expérience de recherche-développement, de mise au point et d'industrialisation en moyenne série. MAN, comme une grande partie de l'industrie européenne des gros poids lourds, privilégiait l'innovation technologique, notamment dans le moteur Diesel, et la vente à prix élevé d'un matériel à fort contenu technologique, soit directement, soit sous formes de licences et de brevets[45]. Présent dans le véhicule de tourisme et les véhicules utilitaires de faible tonnage dérivés des véhicules de tourisme, le groupe Renault-SAVIEM entendait au contraire, par le lancement de grandes séries, se battre sur le terrain des prix dans la compétition avec les constructeurs britanniques tel Bedford (groupe GMC). Les Français insistaient sur le prix des puissances de moteur élevées et préféraient s'attacher aux prix de revient, exigence mise en avant par les exploitants de lignes françaises d'autocars confrontées à une érosion de leur trafic. Par ailleurs, à MAN qui souhaitait arriver à un

---

[44] Plessis, P., « Le Salon de Bruxelles, synthèse des tendances de la construction utilitaire. Les nouveautés du salon », *Bulletin des transports*, mars 1965.

[45] Nous nous plaçons bien sûr du point de vue de l'industrie du poids lourd et non de celui de la production de véhicule de tourisme.

moteur plus puissant par le recours à la suralimentation, Bardin opposait « les expériences malheureuses en France » et la méfiance de la clientèle pour ce type de solution[46]. Deux visions du poids lourd, fruits de deux cultures techniques nationales forgées dans des cadres socio-économiques et réglementaires différents, s'affrontaient. Il fallut faire des compromis sous peine d'échec.

Parce qu'ils y virent la seule alternative possible à un accord avec Berliet, les Français s'attachèrent à rendre cette coopération irréversible. Depuis 1963, des rencontres au sommet, dites « réunions plénières », d'une durée de deux jours avaient lieu à Genève, ou dans les usines de SAVIEM (Suresnes) et de MAN (Munich) tous les trois-quatre mois. Les dirigeants des trois firmes Renault, SAVIEM, et MAN étaient censés y mettre à plat les différents problèmes pour leur trouver une solution, à charge ensuite aux différents ingénieurs, commerçants ou juristes de mettre en application ce qui avait été décidé. Mais les organisations respectives des différentes entreprises compliquaient et ralentissaient les procédures de solution des différents problèmes. À partir du printemps 1965, le développement de la coopération entraîna une réforme de l'organisation du système des commissions, afin de permettre un respect des délais fixés. En louant « le resserrement des liens entre les deux partenaires et l'excellente atmosphère qui règne au cours des entretiens », Paul Durlach proposa de remettre à plat l'organisation de la coopération[47]. Utilisant son expérience des négociations multilatérales acquises au sein de l'OECE, Maurice Bosquet mit au point un système de commissions spécialisées, chapeautées par une commission plénière[48] chargée du planning lointain, de la fixation des directives, de l'étude des problèmes posés à elle et de la supervision. À l'échelon inférieur, fonctionnèrent une commission « Recherches et programmes lointains » et une commission « Coordination, organisation et planning » complétées de quatre commissions spécialisées : une commission technique, une commission production, une commission économique et une commission « Vente et après-vente ». L'organisation même de la coopération montrait la volonté de construire quelque chose d'ambitieux et d'irréversible, permettant de définir une stratégie commune centrée sur la conception, la fabrication et la vente d'une gamme européenne commune. Paul Durlach tenta même d'intégrer la MAN dans les projets de

---

[46] AFB/SAVIEM, CR des réunions plénières Renault-MAN-SAVIEM les 23 et 24 juin 1965 et MAN/SAVIEM des 16 et 17 décembre 1965.

[47] AFB/SAVIEM, CR de la réunion plénière Renault-MAN-SAVIEM les 23 et 24 juin 1965.

[48] AFB/SAVIEM, Schéma de l'organisation de la coopération SAVIEM/MAN selon le contrat du 15 février 1963, adopté par SAVIEM et MAN le 16 décembre 1965.

diversification et d'établissement d'une gamme continue de matériels de travaux public développés par A. Bardin et M. Bosquet devenu directeur-adjoint de la SAVIEM en 1966. En décembre 1965, SAVIEM proposa la formation d'un groupe franco-allemand dans ce domaine. Mais la firme allemande refusa de s'engager devant les faibles perspectives du marché allemand, occupé solidement par les filiales des grandes firmes américaines comme Caterpillar et les constructeurs allemands Hanomag et Deutz.

Il apparut évident aux états-majors des deux entreprises que la réussite du contrat dépendait aussi d'un grand nombre d'éléments extérieurs dont les principaux étaient la réalisation du Marché commun, l'aboutissement des négociations sur le code européen, mais aussi l'exclusion des poids lourds du « Kennedy Round ». Sur ce point, il y avait unanimité des constructeurs français qui firent des démarches pour convaincre leurs homologues européens qu'ils évitaient ainsi la concurrence de la Grande-Bretagne. Pour faire admettre ce point de vue, les constructeurs français firent pression sur les pouvoirs publics français, sur les fonctionnaires européens et sur les constructeurs européens regroupés depuis 1958 au sein du Comité de liaison de la construction automobile. SAVIEM eut cependant du mal à convaincre MAN que cela était nécessaire pour éviter une concurrence frontale avec la Grande-Bretagne pendant la période d'organisation et de développement de la coopération commune. Aux yeux des pouvoirs publics, le groupe Renault-SAVIEM fit valoir son effort de modernisation et de décentralisation et la création des emplois en découlant pour obtenir, en échange, cette protection. Cela porta ses fruits. À l'automne 1964, la CEE, négociatrice pour les Six, défendit l'exclusion des véhicules industriels de plus de 4 tonnes. La CSCA et les constructeurs de poids lourds français maintenaient la pression et réussissaient à obtenir gain de cause à l'achèvement du Kennedy Round[49]. Le veto gaullien à l'entrée de la Grande-Bretagne dans le Marché commun, renouvelé en 1967, satisfaisait les industriels français.

Déjà sensibilisé par ses contacts avec Berliet et très présent dans le secteur des travaux publics, MAN partageait en revanche sans réserve la

---

[49] AGR, dossier « Kennedy Round », notamment note sur les points de vue du Comité de liaison de la construction automobile à propos de la VIᵉ Session tarifaire du GATT remise à M. Millet le 17 et 18 mars 1964 ; lettre du 15 juillet 1964 de M. Levery (relations extérieures de la RNUR) à M. Vavasseur (DIME) ; copie de la lettre du 6 juillet 1964 d'E. D'Ornhjelm, président de la CSCA, adressée au Premier Ministre, au ministre des Finances, des Affaires économiques, des Affaires étrangères et de l'Industrie, ainsi qu'à R. Marjolin ; copie de la lettre du 7 avril 1967 envoyée par E. D'Ornhjelm à M. Couve de Murville, ministre des Affaires étrangères, 3 p. Cf. aussi S. M. Ramirez Perez, communication citée.

position française en faveur du « 13 tonnes ». À la fin de 1963, il se retrouvait seul en Allemagne à plaider pour cette solution face à l'opposition du ministre des Transports et des autres constructeurs, notamment Daimler-Benz et Magirus-Deutz. Le couple franco-allemand se préoccupa de faciliter l'aboutissement du code européen. F. Picard se chargea d'intervenir auprès de Bruxelles notamment dans le cadre de réflexions de la Commission sur les autoroutes et les caractéristiques du véhicule utilitaire européen. MAN lui demanda simplement d'intégrer les *desiderata* des transporteurs allemands qui se déclaraient en décembre 1964 favorables à une longueur de 18 mètres pour un train routier et un PTR de 38 tonnes, ce qui constituait une sérieuse augmentation par rapport au code allemand limité à 32 tonnes. L'aboutissement des règles techniques communes supposait aussi l'unification des fiscalités : le « 13 tonnes » ne pouvait s'imposer sur le marché allemand avant une unification fiscale européenne, alors que les ministères des Transports entendaient jouer sur la fiscalité pour préserver les sociétés de transports ferroviaires. MAN et SAVIEM étaient pourtant convaincues que le 13 tonnes finirait par s'imposer en Europe. En attendant, la gamme commune fut prévue pour les deux codes[50]. Les deux entreprises SAVIEM et MAN espéraient qu'un changement du système de vote – projet de passage à la majorité qualifiée – permettrait de résoudre ce problème. L'année 1965 fut cruciale à ce titre : sur la proposition de MAN – M. Carstanjen – le début de chaque réunion plénière fut désormais consacré à un exposé, fait séparément par les Français et les Allemands, sur les progrès effectués dans la réalisation de la CEE et sur la situation politique. En juin 1965, au moment de la crise de la « chaise vide », les Allemands se déclaraient sceptiques sur la conclusion des délibérations du Conseil des ministres de la CEE relatives aux questions agricoles, à la différence de P. Durlach, plus optimiste. Les Allemands craignaient même un ajournement des clauses du traité de Rome relatives aux produits industriels. Cela avait des répercussions directes sur la coopération MAN/SAVIEM puisque cela supposait un maintien de droits de douanes sur les livraisons mutuelles prévues à partir de 1967. Quant à l'harmonisation des systèmes d'imposition, et notamment l'introduction de la TVA en Allemagne, le délai minimum semblait être 1969. Il fut donc décidé d'effectuer chacun de son côté des démarches auprès des gouvernements français et allemands afin d'écarter au niveau européen les obstacles s'opposant à la coopération. L'amélioration des relations entre les deux partenaires contrastait avec la crise politique que subissait la CEE au même moment.

---

[50] AFB/SAVIEM, CR de la conférence de la réunion plénière des 10 et 11 février 1965. Texte définitif du 15 avril 1965 de L. Joly, 30 p.

L'un des points les plus méconnus de la coopération fut celui des recherches lointaines. SAVIEM et MAN s'étaient initialement mis d'accord pour ne pas étudier de turbine à gaz. Différentes informations rapportées de voyages séparés aux USA des ingénieurs français et allemand – Fernand Picard pour Renault et le docteur Moll pour MAN – incitèrent les deux firmes à revoir en urgence la question en 1966. Ford et General Motors Corporation s'apprêtaient à fabriquer en série des turbines à gaz à partir de 200 CV. Dans cette gamme de puissance, la turbine à gaz concurrencerait de plus en plus le moteur Diesel, en raison de contraintes environnementales. Elle semblait répondre aux besoins de motorisation plus puissante exigée par le développement du transport routier à longue distance entraîné en partie par le Marché commun. L'attitude restrictive des entreprises américaines de pointe dans ce domaine laissait supposer qu'elles entendaient profiter d'une situation monopolistique pour ne pas accorder de licences aux entreprises européennes. Les Anglais possédaient également une certaine avance. Les continentaux devaient impérativement réagir et se décider rien moins qu'à mettre au point une turbine à gaz adaptée aux camions pour 1972, c'est-à-dire dans un délai d'à peine cinq ans. Disposant d'ingénieurs aguerris à la recherche appliquée, MAN disposait de solides atouts pour relever ce défi et revendiquait le fait de détenir 80 % de la capacité allemande d'étude et de fabrication de tels engins. En finançant un programme de turbines destiné aux hélicoptères, le rôle du gouvernement fédéral avait ici été décisif. MAN espérait pouvoir dériver une version routière de la turbine pour hélicoptère. Pourtant de nombreux obstacles existaient dont le principal était le prix : le programme d'étude prévoyait une dépense de 23 millions de Deutsche Mark jusque 1974, les dépenses restant relativement peu importantes pendant les premières années. Toujours soucieux de créer des liens de plus en plus étroits, Paul Durlach proposa de mettre en place une coopération européenne permettant de prendre en charge et de financer les dépenses importantes pour faire face à l'avance américaine. Au lieu du seul financement par MAN et de l'achat de l'organe élaboré par la SAVIEM, Durlach préconisa la création d'une société commune de recherches, supportée financièrement par les deux sociétés et exécutant leurs programmes de recherches communs. La jouissance de la fabrication serait répartie proportionnellement aux frais engagés dans les recherches. Grâce aux financements en commun, la SAVIEM espérait bénéficier à moindre coût d'une avance technologique face à Berliet qui disposait d'une image forte en matière de recherches en raison de ses investissements dans son département d'Études et de Recherches. Il fut finalement décidé de poursuivre dans un premier temps les recherches, une convention devant régler ensuite la répartition des frais de recherches et la mise en valeur des brevets et des résultats de recherches par les deux partenaires. L'on s'arrêta sur le niveau de puissance jugé nécessaire pour la circulation sur le futur réseau autoroutier européen : 350-400 CV[51]. Paul Durlach prit soin d'informer les militaires français de cette orientation, lesquels n'y firent aucune objection de principe[52]. Chargée de la conception de l'échangeur de chaleur, la SAVIEM fit appel au motoriste aéronautique Hispano-Suiza. Ce dernier avait déjà songé à l'application de la turbine aux camions[53] et avait une certaine expérience dans le domaine de la résistance des matériaux, que ne possédaient pas les firmes automobiles. Le fait que cette coopération associait des sociétés et des ingénieurs ayant des attaches communes avec l'industrie aéronautique n'était pas fortuit. L'âge supersonique et la croissance des besoins de transports voyaient se développer les tentatives de greffe de techniques aéronautiques sur des moyens transports terrestres et maritimes, à l'instar de l'aérotrain Bertin ou de l'aéroglisseur en service entre Calais et Douvres à partir de 1969. Par ailleurs, le projet franco-allemand de turbine routière s'effectuait d'une certaine façon dans le sillage des coopérations transnationales européennes développées dans l'aéronautique à l'instar du projet Concorde ou du projet Airbus. MAN et la SNECMA (avec laquelle Hispano-Suiza allait fusionner en 1968) se partageaient en effet une partie du marché de l'étude du groupe motopropulseur de l'Airbus[54]. Le lancement du projet s'expliqua sans conteste par le fonctionnement désormais correct du système de coordination entre les partenaires mais aussi par l'enthousiasme qui existait chez les ingénieurs des différentes firmes à l'idée de mettre enfin au point un système de turbine à gaz applicable à la traction routière. La coopération franco-allemande permettait au nom de la compétition Europe-USA d'assouvir un vrai rêve d'ingénieur en rendant possible son financement.

Dans l'esprit des Français, cette coopération européenne visait donc à constituer progressivement un ensemble transnational. Cependant à

---

[51]   AFB/SAVIEM, CR du 2 août 1965 de la réunion plénière Renault-MAN-SAVIEM des 23 et 24 juin 1965.

[52]   AFB/SAVIEM, lettre du 27 juillet 1967 de R. Ravaud, directeur des Programmes et des affaires industrielles de l'Armement, à P. Durlach suite à sa visite à la DPAI du 18 novembre 1966.

[53]   AFB, SAVIEM, CR du 7 avril 1967 d'Y. Baguelin de la conférence SAVIEM, MAN, Hispano-Suiza et MAN-Turbo du 30 mars 1967 à Munich.

[54]   L'accord intergouvernemental du 29 mai 1969 qui lançait officiellement le programme Airbus avait été précédé de négociations et de travaux entre les instances gouvernementales et les industriels. Dès mai 1967, Rolls Royce, MAN et SNECMA se partageaient l'étude du futur groupe propulseur de l'avion européen à hauteur respectivement de 70 %, 12,5 % et 12,5 %. Cf. Chadeau, E., *Airbus, un succès industriel européen : industrie française et coopération européenne, 1965-1972*, colloque de l'Institut d'histoire de l'industrie, Paris, Éditions Rive Droite, 1994, p. 160 et suiv.

partir de 1966, apparurent des problèmes de diverses natures qui constituaient autant d'hypothèques sur l'avenir de la coopération franco-allemande. En matière d'autobus, SAVIEM constatait avec dépit que MAN acquérait progressivement des capacités industrielles avec le développement de l'usine de Penzberg et surtout le rachat de Büssing en 1968. Sur la gamme basse et moyenne, SAVIEM avait maintenu sa cabine pour amortir les frais d'outillage d'un composant qui venait d'entrer en production en 1963. Malheureusement, en dépit de quelques modifications de style, cette cabine ne correspondait pas au goût allemand orienté désormais vers les formes cubiques en raison de l'offre de Mercedes. Le réseau MAN n'en voulait pas, malgré une vente à perte. Enfin et surtout, à mesure que se rapprochait la date de lancement de la gamme commune, les commissions des prix s'apercevaient avec inquiétude que les prix étaient en dehors du marché. Étaient en cause les compromis réalisés pour satisfaire les besoins des deux constructeurs positionnés sur des marchés différents : MAN disposait d'une forte clientèle en matière de travaux publics tandis que SAVIEM était plutôt positionnée dans la clientèle des transporteurs routiers publics. La différence de code expliquait que les transporteurs français privilégiaient le véhicule porteur long tandis que les Allemands associaient un porteur court à une remorque. SAVIEM et MAN avaient choisi une voie moyenne en créant un châssis mixte qui se traduisait par un poids mort plus important. Il se révélait, dans le cadre d'un code inchangé, moins avantageux en matière de charge utile et plus cher à fabriquer que les camions de l'ancienne gamme. À cela, s'ajoutaient les conséquences de l'accord de 1963 qui avait voulu tendre vers l'équilibre strict des fabrications. Chacun avait voulu préserver sa capacité de montage dans toutes les différentes gammes et monter, à partir des éléments communs, les véhicules destinés à son marché national : les véhicules de la gamme moyenne vendue en Allemagne devaient être montés chez MAN à partir des éléments fournis par SAVIEM tandis que cette dernière montait les mêmes véhicules à Blainville. L'inverse se produisait pour la gamme lourde. Cela limitait des économies d'échelles en amoindrissant fortement la baisse des coûts escomptée d'une spécialisation plus poussée de chaque constructeur sur un segment. Par ailleurs, l'accord se révélait de plus en plus déséquilibré en faveur de MAN. SAVIEM payait le prix de son retard technique et industriel initial face à une MAN beaucoup plus puissante, qui disposait du *leadership* technique.

Malgré cela, la SAVIEM refusa à nouveau en 1966 et 1967 d'entendre parler d'un accord avec Berliet. Paul Durlach rejeta de façon très nette les offres renouvelées en 1963, 1966[55] et 1967 de Berliet qui

---

[55] APB, dossier relation avec la Régie Renault.

connaissait des difficultés dont l'origine venait en partie de la stratégie de son concurrent puissamment aidé financièrement. Ne pouvant se spécialiser dans le haut de gamme à l'instar des constructeurs suédois, Berliet fut contraint de développer son bas de gamme de façon rapide pour conserver son réseau commercial. Par ailleurs, la politique commerciale de SAVIEM entraîna une concurrence accrue sur le marché intérieur qui affaiblissait la trésorerie de l'entreprise lyonnaise alors qu'elle tentait un effort d'implantation sur le Marché commun et sur la grande exportation. Berliet ne pouvait espérer rentabiliser son effort en recherches et devenir le fournisseur de SAVIEM. Seule une politique d'entente sur le marché d'autobus put être négociée mais elle fonctionna mal et fut peu opérante dans le cadre d'un marché qui s'ouvrait aux produits européens. En désespoir de cause, Berliet signa avec Citroën un accord de fusion en juillet 1967, non sans avoir une dernière fois tenté de sonder Pierre Dreyfus sur un accord[56].

III. À la recherche d'alternatives au duopole germano-italien : concentration nationale et/ou General Motors européenne (1968-1973) ?

Le décès brutal de Paul Durlach en octobre 1967 et son remplacement par Bernard Vernier-Palliez précédèrent de peu le lancement de la gamme commune « Europe ». Maintenu secret depuis 1963 et dévoilé partiellement en 1966, l'accord SAVIEM-MAN fut complètement rendu public sous la pression du puissant Office fédéral des Cartels de Berlin, qui soupçonnait avec raison que la coopération avait déjà commencé avant que l'acte n'ait été rendu public. Ce dernier fut notifié le 11 mars 1968 « conformément aux dispositions de l'article 4 du règlement n° 17 », à la direction générale de la concurrence, direction « Ententes et positions dominantes » de la Commission des Communautés européennes qui donnait son accord[57]. Le lendemain, le 12 mars 1968, B. Vernier-Palliez et le Dr Neumann, président du directoire de la MAN et membre du comité franco-allemand créé récemment à l'initiative du Général de Gaulle et du chancelier Kiesinger, purent annoncer officiellement l'accord à la presse internationale. B. Vernier-Palliez déclara qu'« il fallait considérer notre accord comme la première grande initiative européenne dans le cadre de la nouvelle politique de coopération

---

[56] AGR, RNUR PCVA du 23 mai 1967.

[57] L'ensemble fut lui-même l'objet d'une « Communication faite conformément à l'article 19 paragraphe 3 du règlement N° 17 (cf. *J.O.* n° 13 du 21 février 1962, p. 204-262) concernant une notification (IV 26612) » ainsi que le précisait le *Journal Officiel des Communautés Européennes* du 14 juin 1969, N° C75/3.

industrielle franco-allemande »[58]. L'échéance du 1er juillet 1968 était respectée malgré les événements de mai-juin 1968. Au nom de la coopération européenne et à la demande de SAVIEM, les contingents mis en place par la France pour protéger les constructeurs français affectés par les grèves ne concernaient pas la coopération franco-allemande. Les pouvoirs publics mirent ainsi hors contingents les camions de chantier MAN directement importés que SAVIEM se contentait d'adapter au code français et qui concurrençaient directement le secteur le plus rentable de Berliet[59].

La coopération entra pourtant peu après dans une zone de forte turbulence pour différentes raisons. L'annonce du projet de fusion Fiat-Citroën en septembre 1968 remettait en cause l'équilibre de l'industrie européenne du poids lourd : Fiat qui possédait déjà Unic, le 3e constructeur français de poids lourds, mettait la main sur Berliet, soit au total les trois-quarts du marché français. Les hésitations du pouvoir gaulliste, qui autorisait la participation minoritaire de Fiat dans le capital de Citroën, n'apportaient pas de solutions industrielles à la SAVIEM qui plaidait désormais pour une reprise de Berliet par le groupe Renault. Cette annonce entraîna l'accélération en 1969 de la concentration européenne. En Allemagne, Mercedes et Hanomag-Henschel fusionnaient tandis que le gouvernement fédéral faisait pression pour que MAN reprenne Büssing.

Les changements à la tête des deux entreprises expliquèrent également le durcissement des relations. Chez MAN, le Dr Moll avait remplacé M. Carstanjen et le Dr Kries à la fin de 1966[60]. Assistant aux réunions plénières dès le début de 1966, il se révéla un partenaire beaucoup plus difficile que ses prédécesseurs. Hans Moll, qui avait travaillé initialement chez Daimler-Benz, puis chez Krupp[61], croyait aux concentrations nationales, préalables aux ententes internationales. Or, sous la pression des militaires, un projet de collaboration MAN-Mercedes initié précisément dans le domaine de la turbine à gaz était bientôt étendu aux moteurs, et aux ponts arrières, composants clefs d'un véhicule industriel. MAN, sous la houlette du Dr Moll, privilégiait à moyen terme une

---

[58]   CAMT 205AQ277, M. Guissen, « L'accord SAVIEM-MAN, première grande initiative de coopération industrielle franco-allemande », *La Vie Française*, 22 mars 1968.

[59]   En revanche, les importations de Fiat pour Unic étaient intégrées dans ces contingents... AC 910817/12, note 19 juin 1968 d'A. Vavasseur pour le directeur général de la Politique industrielle, et note de M. Colonna (Directeur des IMEE) du 30 juillet 1968 au secrétaire général du Comité interministériel pour les questions de coopération économique européenne, AFB, SAVIEM, PVCA du 3 septembre 1968.

[60]   AFB/SAVIEM, CR du 14 mars 1966 de la 11e réunion plénière MAN-SAVIEM des 10 et 11 février 1966.

[61]   Joly, H., *Patrons d'Allemagne. Sociologie d'une élite industrielle 1933-1989*, Paris, Presses de Sciences Po., 1996, p. 112-113.

concentration nationale et un rapprochement avec Mercedes, non seulement autour du projet de la turbine à gaz mais bientôt en matière de fabrication des sous-ensembles clefs destinés à l'armée allemande et utilisés parallèlement pour la gamme civile. De son côté, issu de l'école des Hautes Études Commerciales, B. Vernier-Palliez ambitionnait de remplacer P. Dreyfus à la tête de la RNUR. Il se révéla beaucoup plus pragmatique et lucide que son prédécesseur. Il stoppa l'aventureuse diversification de la SAVIEM dans les travaux publics et ferma l'usine lyonnaise du constructeur de bulldozers Richard rachetée en 1965. Alors que la SAVIEM connaissait à nouveau des difficultés de trésorerie, la dette entraînée par cette politique était transférée à Renault. M. Bosquet fut désormais cantonné à un rôle de négociateur tandis qu'A. Bardin, réduit à un rôle secondaire depuis 1968, quittait SAVIEM pour retourner chez Berliet en avril 1969.

Mais c'est surtout le succès relatif de la gamme commune et les conséquences de l'instabilité monétaire[62] qui achevèrent de remettre en cause la coopération franco-allemande. Celle-ci n'entraînait pas, contrairement aux espoirs originels, de baisse conséquente du prix de revient de la gamme commune, qui se révélait médiocrement compétitive sur le plan européen. L'innovation principale de la gamme haute MAN-SAVIEM reposait sur une cabine basculante et de grande dimension, nettement plus confortable que celles existantes sur le marché. En revanche, le reste du camion ne reprenait pour l'essentiel que des solutions techniques déjà éprouvées sur les deux anciennes gammes MAN et SAVIEM. Les prix non compétitifs et le choix de SAVIEM de maintenir sa cabine aux formes rondouillardes étudiée depuis la fin des années 1950 et seulement lancée en 1964 expliquaient l'échec de la diffusion en Allemagne comme en Europe de la gamme basse et moyenne face aux produits du groupe Mercedes-Hanomag, du groupe Fiat-OM ou de Ford. Ceci aboutit à un affaiblissement de la position de MAN en Allemagne. MAN perdait de l'argent en vendant la gamme basse et moyenne de SAVIEM sur le marché allemand tandis qu'à l'inverse SAVIEM perdait de l'argent en vendant les véhicules MAN. En France et sur certains marchés de pays en voie de développement, SAVIEM obtenait un certain volume du marché en vendant pratiquement à perte ou avec de très faibles marges bénéficiaires sa gamme basse et moyenne. Elle aug-

---

[62] Sur les questions monétaires de cette période marquée par la déstabilisation du système monétaire international tel qu'il avait fonctionné depuis Bretton Woods, Bussière, É. (dir.), *Georges Pompidou face à la mutation économique de l'Occident 1969-1974*, Actes du colloque du 15 et 16 novembre 2001, Paris, PUF, 2003, p. 11-113.

mentait même sa part de marché dans les camions de plus de 6 tonnes avec plus de 20 % du marché français en 1969.

Comme l'a noté Jean-François Eck, la dégradation de cette coopération franco-allemande consacrait dans un cadre plus global

> l'émergence de facteurs qui n'ont plus rien à voir avec les préventions ou les sympathies mutuelles et qui se déclinent en termes de compétitivité, d'allocation rationnelle des ressources, de gestion des risques monétaires et financiers[63].

SAVIEM dépendait étroitement pour ses achats d'une Allemagne aux coûts de production renchéris alors que le marché français, très concurrentiel, ressemblait davantage à un marché d'acheteurs que de vendeurs et était soumis au régime du contrôle des prix. La discussion placée sur le plan du prix d'achats consacrait au sein de l'entreprise la montée en puissance de la direction des Achats qui cherchait des solutions de rechange à une coopération franco-allemande très déséquilibrée. Celle-ci n'était plus la seule voie possible. Devant les prix élevés de MAN en matière de moteur, SAVIEM entamait des consultations auprès du Néerlandais DAF à partir du printemps 1969. Cela entraînait d'âpres négociations entre les dirigeants de SAVIEM et MAN à partir de l'été 1969[64]. En raison du déséquilibre des échanges en faveur de MAN, les conséquences de la dévaluation du franc et de la réévaluation du mark en 1969 aggravèrent encore cette situation. Par ailleurs, le projet de turbine à gaz aboutit en 1970 à une impasse en raison d'un coût exorbitant et d'un marché restreint. Le développement du moteur Diesel turbocompressé de grande puissance condamna ce rêve d'ingénieurs. Sans possibilités immédiates de commercialisation, l'absence de clarification sur les liens de MAN avec les autres constructeurs allemands, Mercedes et Büssing ne permettait plus d'envisager un renforcement de la coopération franco-allemande. Après une tentative d'ouverture vers les autres constructeurs européens, américains et japonais, MAN proposa purement et simplement en 1971 l'indemnisation de SAVIEM pour les frais engagés. L'ensemble des axes majeurs de la coopération faisait donc l'objet de difficultés, que révélait l'espacement des réunions plénières, désormais occupées à discuter de l'évolution du contrat de 1963. Les deux entreprises ne pouvaient cependant pas rompre en raison de l'affaiblissement industriel et commercial qui en aurait résulté pour les deux firmes. Dans ces conditions, les difficiles négociations sur l'aménage-

---

[63] Eck, J.-F., *op. cit.*, p. 526.

[64] AFB/SAVIEM, correspondance MAN/SAVIEM (juillet-septembre 1969) et CR *in extenso* de la réunion MAN-SAVIEM du 22 octobre 1969.

ment de ce contrat[65] ne reposaient plus sur la volonté affichée de mettre en place une expérience pionnière mais visaient à établir des rapports de clients à fournisseurs. L'évolution de la balance des achats entre SAVIEM et MAN, transmise au ministère de l'Industrie mais non rendue public, reflétait l'ampleur du déséquilibre des relations franco-allemandes que n'atténuait pas le programme de « francisation » de certains éléments de la gamme haute lancé à partir de la fin de 1969 :

Évolution de la balance des achats SAVIEM/MAN (en millions de francs courants)[66]

	Total des achats de SAVIEM à MAN	Achats (hors gamme Travaux Publics) de SAVIEM à MAN	Total des achats de MAN à SAVIEM
1969	170,1	115,4	22,5
1970	201,0	136,6	42,2
1971	187,9	106,0	41,1
1972	192,6	115,8	36,7

SAVIEM tenta de se dégager de certaines obligations d'un contrat prévu pour durer au minimum jusqu'en 1982. Il s'agissait de protéger autant que faire se peut ses intérêts et d'obliger MAN à définir claire-ment la portée de la coopération avec Daimler-Benz. SAVIEM entrait progressivement dans l'orbite technologique de Daimler-Benz-MAN, sans réelle solution alternative. Aux yeux de MAN, l'excellence techno-logique allemande justifiait cette évolution alors que la SAVIEM était en position d'infériorité, n'ayant pas réussi par exemple à fiabiliser sa boîte de vitesse automatique destinée à la gamme haute. L'évolution de la concentration allemande dans le domaine du poids lourd en 1968-1969 faisait ressurgir le spectre d'une industrie allemande dominatrice. La constitution d'une alliance de revers devint l'axe stratégique de la SAVIEM, face à Mercedes-Benz et Fiat, groupes également puissants dans le domaine automobile. Alors que Renault-SAVIEM avait encore refusé en 1967 l'étude d'un accord avec Berliet, il allait faire désormais pression à partir d'août 1969 sur le gouvernement français afin d'obtenir le rattachement de Berliet, propriété du groupe Citroën-Michelin, lui-même en train d'étudier un rapprochement avec Fiat. Pierre Dreyfus et l'état-major de la SAVIEM refusaient les négociations directes avec P. Berliet pour privilégier une décision émanant de l'État. Ils tentèrent

---

[65] En septembre 1971, MAN suspend ainsi les négociations deux mois avant d'accepter de reprendre en décembre 1971 la négociation du contrat de 1963. AFB/SAVIEM, CR du 31 janvier 1972 de la réunion plénière SAVIEM-MAN du 6 décembre 1971.

[66] AC900586/1, note de M. Bosquet du 29 novembre 1973 pour J.-P. Parayre, directeur de la DIMELEC au MDIS.

ainsi auprès d'une jeune garde technocratique occupant à partir de 1969 les cabinets ministériels et pénétrée de « l'impératif industriel »[67] d'en faire un dossier répondant aux ambitions pompidoliennes. M. Bosquet utilisait l'argumentaire « national » auprès des autorités militaires, désireux de conserver en France les centres de décision et les moyens d'études et de recherches de leurs fournisseurs. En juin 1970, le délégué ministériel pour l'Armement J. Blancard, du puissant corps des ingénieurs des Mines, déclarait ainsi à Paul Berliet : « Certains estiment que nous devons nous considérer déjà comme des Européens. Personnellement je ne le pense pas encore. Renault-SAVIEM me donne plus que vous des garanties à terme, quant à l'indépendance des décisions »[68]. Cette crispation nationaliste pesa sur l'évolution du problème qui s'internationalisait : de sa résolution et notamment du sort de Berliet, troisième constructeur de poids lourds du Marché commun, dépendait la configuration de l'industrie européenne du poids lourd. Le groupe Citroën-Michelin, l'actionnaire de Berliet, refusait d'entendre parler d'un accord avec le groupe nationalisé Renault-SAVIEM et, soucieux de défendre ses intérêts dans le pneumatique[69], laissait planer la possibilité d'un accord avec Mercedes-Benz, premier constructeur du Marché commun. Le patron de celle-ci, Joachim Zahn, rêvait par la reprise de Berliet en accord avec Fiat d'une cartellisation du marché européen du poids lourd et d'un gel des capacités productives pour éviter une lutte intra-européenne face à des compétiteurs américains et japonais menaçants.

Parallèlement, à partir de l'automne 1969, le groupe Renault-SAVIEM tenta de fédérer sous son égide un regroupement européen de l'ensemble des constructeurs encore indépendants, avec l'ambition à terme d'y jouer un rôle prépondérant. Cette perspective de « ligue des Neutres » ou de « Club des Quatre » sous impulsion française séduisit le ministre du Développement industriel et scientifique, François-Xavier Ortoli, soucieux de ne pas subir, en favorisant la concentration française du poids lourd, le reproche communautaire d'une vision « nationaliste ». Pour SAVIEM, il s'agissait d'arriver à créer dans le poids lourd et sur le plan européen l'équivalent de l'association Renault-Peugeot dans le do-

---

[67]   Stoléru, L., *L'impératif industriel*, Paris, Le Seuil, 1969, 295 p. AFB, dossier de M. Bosquet sur la préparation de la fusion SAVIEM-Berliet (1969-1974) qui détaille l'ensemble des démarches effectuées.

[68]   AFB, notes manuscrites de P. Berliet à la suite de son entretien avec le DMA Jean Blancard, le 10 juillet 1970.

[69]   Pour saisir la philosophie des affaires de François Michelin, lire son livre d'entretiens, Michelin, F. avec Levaï, Y. et Messarovitch, Y., *Et Pourquoi pas ?*, Paris, Grasset, 1998 ; et aussi le témoignage de son ex-collaborateur Carlos Ghosn, qui a fait ses classes de manager international dans le groupe Michelin, in Ghosn, C. et Riès, P., *Citoyen du monde*, Paris, Grasset, 2003, p. 63-145.

maine de la voiture particulière[70]. Avec DAF, Volvo et KHD (Magirus-Deutz), à l'époque « *outsiders* » sur le marché européen[71], la coopération envisagée permettait d'espérer des rapports plus équilibrés, fondés sur une volonté commune de survivre, alors que l'entrée imminente de la Grande-Bretagne dans le Marché commun devenait une certitude à partir de décembre 1969, en raison de la position de G. Pompidou sur le sujet. D'ailleurs, DAF et Volvo développaient leurs liens en matière de moteurs de voitures avec l'association Peugeot-Renault. En outre, SAVIEM, DAF et Volvo partageaient des choix proches sur l'organisation de la production fonctionnant sur le principe de « *make or buy* » : le choix des composants étaient fondés sur des critères de compétitivité qui déterminaient si l'entreprise continuait ou entreprenait leur fabrication ou les achetait à l'extérieur. Pour les trois constructeurs, l'accord permettait de développer à bon compte une gamme basse et moyenne réclamée par leurs services commerciaux pour leurs réseaux européens. Échaudé par l'expérience MAN, B. Vernier-Palliez espérait par le Club « pouvoir élargir la coopération » et arriver à « un regroupement des constructeurs indépendants conduisant à terme raisonnable, mais rapide, à des liaisons financières pouvant mener à la constitution d'une holding européenne »[72]. « Le but de la SAVIEM est d'arriver, à terme, à une unité de caisse couvrant les différentes activités véhicules industriels des partenaires » et d'« écarter les échanges d'organes [...] dans le désordre monétaire actuel »[73]. Mais Volvo refusa d'envisager une collaboration dans le domaine de la gamme haute passant par la constitution d'une holding regroupant les divisions «Véhicules Industriels» de Volvo, DAF, KHD et SAVIEM. Au lieu de créer une usine commune de montage de la future gamme, il fut finalement décidé au cours de l'été 1971, pour des raisons d'économie d'investissements, de conserver le montage dans les usines respectives des adhérents et de ne développer que la gamme moyenne (6-12 tonnes de PTC). Alors que les rapports avec MAN devenaient de plus en plus difficiles, les quatre constructeurs procédèrent en novembre 1971 à la création d'European Truck Design,

---

[70] Sur l'accord Peugeot-Renault signé en avril 1966, Loubet, J.-L., *Renault histoire d'une entreprise*, Paris, ETAI, 2000, p. 244 et suiv.

[71] Avec une particularité, leur spécialisation sur les segments de gamme moyenne et haute, alors que la SAVIEM était plutôt positionnée sur le bas et le moyen de gamme.

[72] AFB/ SAVIEM, note de J. Jacquet. CR confidentiel des entretiens du 28 février 1972 « K.H.D-SAVIEM».

[73] AFB/SAVIEM, CR du 4 avril 1972 de M. Bosquet des entretiens du 24 mars 1972 avec le Dr Sonne, M. Baumhoff, le directeur technique « moteurs », membre du *Vorstand* de KHD et Vernier-Palliez, Bosquet, et Lier.

dont le siège social était aux Pays-Bas[74] et le capital divisé à part égale. SAVIEM, maître d'œuvre de la conception de la future gamme, possédait en revanche 95 % de l'ETD-SARL (société européenne de travaux et développement), la principale filiale chargée avec une centaine d'ingénieurs des quatre bureaux d'études de concevoir la nouvelle gamme dans la région parisienne. Renault-SAVIEM rêvait de s'assurer le *leadership* de ce qui serait une General Motors européenne du poids lourd et de l'automobile. Cependant, la cession en 1972 de 33 % du capital de DAF par la famille Van Doorne au leader américain International Harvester – présent dans le machinisme agricole et le poids lourd – compromit définitivement les ambitions initiales des Français toujours fortement marqués par le modèle sloanien[75]. Pour éviter le rachat de Berliet par Mercedes, et devant l'indécision des pouvoirs publics français en raison du coût pour la RNUR et en réalité pour l'État, M. Bosquet proposa en désespoir de cause durant l'été 1972 le rachat du constructeur lyonnais aux autres membres du Club. Peu désireux de contribuer à financer indirectement, sans contreparties intéressantes, le redressement de l'industrie française du poids lourd français, Volvo préféra tenter seul le rachat de Berliet. SAVIEM dut renoncer fin novembre 1972 à prendre le contrôle de Berliet. Le Club poursuivit toutefois ses travaux. La concentration des bureaux d'études, le choix d'une langue de travail unique (l'anglais), la philosophie de cette coopération guidée uniquement par le critère de compétitivité, le sentiment de participer à une expérience dont dépendait la survie des entreprises respectives permit au projet de prendre corps assez rapidement et de développer en moins de quatre ans une gamme nouvelle. Achevée en décembre 1974, l'innovation principale portait sur une cabine moderne inspirée en partie des lignes cubiques de Mercedes-Benz.

Dans cette phase, la SAVIEM continua de réclamer un véritable Marché commun du poids lourd et dénonça le néo-protectionnisme réglementaire. Sous la pression notamment de MAN et de SAVIEM, relayée par les pouvoirs publics français[76], la Commission européenne

---

[74] Cf. la communication faite à Louvain par F. Mertens de Wilmars sur les avatars de la société européenne.

[75] Sloan, A. P., *My Years with General Motors*, écrit avec l'aide d'Alfred D. Chandler, paru en 1963 aux États-Unis et traduit en français en 1966 sous le titre *Mes années à la General Motors*, Éd. Hommes et Techniques, 367 p. + annexes.

[76] AC 910817/12, lettre du 19 décembre 1967 de B. Vernier-Palliez à O. Guichard, ministre de l'Industrie, suite à leur entretien du 28 novembre 1967 ; figure en pièce jointe une note de 2 p. de la SAVIEM du 18 décembre 1967 classée confidentielle « Absence d'harmonisation des réglementations techniques concernant les véhicules utilitaires, obstacle à la coopération industrielle dans le Marché commun » et note du 11 janvier 1968 pour le directeur du cabinet du ministre du directeur adjoint des IMEE A. Vavasseur.

avait pourtant pris en 1969-1970 un ensemble de directives visant à supprimer les dernières entraves administratives freinant ou s'opposant à la libre circulation des marchandises entre États membres. Ainsi, la directive n° 70/50/CEE adoptée par la Commission le 22 décembre 1969 et publiée au *JO des Communautés* n° L13 du 19 janvier 1970 sanctionnait « l'interdiction des mesures d'effet équivalent encore existantes ». Faisaient partie de ces poétiques « mesures d'effet équivalent » les « incitations » et les « pressions » exercées par les autorités publiques en vue d'empêcher, de freiner ou de déconseiller des importations de produits d'autres États membres, ou encore les « délais excessifs » exigés par certains États membres pour la réception des véhicules importés. Quant à la directive 70/32 adoptée le 17 décembre 1969 et publiée dans le *JO des Communautés Européennes* le 18 janvier 1970, elle prescrivait l'interdiction de toutes restrictions appliquées par les pouvoirs publics lors de la passation de leurs marchés publics de fournitures. La Commission européenne, dans le cadre du programme général pour l'élimination des entraves techniques aux échanges, avait également adopté le 6 février 1970 une directive concernant la réception CEE des véhicules à moteur et de leurs remorques. Désormais, chaque fabricant pouvait mettre librement sur le marché de la Communauté un produit qui avait obtenu la « réception CEE » dans un État membre : elle stipulait enfin la reconnaissance réciproque des contrôles entre les différents États membres dès que les dispositions législatives, réglementaires et administratives étaient rendues équivalentes par une directive communautaire. Cette directive générale, entrée en vigueur dans les États membres le 10 août 1971, fut complétée par neuf directives particulières concernant des sujets aussi divers que le niveau sonore admissible, le dispositif d'échappement, les mesures à prendre contre la pollution de l'air par les gaz provenant des moteurs à allumage commandé, les réservoirs de carburant liquide et les dispositifs de protection arrière, l'emplacement et le montage des plaques d'immatriculation arrière, les dispositifs de direction, les portes, l'avertisseur acoustique, les rétroviseurs, le freinage de certaines catégories de véhicules à moteur et de leurs remorques. Encore fallait-il que les États membres mettent en application les différentes directives dont la portée était en réalité limitée. D'une part, comme le soulignait lui-même R. Toulemon, un certain nombre d'organismes au statut distinct de la personnalité juridique de l'État échappaient à l'emprise des règles du traité précitées : ainsi les « entreprises chargées de la gestion de services publics ou de services d'intérêt économique général (dans le domaine des transports, dans les domaines télégraphique, téléphonique, radiotélévisif [*sic*], spatial, électromécanique, nucléaire, etc.) ». D'autre part, toute une série d'obstacles et de difficultés tenaient à ce que le fonctionnaire communautaire appelait

« un certain état d'esprit rétif aux changements profonds et révolution-
naires que l'intégration économique des pays membres exige, parfois
aux relations d'affaires, aux liens financiers, à la force de l'habitude, à
un certain esprit de corps et de solidarité, aux influences, etc. »[77].

Alors que les constructeurs français étaient confrontés à une vigou-
reuse offensive commerciale de Mercedes-Benz, Maurice Bosquet
s'interrogeait sur les moyens de faire respecter le règlement anti-
dumping communautaire et sur « l'application pratique effectuée par les
États membres » des directives européennes. La SAVIEM pouvait également citer le cas italien dont la subtilité du protectionnisme technique
rendait difficile sa condamnation et le rendait ainsi particulièrement
efficace. La constitution italienne permettait de retarder l'application des
directives européennes puisque l'application effective de celles-ci ne
pouvait se faire que par l'intermédiaire d'une loi reprenant les termes de
la directive. Pour alléger ce système, le gouvernement italien avait
déposé en août 1971 un projet de loi l'autorisant à appliquer les directives de la CEE par décret ministériel, solution proche de la situation
française où le Code de la route est du domaine réglementaire. Mais le
projet de loi suivait un chemin lent et tortueux : ainsi, après être resté,
jusqu'en novembre 1971, à la direction des Transports, le projet était
passé au service législatif du ministère des Transports, qui l'examinait
encore au moment où la SAVIEM entreprit ses démarches auprès de la
Commission européenne (en mai 1972 !). Après approbation par le gouvernement, le projet devait encore être examiné par les deux chambres et
voté. Ce qui restait encore incertain en raison de la situation politique
italienne. La SAVIEM pouvait à bon droit critiquer la « lenteur remarquable » – près de trois ans et « d'innombrables protestations » – pour
faire aboutir ce projet de loi destiné, en théorie, à régler le problème. De
fait, le fonctionnement de l'administration italienne et le code italien
étaient faits sur mesure pour protéger l'industrie nationale : l'homologation d'un véhicule étranger en Italie était théoriquement impossible,
parce que réservée par le code aux seuls véhicules fabriqués en Italie.
Certes, l'article 464 du code italien prévoyait certaines dispositions pour
les véhicules étrangers mais celles-ci étaient extrêmement rigoureuses.
Sans que cela apparaisse spécifiquement dans le code italien, il fallait
tout d'abord une reconnaissance du type de véhicule sanctionnée par un
procès-verbal, puis dans un deuxième temps une confrontation du véhi-

---

[77] AFB/SAVIEM, réponse du 6 mars 1972 de R. Toulemon, directeur général des
Affaires industrielles, technologiques et scientifiques de la CCE suite au courrier
adressé le 28 janvier 1972 à Jean Monnet par M. Bosquet lui demandant des moyens
d'actions et les actions à entamer pour résoudre les difficultés rencontrées dans les
rapports commerciaux avec les autres États membres.

cule importé avec le procès-verbal de reconnaissance du type, enfin la délivrance du numéro d'enregistrement pour circulation. En théorie, et dans de nombreux cas en pratique, les offices de contrôle italien pouvaient refaire subir l'ensemble des épreuves correspondant à la reconnaissance du type pour... chaque véhicule importé ! Pour chaque modification, même mineure, cette procédure était appliquée, puisque l'administration italienne considérait alors qu'il s'agissait d'un nouveau modèle. L'article 464 permettait ainsi de freiner efficacement l'action commerciale des importateurs. À cela s'ajoutait le zèle des douanes italiennes... La SAVIEM, qui voulait exporter sur le marché italien son bus SC 10 commandé en France à plus de 2500 exemplaires notamment par la RATP pour la desserte de Paris, en fit l'amère expérience. Après une campagne de démonstration entamée en 1969, elle put enregistrer une commande par la ville de Brescia de trente exemplaires en septembre 1970. Il fallut attendre mars 1972 et une série de démarches renouvelées et d'examens des différentes autorités italiennes avant que le véhicule puisse être accepté définitivement par le service de contrôle de Milan et que tous les autobus puissent entrer en service[78]. Cela ralentissait et renchérissait considérablement les frais d'implantation sur le marché. *A contrario*, les constructeurs français estimaient que le contrôle des ingénieurs des Mines français était beaucoup plus tolérant que celui mis en place en Allemagne et en Italie. Le protectionnisme technique, dont la norme à l'essieu n'était que l'aspect le plus visible, restait donc une réalité très forte dans le Marché commun[79]. En 1973 la SAVIEM incriminait l'insuffisance de la construction européenne pour expliquer ses difficultés et mettait en cause

> les conditions actuelles d'instabilité monétaire, [...] les incertitudes qui pèsent sur l'harmonisation des réglementations techniques dans le Marché commun ne permettent pas aux constructeurs de concevoir et de développer des gammes nouvelles de véhicules, sur des bases solides.

Dans ces conditions, la SAVIEM continuait de militer à la fois pour une normalisation des règlements au niveau européen, pour l'établissement d'un code unique, parfaitement défini – ce qui passait par une confirmation du compromis de Bruxelles de mai 1972[80] –, mais aussi pour le maintien, dans les futures négociations du Tokyo Round, de l'exclusion des véhicules utilitaires obtenue lors du Kennedy Round et

---

[78] AFB/SAVIEM, annexe 3 du courrier adressé le 6 juin 1972 par M. Bosquet à R. Toulemon, DGAITS de la CCE à Bruxelles.

[79] Vernier-Palliez, B., « Le Marché commun du poids lourd n'existe pas pour le moment car seule la France joue le jeu communautaire », *La vie des Transports*, 15 janvier 1972.

[80] Cf. communication ici même de M. Moguen-Toursel.

enfin pour le retour en France à la liberté des prix[81]. Phénomène intéressant, au cours de cette période où SAVIEM faisait pression sur l'État français et entretenait une campagne de presse autour de l'intérêt d'un accord SAVIEM-Berliet, M. Bosquet profita de ses démarches auprès de la CCE pour dénoncer le danger lié à la position dominante de Mercedes dans le Marché commun. SAVIEM espérait éventuellement bloquer ainsi à l'échelle communautaire le rachat de Berliet par Mercedes, en cas d'échec de ses démarches faites à l'échelon national. De son côté, Paul Berliet pouvait rejeter entre 1970 et 1973 un accord SAVIEM-Berliet en s'appuyant sur les termes du contrat MAN-SAVIEM paru au *JOCE*. Ce dernier ne pouvait en effet être résilié avant le 31 décembre 1979 et encore, moyennant un préavis de trois ans[82]. En désespoir de cause, SAVIEM essaya d'empêcher la tentative d'accord de Volvo avec Michelin et Berliet. Malgré la bénédiction des pouvoirs publics séduits par cette solution suédoise plus équilibrée que l'offre de Mercedes, Volvo se heurta finalement en 1973 au refus du groupe Michelin en raison d'une opposition de Paul Berliet, craignant une disparition rapide de la firme française et l'annihilation des efforts industriels consentis depuis dix ans. En conséquence, faute d'accords globaux, SAVIEM se rallia à une stratégie d'accords partiels sur certains organes avec, par exemple, un accord en 1974 avec Fiat pour créer la SOFIM en lieu et place de l'accord avec Alfa-Roméo dans les petits moteurs Diesel destinés aux petits utilitaires.

L'analyse de la stratégie de la SAVIEM permet de mieux comprendre le rôle des acteurs économiques et notamment des industriels et des administrations nationales dans le processus d'élaboration du Marché commun et de ses réglementations. Ce dernier ne peut définitivement plus s'appréhender comme procédant uniquement de l'action des « grands hommes » de la construction européenne tels Jean Monnet et des acteurs institutionnels, tels les chefs de gouvernements mais au contraire comme le produit d'une construction collective s'élaborant au prix de négociations et d'interactions entre de multiples acteurs, au premier rang desquels figurent les industriels[83]. Les constructeurs français,

---

[81] AFB, Rapport annuel pour l'année 1972 du conseil d'administration de la SAVIEM à l'Assemblée générale ordinaire et extraordinaire du 29 juin 1973.

[82] Berliet envoya notamment une copie du *J.O.* au Crédit Lyonnais, très engagé financièrement auprès du constructeur et en conséquence inquiet sur son évolution. Cf. Archives du Crédit Lyonnais, 183AH2, copie dudit *J.O.* envoyée le 19 avril 1973 par A. Picq (fondé de pouvoirs des Automobiles M. Berliet) à M. Girardot (Crédit Lyonnais).

[83] Cf. *Entreprise et Histoire*, n° 33, octobre 2003 : Bussière, É., « L'intégration économique de l'Europe au 20ᵉ siècle : processus et acteurs », p. 12-24 ; et Fridenson, P., « Étendue et limites de l'Europe automobile », p. 91-100.

avec la mise en place du Marché commun, avaient conscience de jouer leur survie, espérant au minimum maintenir leurs positions industrielles et commerciales voire, dans le meilleur des cas, les développer. De ce fait, ils étaient partagés entre la crainte d'une « mort subite » sous les effets de la concurrence anglo-saxonne et la perspective d'un déclin plus ou moins rapide de leurs parts de marché sous les effets de la concurrence continentale notamment de Mercedes-Benz et Fiat. Si l'industrie française, par des pressions sur les pouvoirs publics, sut retarder les effets de la première, elle ne put éviter les conséquences de la seconde. Cela est partiellement la conséquence des stratégies des différents constructeurs français et spécialement du groupe Renault-SAVIEM. Au cours de la période 1958-1974, ce dernier a expérimenté avec le plus de constance toutes sortes de combinaisons et d'accords et tenté – comme d'ailleurs son concurrent Berliet – de faire partager au reste des firmes européennes sa vision d'une spécialisation des différents constructeurs européens sur certains organes ou segments de la gamme tout comme sa norme technique, le « 13 tonnes à l'essieu ». En raison de sa vision future du Marché commun comme devant être à terme l'équivalent du marché américain, le groupe Renault-SAVIEM chercha à nouer des alliances européennes pour constituer la première société européenne capable de résister aux grands groupes américains. L'accord secret avec MAN inaugurait une coopération franco-allemande originale dans le secteur automobile qui devait permettre de mettre au point la première gamme européenne de poids lourds. Elle se plaça de fait sous le *leadership* de la MAN sur le plan technique. Loin d'être la seule voie envisagée, la voie d'un accord ou d'une fusion avec ses concurrents français échoua pour diverses raisons qui tiennent en grande partie à l'histoire de la branche depuis la Libération et aux personnalités au pouvoir dans les différentes entreprises. Il est intéressant de noter que les personnages-clefs de la définition et l'application de cette stratégie de la SAVIEM n'appartenaient pas aux élites dirigeantes traditionnelles françaises. Issus de différents courants de la mouvance socialiste des années 1930, Pierre Dreyfus, Noël Pouderoux et Alfred Bardin[84] avaient participé au renouvellement partiel des élites françaises dirigeantes après 1945. Avec Maurice Bosquet, Fernand Picard, Paul Durlach, ces deux derniers issus de la Résistance, ils partageaient la vision d'une Europe occidentale unifiée, apaisée, capable de rivaliser avec les États-Unis grâce à l'adoption par leurs soins du meilleur de ses méthodes. Préservant remarquablement leur autonomie de décision dans un groupe dont

---

[84] Se reporter entre autres à ces trois noms dans Maîtron, J., et Pennetier, C., *Dictionnaire biographique du mouvement ouvrier français*, quatrième partie (1914-1939), Paris, Les Éditions ouvrières / Les Éditions de l'Atelier, 1981-1987. Cf. aussi Archives privées A. Bardin déposées à la Fondation Berliet.

l'actionnaire était l'État, ces hommes ont su inscrire la stratégie de la SAVIEM dans le schéma de la politique gaullienne. Apparaît ici l'existence d'une marge de manœuvre importante pour la filiale d'un groupe nationalisé : celle-ci déploya une stratégie spécifique, subtile et évolutive face au Marché commun, pour solliciter les organismes nationaux et communautaires au gré de ses besoins, de ses calculs stratégiques, voire tout simplement de ses difficultés. La recherche et l'obtention d'un soutien des pouvoirs publics français furent ainsi des éléments essentiels de la stratégie du groupe Renault-SAVIEM par rapport au Marché commun. Moins au nom de la réconciliation franco-allemande que de la politique d'aménagement du territoire et de réforme de l'appareil de production militaire, la SAVIEM put s'assurer de l'appui des pouvoirs publics, spécialement des militaires et du ministère de l'Industrie. La décentralisation des fabrications fut l'outil en même temps que le levier indispensable pour recevoir un soutien vital dans la compétition européenne, non seulement par l'obtention d'une aide financière mais aussi par la défense des positions de l'industrie française dans les négociations internationales lors du Kennedy Round ou sur le futur code européen. Pourtant cette stratégie délibérée de coopération européenne connut un demi-échec quant à ses objectifs initiaux. La coopération franco-allemande ne se traduisit pas par la baisse des prix de revient en raison des concessions mutuelles, du poids des techniciens dans les négociations et de la volonté de maintenir coûte que coûte l'équilibre des fabrications entre les deux contractants ou de conserver certaines fabrications jugées mieux adaptées aux normes nationales différentes que celles de l'autre. Cela précipita le couple franco-allemand dans une crise accentuée par l'instabilité monétaire et l'accélération de la concentration de l'industrie européenne du poids lourd en 1968-1969 qui faisait de l'ensemble SAVIEM-MAN un ensemble de taille médiocre face aux groupes Mercedes et Fiat. Dès lors, se posa la question de l'ouverture de l'association vers les entreprises européennes non rattachées aux deux précédents groupes. Ayant jusqu'alors refusé une alliance avec Berliet, le groupe Renault-SAVIEM développa de façon confidentielle et en coulisses une stratégie visant à faire de la restructuration de l'industrie du poids lourd un impératif industriel pompidolien et à obtenir non seulement le rachat de Berliet par le groupe Renault grâce à une aide financière publique mais aussi le *leadership* du futur groupe. Parallèlement, la SAVIEM développa avec les constructeurs indépendants DAF, Volvo et KHD l'idée du « Club des neutres ». Mais ce projet fut inachevé puisqu'il échoua à créer l'équivalent d'une General Motors européenne. Cette stratégie industrielle présentait certaines analogies avec la politique étrangère de la France en Europe et dans le monde : l'ambition de jouer un rôle central au sein de l'espace européen, supérieur à sa taille réelle. Cela explique les limites des projets de la SAVIEM qui restait en France la deuxième entreprise du secteur. À la différence de l'entreprise française, ses partenaires européens étaient, en raison d'une spécialisation plus précoce sur le haut de gamme, dans une situation meilleure sur le plan technique et financier (dans le cas de Volvo). La SAVIEM ne put rééditer sur le plan européen ce qu'elle avait déjà tenté sur le plan français : être le pivot de la concentration de la branche.

En 1974, SAVIEM, en raison même des stratégies successives développées, apparaissait comme une entreprise atypique dans le monde européen du poids lourd. Filiale d'une entreprise nationalisée la plus engagée dans différentes coopérations européennes, sa production était le fruit d'un assemblage assez complexe de composants d'origine diverse. Si cela avait permis sa survie à court terme, en limitant les investissements, cette stratégie avait obéré son avenir à moyen et long terme sur un échiquier européen marqué par une concentration accrue et un marché qui montrait des signes annonciateurs d'une grave crise. Celle-ci allait une nouvelle fois changer la donne et permettre d'obtenir ce que quatre ans de pression sur les pouvoirs publics n'avaient pas réussi. À la suite des difficultés de Citroën, le rachat de Berliet par Renault-SAVIEM fut décidé et financé par l'État en décembre 1974 pour achever la concentration de l'industrie française du poids lourd si longtemps retardée. Désormais, dans un contexte économique dégradé, les conséquences de la stratégie d'alliances européennes, privilégiées précédemment par le groupe Renault-SAVIEM, allaient contribuer à compliquer singulièrement la restructuration de ce secteur.

Abstract

This article studies the strategies of the SAVIEM (a member of the Renault group) in the framework of the Common Market to adapt to the new scale of markets by signing agreements with European or extra-European firms and developing important investments in order to resist Anglo-American competition. It studies in particular the efforts of the various interlocutors to agree on specialisation between European producers and to implement a European organisation for lorries able to resist to the subsidiaries of the American 'Big Three'. On the one hand, during the 1960s SAVIEM developed co-operation with MAN, enlarged afterwards to a Club made of Swedish (Volvo), Dutch (DAF) and German (Magirus-Deutz) producers. On the other hand, it failed in its projects of regrouping with Berliet. The originality of this article is therefore to show that, in the changing context of the emerging Common Market, SAVIEM tried a range of alternative strategies including concentration on a national scale, the search of agreements in the Common Market and the association in joint ventures with British or American producers not related with General Motors, Ford or Chrysler, but that it was in its attempts to develop ambitious European cooperation that it had most success.

L'européanisation des marchés publics dans deux secteurs critiques

L'informatique et les télécommunications (1971-1977)

Arthe VAN LAER

Aspirante FNRS – Université catholique de Louvain

Si le traité de Rome de 1957 commandait implicitement l'ouverture des marchés publics communautaires, les États signataires continuèrent longtemps à les réserver à leurs entreprises nationales, en fonction d'objectifs de politique industrielle, sociale ou régionale. La notion de « marchés publics » couvre tous les achats de biens ou services par l'État lui-même, par ses collectivités régionales et locales, ainsi que, selon l'acceptation générale, par les entreprises chargées de la gestion de services d'intérêt économique général (comme les transports, la distribution d'eau, de gaz et d'électricité ou les télécommunications), que le statut juridique de ces entreprises soit public ou privé. Au début des années 1970, la valeur de l'ensemble de ces marchés fut estimée de 5 à 9 % du produit intérieur brut des États membres[1] : l'enjeu était donc de taille. L'ouverture des marchés publics fit l'objet de négociations communautaires dès le début des années 1960, mais elle devint seulement effective après l'adoption de directives réglementant les procédures de passation des marchés. Ce fut le cas pour les marchés publics de travaux en 1971 et pour les marchés de fournitures en 1976. Les secteurs de

---

[1] Commission CE, *Première communication de la Commission au Conseil sur l'état d'ouverture des marchés publics et des marchés des entreprises chargées d'un service d'intérêt économique général en ce qui concerne les fournitures*, SEC/72/2601/final, 24 juillet 1972, p. 5. La variation du pourcentage est attribuée aux différences du volume des achats militaires.

l'eau, de l'énergie, des transports et des télécommunications ne firent l'objet d'une telle directive qu'en 1990, les services seulement en 1992[2].

Le processus d'ouverture des marchés publics de la CEE n'a pas encore fait l'objet d'études historiques. Cet article se propose de contribuer à combler ce vide par l'étude du cas des secteurs de l'informatique et des télécommunications, à travers les archives de la Commission européenne[3]. Après un bref historique de la législation communautaire relative aux marchés publics jusqu'à l'adoption de la directive sur les fournitures en 1976, nous approfondirons la situation des marchés publics dans ces deux secteurs de pointe, l'évolution de l'attitude de la Commission à l'égard de ceux-ci et, enfin, leur sort lors des négociations de la directive de 1976.

I. La législation communautaire relative aux marchés publics (1957-1976)

Le traité instituant la CEE ne comportait pas de dispositions explicites sur les marchés publics, mais ses articles sur la libre circulation des biens et des services et la liberté d'établissement s'appliquaient aux marchés publics[4]. Il interdisait aux États membres d'introduire de nouvelles restrictions à ces libertés et les obligeait à éliminer progressivement les restrictions existantes. Dès le début des années 1960, un groupe d'experts des six États membres étudiait le « rapprochement des législations en matière de marchés publics »[5]. Suite aux travaux de ce groupe, les programmes généraux pour la libération de l'établissement et des services de décembre 1961 prescrivaient l'ouverture des marchés publics des travaux avant la fin de 1963. Lors de l'adoption de ces programmes, le Conseil marqua également son accord sur les principes d'une coordination des procédures de passation des marchés publics. Il ne paraissait pas réaliste d'uniformiser les différentes procédures natio-

---

[2] Directive 71/305/CEE du Conseil du 26 juillet 1971, in *Journal officiel des Communautés européennes* (dorénavant « *J.O.* »), n° L185, 16 août 1971, p. 5-14 ; directive 77/62/CEE du Conseil du 21 décembre 76, in *J.O.*, n° L13, 15 janvier 1977, p. 1-14 ; directive 90/531/CEE du Conseil du 17 septembre 1990, in *J.O.*, n° L297, 29 octobre 1990, p. 1-48 ; directive 92/50/CEE du Conseil du 18 juin 1992, in *J.O.*, n° L209, 24 juillet 1992, p. 1-24.

[3] Cette contribution s'insère dans ma recherche doctorale en cours sur la politique des Communautés européennes dans le domaine des technologies de l'information et des télécommunications (1965-1984). Je tiens à remercier Madame J. Collonval, archiviste à la Commission européenne, de son aide extrêmement précieuse.

[4] Notamment les articles 7, 52-53 et 59-60.

[5] Les comptes rendus des réunions de ce groupe de travail des années 1960-1963 se trouvent dans les archives de la Commission à Bruxelles (ci-dessous « ACOM »), BAC118/83/25-27.

nales, mais elles devraient devenir plus transparentes et répondre à certains critères objectifs afin de pouvoir contrôler si les soumissionnaires n'étaient pas discriminés en raison de leur nationalité[6].

En mars 1964, la Commission transmit au Conseil deux propositions de directives relatives aux marchés publics des travaux : la première visait l'ouverture de ces marchés, la seconde portait coordination de leurs procédures de passation. Pour tout marché public à partir d'un seuil de valeur déterminé, la procédure de passation devrait respecter trois principes : les pouvoirs adjudicateurs auraient l'obligation de publier au *Journal officiel des Communautés européennes* un avis contenant tous les renseignements indispensables pour les soumissionnaires potentiels ; les cahiers de charges ne pourraient pas comprendre des spécifications techniques discriminatoires ; enfin, les marchés devraient être adjugés selon des critères déterminés. Parmi les soumissionnaires dont l'aptitude économique, financière et technique serait établie, le marché devrait être attribué à l'offre au plus bas prix. Trois procédures d'adjudication seraient autorisées : l'adjudication ouverte, l'adjudication restreinte (une sélection est faite parmi les demandeurs de participation suite à un avis, seuls les candidats sélectionnés peuvent soumissionner) et, dans des conditions précises, l'adjudication négociée (le contrat est négocié entre le pouvoir adjudicateur et un ou plusieurs soumissionnaires). Une décision parallèle constituerait un Comité consultatif, composé de représentants des États membres et présidé par la Commission, qui examinerait les problèmes soulevés par l'application de la directive portant coordination des procédures.

Les discussions au COREPER furent ardues et lentes : le Conseil n'adopta la directive portant coordination des procédures d'attribution des marchés publics des travaux qu'en juillet 1971. La principale modification à la proposition de la Commission fut l'exclusion du champ d'application de la directive des achats réalisés par les entreprises de distribution d'eau, de gaz et d'électricité, ainsi que les entreprises dans le domaine des transports. Cette exclusion était motivée par la diversité des statuts juridiques de ces entreprises : semi-publiques ou privées dans certains États membres, elles auraient échappé à la directive, alors que leurs homologues publics dans d'autres pays auraient été inclus. Au-delà de cette justification juridique, la dérogation pour ces secteurs traduisait

---

[6]   *Programme général pour la suppression des restrictions à la libre prestation des services*, in *J.O.*, n° 2, 15 janvier 1962, p. 32-35 ; *Programme général pour la suppression des restrictions à la liberté d'établissement*, in *J.O.*, n° 2, 15 janvier 1962, p. 36-45 ; *Bulletin quotidien Europe*, n° 1153, 22 décembre 1961, p. 4.

surtout le souci des États membres de garder le contrôle d'importants marchés publics de travaux[7].

Entre-temps, tous les marchés publics des fournitures[8] avaient été en principe ouverts par deux directives de la Commission de décembre 1969. La première avait assimilé la réservation de ces marchés aux entreprises nationales à une mesure d'effet équivalent à une restriction quantitative. Cette directive avait défini le terme « mesure » de façon très large : il comprenait non seulement « les dispositions légales, réglementaires et administratives », mais aussi les « pratiques administratives et tous actes émanant d'une autorité publique, y compris les incitations ». La directive s'appliquait donc aussi aux très nombreuses préférences nationales qui ne faisaient pas l'objet d'une loi ou même d'un document écrit. La seconde directive de décembre 1969 avait marqué la fin de la période de transition pour la suppression des mesures d'effet équivalent à des restrictions quantitatives[9]. Il était toutefois impossible de vérifier le respect de ces directives sans une harmonisation des procédures de passation des marchés publics. Après la conclusion des négociations sur la directive relative aux marchés publics de travaux, la Commission soumit, en mars 1971, une proposition de directive semblable pour les fournitures[10].

Malgré une déclaration d'intention des chefs d'État et de gouvernement à la Conférence de Paris en octobre 1972[11] et malgré le fait que la

---

[7] Sur les discussions au COREPER : ACOM, BAC118/83/16-18. La directive portant coordination des procédures de passation : directive 71/305/CEE du Conseil du 26 juillet 1971, in *J.O.*, n° L185, 16 août 1971, p. 5-14. La directive concernant la suppression des restrictions à l'accès aux marchés publics fut également adoptée : directive 71/304/CEE du Conseil du 26 juillet 1971, in *J.O.*, n° L185, 16 août 1971, p. 1-4. Son effet était limité, puisque la période de transition pour la libération des échanges s'était entre-temps écoulée, mais elle définissait les activités considérées comme « travaux publics ». La décision instituant le Comité consultatif : décision 71/306/CEE du Conseil du 26 juillet 1971, in *J.O.*, n° L185, 16 août 1971, p. 15.

[8] La notion de « fournitures » couvre des matériels très divers, de fournitures courantes, comme le chauffage de bâtiments publics ou les produits alimentaires destinés aux hôpitaux, aux biens d'équipement comme les installations des centrales électriques ou le matériel de chemin de fer. Rappelons que les fournitures militaires échappent à la législation communautaire.

[9] Directive 70/32/CEE de la Commission du 17 décembre 1969, in *J.O.*, n° L13, 10 janvier 1970, p. 1-3 ; directive 70/50/CEE de la Commission du 22 décembre 1969, in *J.O.*, n° L13, 19 janvier 1970, p. 19-31.

[10] Proposition de directive du Conseil (présentée par la Commission au Conseil le 15 mars 1971), in *J.O.*, n° C50, 22 mai 1971, p. 15-23. Sur le moment de la proposition de la directive : Commission CE, *Rapport général sur l'activité des Communautés en 1970*, n° 4, 1971, §66.

[11] Commission CE, *Rapport général sur l'activité des Communautés en 1972*, n° 6, 1973, §5.

proposition de directive relative aux fournitures se fondait sur les mêmes principes que celle arrêtée par le Conseil pour les travaux publics (elle écartait d'emblée les services de transport et d'approvisionnement en eau, gaz et électricité), il fallut de nouveau cinq ans avant son approbation en décembre 1976. En raison de l'élargissement de la Communauté, les discussions au COREPER démarrèrent seulement au début de 1974. Elles portaient principalement sur cinq questions. La première était de savoir si des préférences accordées dans le cadre d'une politique régionale seraient admises. La directive accepta finalement ce type de préférences à condition que la réglementation invoquée soit compatible avec le traité ; elles ne furent exclues qu'à partir de 1992. Deuxièmement, il y eut désaccord sur les mesures de sauvegarde contre l'application de la directive aux produits originaires de pays tiers et mis en libre circulation dans un des États membres. Après des négociations laborieuses, tous les États membres s'entendirent sur une déclaration officielle de la Commission, où celle-ci confirmait son intention d'autoriser l'exclusion de ces produits des marchés publics en vertu de l'article 115 du traité. Le troisième point de litige était l'application de la directive dans le cas d'un accord international entre un État membre et un pays tiers portant sur des fournitures destinées à la réalisation en commun d'un ouvrage. Ces cas furent exclus de la directive, mais devaient être soumis au Comité consultatif des marchés publics, qui s'occupa également des fournitures à partir de 1977. Quatrièmement, se posait le problème du seuil d'application de la directive, qui fut en définitive fixé à 200 000 U.C.[12]. Enfin, l'opportunité d'inclure l'informatique et les télécommunications, comme le prévoyait la proposition de directive, était fortement contestée[13]. Les positions de la Commission et des différents États membres sur cette question étaient influencées par

---

[12] En 1977, une unité de compte européenne valait 0,65 £.

[13] Directive 77/62/CEE du Conseil du 21 décembre 1976, in *J.O.*, n° L13, 15 janvier 1977, p. 1-14. La directive était accompagnée d'une résolution sur l'accès des produits originaires des pays tiers aux marchés publics de fournitures dans la Communauté (résolution du Conseil du 21 décembre 1976, in *J.O.*, n° C11, 15 janvier 1977, p. 1-2), d'une déclaration de la Commission concernant l'application de l'article 115 du traité (in *J.O.*, n° C11, 15 janvier 1977, p. 2), d'une résolution concernant la révision de la directive (résolution du Conseil du 21 décembre 1976, in *J.O.*, n° C11, 15 janvier 1977, p. 3) et d'une déclaration du Conseil concernant les organismes chargés dans les États membres des services de télécommunications (in *J.O.*, n° C11, 15 janvier 1977, p. 3). La décision 71/306/CEE relative au Comité consultatif pour les marchés publics fut également modifiée (décision 77/63/CEE du Conseil du 21 décembre 1976, in *J.O.*, n° L13, 15 janvier 1977, p. 15). Les comptes rendus des discussions au COREPER sur la directive se trouvent dans ACOM, BAC118/83/157-159. Une synthèse des négociations jusqu'à la fin de janvier 1976 se trouve dans ACOM, BAC118/83/205, note du Conseil, 107/76(ES9), 29 janvier 1976.

les expériences récentes dans le domaine des marchés publics de ces secteurs : d'une part, l'échec des projets de concertation des commandes au plan communautaire, de l'autre, la réalité des préférences nationales.

II. Technologies avancées : « buy European » ?

À partir de 1967, le Comité de politique économique à moyen terme[14] envisagea, sur l'initiative de la Commission, non pas l'ouverture des marchés publics mais la concertation, voire le groupement des commandes publiques de produits de technologie avancée, dont les équipements de télécommunication et l'informatique[15]. Cette idée partait du constat que les dispositions du traité de Rome ne suffisaient pas à rendre les industries européennes de haute technologie compétitives. Certes, la création d'un grand Marché commun était importante. Les études menées par l'OCDE sur le problème des écarts technologiques avaient d'ailleurs amplement confirmé le rôle essentiel de la dimension du

---

[14] Ce comité, composé de hauts fonctionnaires des États membres, avait été établi par le Conseil en avril 1964. Il était chargé de définir un programme quinquennal de politique économique visant à coordonner les décisions économiques des gouvernements et des institutions communautaires. Commission CEE, *Rapport général sur l'activité de la Communauté en 1965*, n° 8, 1966, §137.

[15] Sauf indication contraire, les paragraphes de cette partie se basent sur ACOM, BAC118/83/198, document de travail de la Commission [pour le groupe des hauts fonctionnaires pour la politique industrielle du Conseil], 13781/III/70, [27 juillet 1970] ; ACOM, BAC118/83/198, secrétariat du Comité de politique économique à moyen terme (ci-dessous « CPEMT »), projet de résumé des discussions sur le problème de la concertation des commandes publiques au groupe « Politique des structures sectorielles » du CPEMT, ORII/196/69, 9 septembre 1969 ; ACOM, BAC118/83/197, note du groupe spécial « Recherche scientifique et technique » de la Commission, EUR/C/433/68, 29 janvier 1968 ; *ibid.*, note (traduite) d'I. Schwartz à T. Vogelaar, 14 février 1968 ; *ibid.*, note [de la DG IV/Dir. B/Div. 1], IV/2/4583/68, 22 mars 1968 ; *ibid.*, M. Lacotte à P. Pujade, 17 janvier 1969 ; *ibid.*, note de la DG XII/Dir. B/Div. 2 [rédigée par M. Lacotte], 14 janvier 1969 ; *ibid.*, Commission au groupe « Politique de la recherche scientifique et technique » du CPEMT (dit « groupe PREST »), 4066/III/69, 13 février 1969 (note diffusée le 4 juin aux membres de la Commission sous le numéro SEC/69/2119) ; *ibid.*, note de la DG II/Dir. B, 6 février 1969 et *ibid.*, note (traduite) de H. Michaelis, 8 février 1969 (ces deux derniers documents contiennent les observations de la DG II et de la DG XII sur une version antérieure de la note 4066/III/69).

La Commission propose d'envisager une concertation des commandes notamment pour les produits suivants : « appareils de navigation aérienne, appareils de radionavigation, équipements de télécommunication, matériel didactique électronique, appareils scientifiques et de mesure, équipements de signalisation de chemin de fer, matériel ferroviaire, systèmes de traitement d'information, gros matériel électrique, équipements météo et instruments médicaux ». ACOM, BAC118/83/198, DG III au groupe « Politique des structures sectorielles » du CPEMT, 21971/III/69, 28 novembre 1969.

marché dans les différences de performance entre les États-Unis et l'Europe[16]. L'ouverture des frontières intracommunautaires stimulerait la création d'entreprises à l'échelle européenne, dont la capacité financière permettrait d'assumer les investissements en recherche et développement nécessaires pour rester à la pointe. La suppression des doubles emplois permettrait en plus aux firmes communautaires de se spécialiser et de concentrer tous leurs efforts de recherche et développement sur un nombre de produits plus limité.

Néanmoins, un Marché commun seul ne permettrait pas de relever le « défi américain ». Les entreprises américaines profitaient en effet non seulement d'un marché continental, mais aussi d'un grand marché artificiel créé par des commandes publiques massives. Certains États de la Communauté soutenaient déjà leurs industries de pointe par le biais d'achats publics, mais leurs marchés étaient trop petits pour les rendre compétitives par rapport à leurs concurrentes américaines. La seule façon de faire bénéficier les industries européennes à la fois d'un grand marché et de commandes publiques importantes était de remplacer les préférences nationales par une préférence européenne. La Communauté, qui dénonçait le « Buy American Act » dans le cadre de l'OCDE et du GATT[17], devait adopter ce modèle américain, du moins dans les secteurs de pointe.

Une préférence pour les firmes européennes lors de la passation de marchés publics soulèverait des problèmes importants. Elle supposerait en premier lieu une définition des entreprises « européennes »[18], délicate puisque « toutes les questions politiques, juridiques et économiques qui déterminent les rapports de la Communauté vis-à-vis des États tiers apparaissent ici »[19]. Il était clair que les firmes localisées hors du territoire européen n'étaient pas « européennes ». Mais qu'en était-il des entreprises situées dans la Communauté, mais à capital étranger ? Le traité de Rome fait totalement abstraction du critère de la composition du capital : il qualifie toute société dont le siège se trouve à l'intérieur de la Communauté de « communautaire ». D'une perspective politique, il était toutefois difficile de considérer les filiales d'entreprises améri-

[16] Cf. Commission CE, *Rapport général sur l'activité des Communautés en 1969*, n° 3, 1970, §5.

[17] Cf. ACOM, BAC138/92/355, note de [T. de Corné], en annexe de P. Schlösser à R. Toulemon, s.d., relative à la session des 2-6 février 1970 du Comité des échanges de l'OCDE.

[18] Outre les documents cités dans la note 15, ce problème de définition fait l'objet d'ACOM, BAC118/83/197, note du groupe spécial « Recherche scientifique et technique » de la Commission, EUR/C/365/68, 24 janvier 1968.

[19] Citation d'ACOM, BAC118/83/197, note (traduite) de H. Michaelis, 8 février 1969.

caines comme des entreprises « européennes ». Enfin, il y avait le cas des firmes entièrement communautaires, mais recourant à la technologie d'un pays tiers. Au sein du sous-groupe « Informatique » du Comité de politique économique à moyen terme, on souleva par exemple la question de savoir si l'on pouvait considérer Siemens comme une entreprise véritablement communautaire, étant donné que les ordinateurs Siemens étaient fabriqués sous licence de la firme américaine RCA. Cette question parut toutefois assez théorique : il y avait un large consensus sur l'opportunité d'accorder la préférence communautaire à ces firmes. Concrètement, il paraissait en effet souvent indispensable d'acquérir une technologie déjà existante avant de pouvoir développer une technologie plus perfectionnée.

À côté de la définition des firmes bénéficiaires, il fallait également imaginer une méthode pour les privilégier lors de la passation de marchés publics sans violer les dispositions du traité de Rome. La direction « Rapprochement des législations » de la DG Concurrence établit en 1968 un rapport circonstancié sur ce problème[20]. Il écarta d'abord un certain nombre de solutions : une politique commerciale protectionniste à l'égard des importations de haute technologie, un accord officieux sur la non-application des règles du traité aux filiales de firmes étrangères, le recours à l'article 235 ou une interprétation très large de certaines dispositions du traité. Du point de vue juridique, la procédure la plus indiquée pour accorder une préférence aux firmes européennes parut être le groupement des commandes publiques. Le traité vise en effet à empêcher la discrimination des soumissionnaires étrangers puisqu'ils ont une autre nationalité que l'organisme adjudicateur. Si les commandes étaient attribuées conjointement par tous les États membres de la Communauté, les intérêts de leurs ressortissants seraient suffisamment protégés par la représentation nationale dans l'organisme adjudicateur. Dans ces conditions, aucun risque de préférence des entreprises d'un des États membres ne pourrait en principe exister, et il n'y aurait pas de raison d'assujettir ces commandes aux directives sur les procédures de passation des marchés publics en cours d'élaboration. Dans d'autres notes, il fut avancé que le seul fait que les mesures de concertation des commandes publiques viseraient l'intérêt communautaire suffirait à les légitimer au regard de l'article 90 du traité, même si elles comportaient des effets restrictifs pour les échanges intracommunautaires[21].

L'objectif principal d'une concertation ou d'un groupement des commandes publiques de produits de haute technologie serait l'amélioration de la compétitivité des entreprises européennes sur le plan international

---

[20]   *Ibid.*, note [de la DG IV/Dir. B/Div. 1], IV/2/4583/68, 22 mars 1968.

[21]   ACOM, BAC138/92/355, P. Schlösser à R. Toulemon, s.d.

– les éventuels avantages financiers pour les acheteurs publics étant jugés secondaires. Les commandes groupées devraient compléter des subsides communs pour des projets de recherche, en créant des débouchés pour les produits développés. Éventuellement, les commandes pourraient aussi porter sur des produits des mêmes entreprises qui se trouveraient déjà sur le marché. Des adjudications très importantes devraient en tout cas permettre aux entreprises bénéficiaires de produire de plus grands volumes et d'atteindre ainsi le seuil de rentabilité. Afin d'atteindre ce seuil, il fut aussi envisagé d'encourager les acheteurs privés à participer aux achats coordonnés en leur accordant des avantages fiscaux. Si les commandes étaient échelonnées sur de longues périodes, les entreprises pourraient, en outre, mieux programmer leurs activités. À titre temporaire, on pourrait également accorder des surprix, mais, dans la plupart des secteurs, il faudrait assez rapidement pouvoir susciter la concurrence de quelques grandes firmes, en imitant la politique des « grandes agences américaines ». Les exigences techniques et économiques posées par celles-ci lors de la passation de contrats publics sont si élevées, estime-t-on, que « le marché artificiel ainsi créé constitue une sorte de super-marché où les lois de la concurrence jouent avec une rigueur encore plus vive que sur les marchés privés »[22]. Les critères de capacité financière et technique utilisés lors de la passation des marchés devraient aussi encourager la concentration et la spécialisation des industries. Par ailleurs, il fut envisagé de compenser les entreprises qui ne profiteraient pas des commandes destinées à stimuler les hautes technologies par l'attribution préférentielle d'autres marchés, mais ceci parut difficilement conciliable avec le traité. Pour l'organisation concrète de la concertation ou le groupement des achats, différentes possibilités furent évoquées. Il en ressortit surtout qu'ils devraient être différenciés selon les secteurs et établis en consultation avec les organismes acheteurs et les industries concernées.

Le problème majeur d'une concertation des commandes publiques serait toutefois le « juste retour » aux États membres. Les commandes devraient en principe être réparties sur une base communautaire, mais, pense-t-on, « il ne serait pas réaliste, au stade actuel de la construction européenne, d'ignorer la nécessité de respecter un certain équilibre géographique dans la répartition d'ensemble »[23]. La concertation serait plus

[22] Citation d'ACOM, BAC118/83/197, Commission au groupe PREST, 4066/III/69, 13 février 1969.

[23] Citation d'*ibid*. Cette affirmation était aussi reprise dans un projet de texte pour le mémorandum de la Commission sur la politique industrielle de la Communauté (COM/70/100/final, 18.3.70), mais modifiée suite à ACOM, BAC138/92/355, note de [T. de Corné], en annexe de P. Schlösser à R. Toulemon, s.d.

facile si elle portait sur tous les produits d'un secteur, voire sur tous les secteurs de technologie avancée. Il serait aussi préférable de passer des commandes à un consortium multinational européen plutôt qu'à une entreprise d'une seule nationalité. Un recours systématique à la sous-traitance permettrait également d'augmenter le nombre de bénéficiaires des commandes publiques.

L'idée d'une concertation des commandes publiques des produits de technologie avancée semble avoir été lancée en 1967 à la Commission européenne par la DG III (Affaires industrielles) et par le groupe spécial « Recherche scientifique »[24]. Au vu des échanges de notes et des comptes rendus de réunions inter-services – souvent au niveau des directeurs ou directeurs-généraux –, cet objectif était toutefois partagé par toutes les directions générales concernées : DG III (Affaires industrielles), DG XII (Recherche), DG II (Affaires économiques et financières), DG IV (Concurrence) et DG XIV (Marché intérieur et rapprochement des législations, appelée DG XI à partir de 1973). Les propositions de la Commission furent aussi accueillies plutôt favorablement par les fonctionnaires des États membres au Comité de politique économique à moyen terme. Dans le second *Programme de politique économique à moyen terme* (1968), ils affirmèrent explicitement qu'une concertation des politiques de commandes publiques pourrait être envisagée pour au moins certains domaines de haute technologie[25]. C'est dans le groupe « Politique de la recherche scientifique et technique » du Comité de politique économique à moyen terme (dit « groupe PREST ») que les réflexions sur une mise en œuvre concrète étaient les plus avancées, notamment à propos de la construction commune d'une très grande calculatrice par les principales firmes européennes, un projet qui fut discuté au sous-groupe « Informatique » du groupe PREST à partir de 1967. Les gouvernements communautaires projetaient non seulement d'accorder un soutien financier important au développement de cette calculatrice, mais également de lui garantir un marché minimum[26].

---

[24] Le groupe spécial « Recherche scientifique et technique » était une petite *Task Force* composée des fonctionnaires P. Maillet, M. Albert et P. Bourguignon. Il fut établi après la résolution relative à la recherche du Conseil du 31 octobre 1967 pour préparer les travaux du groupe PREST en attendant l'organisation des services de la DG XII (Recherche générale et Technologie) de la nouvelle Commission unique. ACOM, procès-verbal de la séance de la Commission des 19-23 novembre 1967, COM/67/PV15/final/1e partie, 13 décembre 1967.

[25] Commission CE, *Projet de second programme de politique économique à moyen terme (présenté par la Commission au Conseil)*, COM/68/148/final, 20 mars 1968.

[26] ACOM, BAC118/83/197, note du groupe spécial « Recherche scientifique et technique » de la Commission, EUR/C/433/68, 29 janvier 1968 ; *ibid.*, projet de note [de D. Verdiani], 2434/III/69, 27 janvier 1969 ; ACOM, BAC130/83/197, rapport du

En mars 1970, la Commission souligna l'intérêt d'une concertation des commandes publiques de produits de haute technologie dans son mémorandum au Conseil sur la *Politique industrielle de la Communauté*[27]. Les discussions sur ce mémorandum au COREPER et dans son nouveau groupe « Politique industrielle » durèrent plus d'un an, mais n'aboutirent pas à une position commune. Une des raisons de cet échec fut la divergence des conceptions du rôle des marchés publics : la France souhaitait utiliser les marchés publics afin de stimuler les industries de pointe, alors que l'Allemagne préférait les libéraliser et soutenir les industries européennes par des subsides à la recherche et au développement[28]. Étant donné la relative convergence des pratiques nationales des États membres (cf. partie III ci-dessous), le poids de cette opposition idéologique ne doit sans doute pas être exagéré. Un autre nœud de discorde fut la place à réserver aux entreprises originaires d'États tiers, et notamment des États-Unis. Plus fondamentalement, la plupart des États membres paraissaient réticents à étendre les compétences de la Communauté[29]. Entre-temps, le premier projet susceptible de mener à des achats publics groupés, à savoir la construction d'une très grande calculatrice, fut abandonné[30].

III. La pratique : les préférences nationales

Pendant les discussions sur la possibilité d'accorder aux entreprises de haute technologie une préférence européenne, la Commission tolérait les préférences nationales dans le secteur de l'informatique, étant donné la position dominante d'IBM sur le marché communautaire. Elle essayait toutefois d'être bien renseignée sur leurs modalités. La France et

---

sous-groupe « Informatique » du groupe PREST, 4445/III/69/révision 2, 5 mars 1969. Sur les travaux de ce sous-groupe « Informatique », voir A. Van Laer, « Endeavours to Build European Computers, 1965-1974: An Opportunity to Develop an EC Industrial Policy », à paraître dans un numéro de *History and Technology* sous la direction de L. Heide et R. Wilson.

[27] Commission CE, *La politique industrielle de la Communauté. Mémorandum de la Commission au Conseil*, COM/70/100/final, 18 mars 1970.

[28] Commission CE, *Rapport général sur l'activité des Communautés en 1972*, n° 6, 1973, §291 ; interview de R. Perissich (ancien chef de cabinet du commissaire A. Spinelli), Rome, 7 novembre 2003.

[29] Cf. les interprétations de hauts fonctionnaires de la Commission : Toulemon, R. et Flory, J., *Une politique industrielle pour l'Europe*, Paris, 1974, Collection SUP, L'économiste, 40, p. 110-113 ; Layton, C., « The High-Tech Triangle », in Morgan, R. et Bray, C. (eds.), *Partners and Rivals in Western Europe: Britain, France and Germany*, London, Aldershot-Brookfield, 1986, p. 184-204.

[30] ACOM, BAC422/95/44, compte rendu de la réunion du groupe d'experts « Informatique » de COST du 20 novembre 1970, COST/82/70, 30 novembre 1970.

l'Allemagne prévoyaient, dans leurs programmes d'aides aux entreprises informatiques nationales, une certaine préférence pour les produits de ces firmes lors d'achats publics. Le programme allemand l'exprimait de façon nuancée et la Commission ne formula pas d'objections. La Commission surveillait aussi la firme allemande Datel, établie en 1970 : comme les postes fédérales détenaient 40 % de son capital, il paraissait probable qu'elles loueraient leurs ordinateurs auprès de cette société. Comme le premier plan Calcul français impliquait une préférence assez importante pour les produits nationaux, la Commission attira l'attention de la France sur le fait que cette préférence était contraire au traité et elle la pria de ne pas la prolonger après la fin du programme. Quand la France la renouvela néanmoins en 1971 dans le cadre du deuxième plan Calcul, la Commission se limita de nouveau à un avertissement, cette fois afin de ne pas nuire aux discussions sur sa proposition de directive relative aux marchés des fournitures. La Commission surveillait également la préférence des autorités néerlandaises pour Philips et, enfin, la politique d'achat de matériel informatique en Belgique. En 1969, le gouvernement belge conclut avec Siemens et Philips des contrats en vertu desquels chaque firme bénéficierait pendant cinq ans de 25 % de toutes les commandes publiques d'informatique, avec un minimum de 65 millions de francs belges par an en valeur locative. Ces contrats auraient été conclus en contrepartie d'installations industrielles en Belgique. L'arrangement irritait particulièrement la DG IV, qui ne parvenait pas à obtenir du gouvernement belge des informations plus détaillées à son propos[31].

---

[31]   Sur les préférences nationales : ACOM, BAC138/92/357, DG IV/Dir. D/Div. 3, compte rendu de la réunion multilatérale concernant les aides octroyées en faveur du secteur de l'informatique du 10 janvier 1972, 33/IV/72, s.d. ; *ibid.*, P. Mathijsen aux DG III et DG XIV et au Service juridique, 22 mars 1972 ; *ibid.*, P. Mathijsen à la DG III et au Service juridique, IV/D/3/72/423, 22 avril 1972 ; ACOM, BAC138/92/355, directeur-général de la DG III [R. Toulemon, rédigé par T. de Corné] à Much, III/A/3/4663, 5 août 1971 ; *ibid.*, projet de note à la Commission, en annexe d'une lettre du directeur [de la DG III/Dir. A, rédigée par T. de Corné] à P. Bourguignon, 2 février 1973 ; *ibid.*, Représentation permanente de la France à la Commission CE, 10 août 1972.

Spécifiquement sur les programmes français : ACOM, BAC138/92/357, compte rendu de la réunion multilatérale sur les aides en France dans le domaine des ordinateurs électroniques du 20 mars 1969, 7748/IV/69, s.d. ; *ibid.*, projet de communication à la Commission, diffusé pour commentaire aux services concernés par P. Mathijsen (note IV/D/3/70/900 du 25 mars 1970) ; *ibid.*, directeur-général de la DG III [R. Toulemon] à W. Schlieder, III/A/5/72/4371, 26 avril 1972 ; *ibid.*, note de la DG XI/Dir. A/Div. 1, 5 novembre 1973.

Spécifiquement sur le cas de la Belgique : ACOM, BAC118/83/200, P. Mathijsen au directeur-général de la DG XI [F. Braun], 20 mars 1974.

Comme le montre le tableau 1 ci-dessous, l'impact des pratiques protectionnistes nationales était limité : le marché communautaire d'ordinateurs restait dominé par IBM. Seules les mesures britanniques de soutien à ICL paraissaient avoir eu quelque succès[32].

La Commission ne réussit pas à rassembler des données sur les achats publics d'ordinateurs, mais elle disposait d'indications sur la composition du parc d'ordinateurs des services publics français et allemands (tableaux 2 et 3). La répartition des ordinateurs par origine n'était pas sensiblement différente de celle du marché total (tableau 1), avec une prédominance des machines produites par des firmes américaines, et surtout par IBM.

**Tableau 1 : Part de marché des différents constructeurs
d'ordinateurs dans la CEE, au Royaume-Uni
et aux États-Unis en juin 1969 (en % des valeurs)**

	RFA	*Benelux*	*France*	*Italie*	*Royaume-Uni*	*USA*
IBM	63,3	59,0	62,6	66,3	40,3	71,0
Honeywell Bull GE	7,0	14,8	16,2	22,6	6,5	6,1
Univac	7,1	5,9	4,5	7,5	3,8	7,0
CDC	2,7	3,0	3,1	1,5	0,9	5,3
ICL	0,7	3,1	1,7	0,2	42,0	-
Philips	-	5,5	-	-	-	-
Siemens	13,2	2,5	1,0	0,8	-	-
CII	0,3	1,2	4,0	-	-	-
Autres	5,7	5,0	6,9	1,1	6,5	10,6
Total	100,0	100,0	100,0	100,0	100,0	100,0

**Tableau 2 : Fabricants des ordinateurs en service en France
au 1er janvier 1970 : ensemble du marché et marchés publics
ou parapublics (en % des nombres)**

	IBM	*Bull-GE*	*Autres*
Marché total	48,0	32,0	20,0
dont :			
- EdF, GdF et CEA	37,0	16,5	46,5
- organismes publics	43,0	29,0	28,0

[32] Cf. ACOM, BAC31/84/35, note de la DG III/Dir. D/Div. 1, 13 décembre 1971.

**Tableau 3 : Origine des ordinateurs en service
dans l'administration publique, dans la recherche et
dans l'enseignement en RFA au 1er janvier 1971 (en valeur)**

USA	1,23 milliard de DM
RFA	0,33 milliard de DM
Autres	0,14 milliard de DM

Source des tableaux 1-3 : Commission CE, *Première communication de la Commission au Conseil sur l'état d'ouverture des marchés publics et des marchés des entreprises chargées d'un service d'intérêt économique général en ce qui concerne les fournitures*, SEC/72/2601/final, 24 juillet 1972, p. 17 et 19.

La situation est différente pour les équipements de télécommunication. La Commission n'a pas non plus trouvé de données sur les échanges intracommunautaires[33], mais une confrontation des chiffres de la production et des échanges commerciaux donnait une idée approximative (tableau 4). On constate que les échanges intracommunautaires sont également limités, mais les équipements sont presque exclusivement fournis par des entreprises nationales (et non par des entreprises de pays tiers comme pour l'informatique).

**Tableau 4 : Part des importations intracommunautaires dans la
consommation apparente d'équipements de télécommunications
pour cinq pays* de la Communauté en 1969 (en millions de $)**

Production	1 508,5
Importations	88,2
- dont intra-CEE	43,8
Exportations	333,0
- dont intra-CEE	68,5
Consommation apparente	1 263,7
% des importations de la consommation apparente	7 %
- dont intra-CEE	3,5 %

* Les données pour les Pays-Bas étant incomplètes, ce pays est exclu du présent calcul.

Source : Commission CE, *Première communication de la Commission au Conseil sur l'état d'ouverture des marchés publics*, op. cit., p. 37.

À la connaissance de la Commission, il n'existait dans aucun pays des réglementations légales excluant les fournisseurs étrangers des marchés de télécommunications. Les particularités du secteur expliquaient cependant la faiblesse des échanges. Les installations étaient en place depuis longtemps et présentaient des caractéristiques techniques spécifiques et souvent incompatibles d'un pays à l'autre, malgré les travaux

---

[33] Sur la difficulté d'obtenir des chiffres à ce sujet : ACOM, BAC31/84/35, note de la DG III/Dir. D/Div. 1, 13 décembre 1971.

d'harmonisation entamés par des organisations comme la Conférence européenne des Postes et des Télécommunications (CEPT). En 1968, la Commission elle-même avait déjà proposé la création d'un comité des postes et télécommunications composé de hauts fonctionnaires des États membres, qui aurait dû assister la Commission dans l'harmonisation des normes. Il s'agissait aussi de marchés où un acheteur prépondérant, l'administration des PTT, traitait avec un petit nombre de fournisseurs très spécialisés. Entre l'acheteur et ces fournisseurs s'étaient inévitablement créées des connivences au fil des années[34].

IV. L'informatique et les télécommunications : exceptions dans la directive de 1976

Étant donné l'inefficacité des préférences nationales et l'impossibilité d'une préférence communautaire, la Commission considéra que les industries de pointe européennes devaient au moins bénéficier des avantages du Marché commun. Sa proposition de directive relative aux marchés publics des fournitures ne fit donc pas d'exception pour l'informatique et les télécommunications. Dans une communication sur l'état d'ouverture des marchés publics transmise au Conseil en 1972, la Commission souligna au contraire que les marchés des produits de technologie avancée, qui dépendaient d'une manière primordiale et parfois exclusive des commandes de l'État ou des entreprises chargées d'un service d'intérêt économique général, restaient beaucoup plus cloisonnés que ceux des fournitures courantes. Pour les produits qui ne faisaient pas l'objet d'achats publics exclusifs ou dominants, 15 à 35 % de la consommation globale de la Communauté impliquaient déjà des échanges entre États membres. Pour les équipements de télécommunications, le taux des échanges intracommunautaires n'était, par contre, estimé qu'à 3,5 %[35].

Les services de la DG III en charge du secteur informatique considéraient toutefois qu'il serait dommageable pour l'industrie communautaire d'inclure immédiatement tous les produits informatiques dans la directive. Il fallait d'abord que les entreprises européennes acquièrent une position concurrentielle grâce à une politique informatique commu-

---

[34] Commission CE, *Première communication de la Commission au Conseil sur l'état d'ouverture des marchés publics, op. cit.*, p. 36-43 ; ACOM, BAC118/83/208, C. Layton à F. Braun, [octobre 1974] ; Commission CE, *Rapport général sur l'activité des Communautés en 1968*, n° 2, 1969, § 80.

[35] Proposition de directive du Conseil (présentée par la Commission au Conseil le 15 mars 1971), in *J.O.*, n° C50, 22 mai 1971, p. 15-23 ; Commission CE, *Première communication de la Commission au Conseil sur l'état d'ouverture des marchés publics, op. cit.*, p. 16-19.

nautaire. Il parut que « sans un tel cadre, il serait difficile de demander aux États membres de renoncer à certaines mesures qui sont contraires au traité mais justifiées *de facto* par la pression concurrentielle extérieure »[36]. Il semble que, dans le cadre de la préparation de propositions au Conseil en vue de l'élaboration d'une politique communautaire pour l'informatique, la DG III ait encore sondé officieusement, au début de 1973, la position des gouvernements des États membres à l'égard d'une préférence européenne lors de l'attribution des marchés publics dans ce secteur[37]. Dans sa résolution du 15 juillet 1974 sur une politique communautaire de l'informatique, le Conseil invita la Commission à présenter des propositions pour, entre autres, une collaboration en matière de politique des achats publics[38]. La délégation allemande avait toutefois indiqué au COREPER que, pour sa part, la résolution ne préjugeait pas la solution qui serait donnée au problème de l'application de la directive relative aux marchés publics de fournitures au secteur de l'informatique[39].

Lors des premières négociations sur la directive au COREPER, l'Allemagne, le Danemark et l'Irlande se prononcèrent en faveur de l'inclusion de l'informatique, alors que le Royaume-Uni, la France et l'Italie s'y opposèrent radicalement. La Belgique et les Pays-Bas voulaient lier l'application de la directive aux progrès de la politique informatique européenne. Conformément aux souhaits de la DG III, la délégation de la Commission rejoignit cette dernière position. En novembre 1974, elle proposa que la directive s'applique immédiatement aux catégories de matériel n'ayant pas besoin de période de transition, et au plus tard en 1980 à l'ensemble du secteur informatique. Entre-temps, la Commission pourrait proposer au Conseil d'inclure tel ou tel type de matériel dans le champ d'application. Comme l'évolution de l'industrie informatique était difficile à prévoir, la Commission suggéra d'introduire la possibilité de reporter, sur sa propre proposition, la date limite

---

[36] ACOM, BAC138/92/355, P. Schlösser [rédigé par T. de Corné] à J. Flory et P. Bourguignon, 10 janvier 1972 ; *ibid.*, projet de note à la Commission, en annexe d'une lettre du directeur [de la DG III/dir. A], rédigée par T. de Corné] à P. Bourguignon, 2 février 1973 ; ACOM, BAC118/83/208, note [de J. Quequin], 10 octobre 1974 ; citation d'ACOM, BAC138/92/355, P. Bourguignon à P. Schlösser, 21 janvier 1972.

[37] ACOM, BAC138/92/355, projet de questionnaire sur le secteur de l'informatique [de DG III/Dir. D/Div. 1], 3 janvier 1973. Nous n'avons pas trouvé le questionnaire définitif, ni d'éventuelles réponses.

[38] Résolution du Conseil du 15 juillet 1974 concernant une politique communautaire de l'informatique, in *J.O.*, n° C86, 20 juillet 1974, p. 1.

[39] ACOM, BAC64/86/55, extrait du projet de compte rendu sommaire de la 733ᵉ réunion du COREPER des 19-21 et 25 juin 1974, 1435/74(RP/CRS22)Extr.1, 19 novembre 1974.

de 1980[40]. Pendant la période de transition, les États membres pourraient continuer à passer des marchés de gré à gré. En principe, ils n'étaient pas dispensés d'observer les règles de non-discrimination du traité. Toutefois, afin de rallier les gouvernements britannique, italien et français à ce compromis, la Commission leur assura de façon informelle qu'elle s'abstiendrait de mettre en cause leurs préférences nationales – discriminatoires[41] – jusqu'à la fin de la période de transition[42]. Finalement, les équipements dans le domaine de l'informatique restèrent tous exclus de la directive jusqu'au 1er janvier 1981 – la date prévue dans le texte définitif de la directive –, mais cette exception ne fut pas prolongée.

Les télécommunications donnèrent lieu à des négociations encore plus difficiles[43] ; les services opérant dans ce domaine ne furent finale-

[40] ACOM, BAC118/83/200, document de travail des services de la Commission (au groupe des questions économiques du Conseil), en annexe de C. Struxiano à F. Braun e.a., 27 novembre 1974 ; ACOM, BAC118/83/205, note du Conseil, R/T/668/74(ES), 27 novembre 1974 ; BAC118/83/200, C. Struxiano à F. Braun, 17 décembre 1974 ; ACOM, BAC118/83/205, note du Conseil, 107/76(ES9), 29 janvier 1976.

[41] Selon un document de la Commission, le programme d'aides du gouvernement français à la firme CII-Honeywell-Bull garantissait, pour la période 1976-1980, des ventes au secteur public pour un montant de 4050 millions de francs français. En plus, si le montant annuellement prévu n'était pas atteint et que la différence dépassait 5 % du chiffre prévu, une compensation égale à 55 % du montant serait octroyée à l'entreprise. ACOM, BAC118/83/200, W. Schlieder à DG III et DG XI, 2 mars 1976.

[42] ACOM, BAC118/83/200, note anonyme, 17 mars 1976. Le Royaume-Uni accepte le compromis avant la fin de 1975, l'Italie et la France au début de 1976. Cf. ACOM, BAC118/83/205, note du Conseil, 107/76(ES9), 29 janvier 1976. Sur l'arrangement avec la France, également : ACOM, BAC118/83/200, J. Loeff à W. Schlieder et F. Braun, 10 mars 1976 ; ACOM, BAC138/92/357, annotation de Beaufine sur une note de transmission de Hecht à É. Brackeniers du 1er décembre 1976.

[43] Sur les négociations à propos des télécommunications : ACOM, BAC118/83/209, C. Struxiano à F. Braun, 12 mars 1974 ; *ibid.*, projet de note en annexe de C. Struxiano à I. Schwartz et B. Harris, 7 juin 1974 ; *ibid.*, C. Struxiano à F. Braun, I. Schwartz, J.-P. Derisbourg et B. Harris, 8 novembre 1974 ; ACOM, BAC118/83/208, C. Struxiano à F. Braun, I. Schwartz et B. Harris, 12 août 1974 ; ACOM, BAC138/92/353, rapport des services de la Commission au COREPER, III/876/2/74, 30 septembre 1974, dit « rapport Layton » ; *ibid.*, note du Conseil, 1936/74(ES160), 30 octobre 1974 ; *ibid.*, note du Secrétariat général de la Commission sur la 763e réunion du COREPER du 12 mars 1975, SI(75)173, 15 mars 1975 ; ACOM, BAC118/83/200, document de travail des services de la Commission (au groupe des questions économiques du Conseil), en annexe de C. Struxiano à F. Braun e.a., 27 novembre 1974 ; *ibid.*, C. Struxiano à F. Braun, 17 décembre 1974 ; ACOM, BAC118/83/205, note du Conseil, 107/76(ES9), 29 janvier 1976 ; *ibid.*, note du Secrétariat général de la Commission sur la 818e réunion des représentants adjoints du COREPER du 18 juin 1976, SI/76/510, 23 juin 1976 ; ACOM, BAC118/83/210, C. Struxiano à F. Braun, I. Schwartz, B. Harris, J.-P. Derisbourg et É. Brackeniers, 17 mars 1976 ; Commission CE, *Harmonisation des services et des matériels de télécommunications (Communication de la Commission au Conseil)*, COM/75/109/final, 12 mars 1975.

ment pas soumis à la directive de coordination. D'emblée, la délégation anglaise déclara que le *Post Office*, en tant qu'« industrie nationalisée », ne pouvait pas tomber dans le champ d'application de la directive. La délégation italienne affirma de son côté que son secteur des télécommunications, à caractère mixte (public et privé), n'était pas non plus concerné. Toutes deux firent donc appel aux arguments juridiques invoqués pour exclure les entreprises de distribution d'eau et d'énergie, ainsi que les organismes de transport. Fondamentalement, elles déclaraient que leurs services des télécommunications avaient précisément reçu un statut particulier pour échapper aux lourdeurs bureaucratiques et pour pouvoir opérer sur le marché avec la souplesse d'entreprises privées. La Commission considérait de son côté que les autorités anglaises et italiennes intervenaient toujours largement dans le fonctionnement de ces entreprises. Il n'y aurait pas non plus d'obstacles juridiques incontournables : il suffirait que la directive précise que, dans le domaine des télécommunications, les personnes morales de droit privé étaient des pouvoirs adjudicateurs. Les autres États membres se déclaraient favorables à l'application de la directive aux services des télécommunications, à condition que les services anglais et italiens y soient intégrés, de sorte qu'il y ait une réciprocité effective.

De façon plus cruciale, l'ouverture des marchés publics des équipements de télécommunication présentait un important problème pratique : la diversité des normes techniques priverait un appel d'offres communautaire de toute signification. La Commission reconnaissait aussi qu'une harmonisation de ces normes serait nécessaire pour atteindre pleinement les objectifs de la directive. Elle y voyait d'ailleurs un levier important pour renforcer la position concurrentielle de l'industrie européenne sur les marchés mondiaux. La Commission ne voulait toutefois pas subordonner l'entrée en vigueur de la directive dans le domaine des télécommunications à la mise au point de normes techniques uniformes. Au contraire, la directive créerait une incitation économique en faveur de l'harmonisation et de l'innovation[44].

En mars 1974, le commissaire Spinelli réunit une première fois les hauts fonctionnaires nationaux chargés des services des télécommunications dans la Communauté. Quelques mois plus tard, le COREPER chargea la DG III de réunir un groupe de travail de fonctionnaires nationaux pour faire un rapport, destiné au groupe des questions économiques du Conseil, sur les problèmes posés par l'inclusion du secteur des télécommunications, en dehors des questions juridiques. Le « rapport Layton » (du nom du fonctionnaire de la Commission présidant le

---

[44] ACOM, BAC118/83/209, projet d'aide-mémoire des services de la Commission [rédigé par C. Struxiano] au groupe des questions économiques du Conseil, 4 avril 1974.

groupe) fut présenté en septembre 1974. Il concluait que les possibilités de concurrence étaient alors trop limitées en raison des différentes normes et que la directive ne devait donc pas s'appliquer immédiatement aux télécommunications. Le groupe proposa de mener une harmonisation au sein de la CEPT, qui devrait nouer à cette fin de nouveaux liens d'association avec la Communauté et, dans la mesure du possible, également avec l'industrie. La CEPT comprenait aussi des États non-membres de la CEE, mais, souligna le groupe Layton, le réseau de télécommunications ne s'arrêtait pas non plus aux frontières de la Communauté. L'application volontaire des normes, telle que pratiquée par la CEPT, apparut dans un premier temps comme la procédure la plus efficace, compte tenu du rythme rapide des changements techniques et de la lourdeur de la procédure communautaire. Avant le jugement du cas « Cassis de Dijon » en 1979 et l'adoption d'une « nouvelle approche » de l'harmonisation technique en 1985, la seule voie communautaire pour supprimer les obstacles techniques aux échanges était en effet l'harmonisation des législations nationales. Le rapport Layton prévoyait donc que les normes seraient adoptées par la CEPT, et qu'elles pourraient éventuellement être confirmées plus tard par une directive communautaire. Si de nouveaux équipements étaient développés pour répondre à ces normes communes, il deviendrait encore plus important de se protéger contre la distorsion de concurrence induite par les différents soutiens financiers aux travaux de recherche et développement. Selon certains membres du groupe Layton, une coordination de ces financements, voire leur remplacement par des financements communautaires, pourrait apporter une solution à ce problème. Toutes les délégations au groupe Layton, sauf la britannique, convenaient finalement que, moyennant certains amendements et certaines mesures d'accompagnement, il n'y avait – en dehors des considérations juridiques – aucune raison d'exclure définitivement les télécommunications de la directive.

À la fin de 1974, la Commission proposa au COREPER un projet d'application graduelle de la directive aux équipements de télécommunication, dans la ligne du rapport Layton. Elle couvrirait immédiatement les équipements non spécifiques aux télécommunications, y compris le matériel de radio et télévision, et s'étendrait aux matériels spécifiques au plus tard le 1er janvier 1979, suivant un calendrier établi par le Conseil sur proposition de la Commission. Dans cette perspective, le Conseil devrait aussitôt, donc sans attendre l'adoption de la directive, arrêter une résolution définissant les travaux d'harmonisation à réaliser et indiquant que ces travaux pourraient être confiés à la CEPT, où la Commission serait représentée. Une déclaration parallèle devrait stipuler que, pendant la période de transition, les pouvoirs adjudicateurs mettraient à la disposition des fournisseurs communautaires toutes les informations devant leur permettre d'offrir les fournitures en cause dès qu'elles tomberaient dans le champ d'application de la directive. La Commission accepta un amendement souhaité par l'Allemagne : les cas de l'extension de fournitures ou d'installations existantes seraient exclus de la directive si le changement de fournisseur entraînait des difficultés techniques disproportionnées.

L'Allemagne, la France, l'Irlande, le Danemark et les Pays-Bas étaient prêts à approuver la proposition de la Commission visant à inclure progressivement le secteur des télécommunications dans la directive, mais toujours à condition que celle-ci s'applique aux services de télécommunications de tous les États membres, nonobstant leurs statuts juridiques. En 1975, la CEPT accepta à la demande de la Commission d'entreprendre les travaux d'harmonisation[45]. Le Royaume-Uni et l'Italie maintenaient toutefois leur position, que la Belgique appuyait alors également : la directive ne pourrait s'appliquer à leurs services de télécommunications. La question de l'application aux télécommunications devint un des derniers problèmes à résoudre pour permettre l'adoption de la directive.

Les documents internes de la Commission montrent que, dès le milieu de 1975, celle-ci avait renoncé à l'espoir d'inclure les télécommunications dans la directive, au vu du refus anglais et italien ; elle continuait seulement à plaider cette cause pour des raisons stratégiques. Par contre, la délégation allemande se montra très persévérante. Selon une note de la Commission, c'était en raison de la volonté du ministère de l'Économie allemand de contrecarrer la concertation constatée entre le ministère fédéral des Postes et la firme Siemens. Ce conflit entre l'administration des Postes et les ministères de l'Économie et des Finances existait, pensait-on, dans la plupart des États membres[46].

Les organismes chargés des services de télécommunications furent finalement exclus du domaine de la directive. Dans une déclaration parallèle, le Conseil affirma toutefois qu'il était nécessaire d'élaborer des mesures destinées à assurer, sur une base de réciprocité, la mise en concurrence des marchés de fournitures passés par ces organismes. Il invita la Commission à suivre les progrès de l'harmonisation des équi-

---

[45] Le Conseil n'a jamais formellement adopté la résolution proposée, puisque la Commission avait préjugé de sa décision et contacté la CEPT pour s'assurer que celle-ci puisse discuter de la question lors de sa session d'avril 1975. Cf. ACOM, BAC138/92/355, note du Secrétariat général sur la 764e session des représentants adjoints du COREPER du 19 mars 1975, SI/75/204, 21 mars 1975.

[46] ACOM, BAC118/83/210, C. Struxiano à F. Braun, I. Schwartz, B. Harris, J.-P. Derisbourg et É. Brackeniers, 17 mars 1976.

pements de télécommunications, et à lui proposer dans un délai de deux ans un calendrier des mesures de libéralisation à mettre en œuvre[47].

Au milieu des années 1970, le consensus – européen et international – sur le principe de la libération des marchés publics se développait, mais sa mise en œuvre dans des secteurs de pointe restait délicate. L'ouverture des marchés de l'informatique fut facilitée par le succès des firmes informatiques américaines, et particulièrement d'IBM, qui avait fortement limité l'effet des préférences nationales et imposé de fait ses standards techniques. Les fournisseurs européens d'équipements de télécommunication bénéficiaient, par contre, de réels monopoles sur leurs marchés, protégés par des barrières techniques. Dans le secteur des télécommunications, l'ouverture des marchés publics impliquerait donc une profonde restructuration. Les services de télécommunication ne feront l'objet d'une directive de coordination qu'en 1990, en même temps que les compagnies de distribution d'eau et d'énergie et les services de transport.

Abstract

Public markets in the European Economic Community were officially liberalised by the Treaty of Rome of 1957, but for a long time the member states have actually retained control of this important policy instrument and reserved their purchases for national contenders. After an overview of EEC legislation on public markets until the adoption of the first directive coordinating procedures for the award of public supply contracts in 1976, this article focuses on the cases of data-processing and telecommunications, two particularly protected sectors. Public authorities were the principal clients of computer and telecommunication equipments, and they were eager to support their national industry in order to remain or to become competitive in these high-tech fields. During the late 1960s and early 1970s, the European Commission proposed on several occasions to group or to coordinate public orders of advanced technology at the EEC level, thus replacing national preferences with a European one. As this idea appeared unsuccessful, the Commission supported the full liberalisation of data-processing and telecommunications during the negotiation of the 1976 supplies directive. Because of the member states' resistances, the two sectors were nevertheless excluded from the directive, temporally for data-processing products, indefinitely in the case of telecommunications equipment.

---

[47] *J.O.*, n° C11, 15 janvier 1977, p. 3.

Postface

Patrick FRIDENSON

Directeur d'études
École des Hautes Études en Sciences Sociales

Les entreprises ont été longtemps éclipsées dans beaucoup de publications sur l'histoire de la construction européenne par les hommes d'État et les hauts fonctionnaires qui ont conçu, négocié et bâti le cadre communautaire. Un autre niveau d'étude est apparu plus récemment : celui des politiques menées sur longue période par un État-nation à l'égard de l'intégration européenne[1]. Cependant de différents côtés, notamment en Belgique, Italie, Allemagne, Grande-Bretagne, France et aussi chez les chercheurs d'Amérique, les travaux se multiplient qui rendent aux entreprises ainsi qu'aux organisations professionnelles (souvent appelées aussi syndicats patronaux) leur place dans l'établissement puis le développement de ce qui a été longtemps la Communauté économique européenne, avant de déboucher sur l'Union européenne. Ils ont également permis de cerner les traits spécifiques qui dans le monde du second XXe siècle différencient les entreprises européennes[2].

L'atelier de jeunes chercheurs qui s'est tenu à Louvain-la-Neuve les 11-13 juin 2003 et qui est à la base du présent livre s'inscrit bien entendu dans ce courant historiographique, que soutiennent de longue date en Europe les universités de Louvain-la-Neuve, Paris I et IV, Aix-Marseille I, l'École des Hautes Études en Sciences Sociales, la London School of Economics, l'University of Glasgow, la Technische Universität de Munich et bien entendu l'Institut Universitaire Européen. La double question que peut se poser le lecteur au terme du présent ouvrage est de savoir ce que les contributions ici rassemblées apportent de plus

---

[1] Alan S. Milward, *The United Kingdom and the European Community*, vol. I : *The Rise and Fall of a National Strategy 1945-1963*, Londres, Frank Cass, 2003. Le vol. II est en préparation.

[2] Youssef Cassis (dir.), « L'entreprise européenne », *Entreprises et Histoire*, octobre 2003.

que les travaux antérieurs et si, par l'accent mis sur les entreprises, elles permettent de mieux comprendre les refus par la France et la Hollande du traité constitutionnel européen en 2005.

La première nouveauté du livre est évidemment dans l'accent mis par l'ensemble des contributions sur sa thématique : la relation des entreprises au fonctionnement concret de la Communauté économique européenne.

Le second apport du livre est dans les domaines de cette relation qui sont traités. Jusqu'alors nous disposions avant tout de travaux sectoriels sur les charbonnages et sur la sidérurgie, notamment en Allemagne, en Italie et en France. Plus récemment la Belgique est venue au premier plan. En particulier la thèse de Cédric Lomba a mis en lumière la complexité de la gestion de la crise de la sidérurgie belge au tournant des années 1980 entre les entreprises du secteur, les forces politiques et syndicales en Belgique et les institutions européennes[3]. La thèse en cours de Roch Hannecart étudie les mêmes problèmes pour les charbonnages belges durant une période antérieure[4]. Au niveau européen la thèse de Tobias Witschke s'est focalisée sur l'évolution du contrôle des fusions par la CECA, montrant comment elle a permis une « reconcentration » de la sidérurgie de la Ruhr[5]. On peut prévoir sans grand risque de se tromper que l'acquisition par la firme indienne Mittal du champion européen de droit luxembourgeois Arcelor en 2006 donnera un élan supplémentaire à des recherches sur la sidérurgie. Le présent livre innove d'abord en couvrant l'émergence très graduelle d'éléments constitutifs du système des affaires européen en construction : le lent passage des champions nationaux à des champions européens à la faveur des économies d'échelle rendues possibles par l'émergence du grand marché européen, la régulation croissante des aides d'État par la Commission de Bruxelles, le long blocage de l'ambitieux statut de société européenne jusqu'à l'entrée en application d'un règlement et d'une directive bien plus modestes en 2004, la difficile harmonisation de la fiscalité indirecte vue à travers l'opinion des industriels britanniques, pris entre leurs critiques à l'égard de la fiscalité nationale et leurs incertitudes vis-à-vis de la fiscalité européenne. On est frappé par la conver-

---

[3] Cédric Lomba, « L'incertitude stratégique au quotidien : trajectoire d'entreprise et pratique de travail. Le cas de l'entreprise sidérurgique Cockerill-Sambre, 1978-1998 », thèse de doctorat de sociologie, École des Hautes Études en Sciences Sociales, 2001.

[4] En préparation à l'Institut universitaire européen.

[5] Tobias Witschke, « Gefahr für den Wettbewerb ? Die Fusionskontrolle der Europäischen Gemeinschaft für Kohle und Stahl (EGKS) und die Rekonzentration der Ruhrstahlindustrie 1950-1963 », thèse de doctorat d'histoire, Institut universitaire européen, 2003.

gence entre ces différentes approches et d'autres travaux récents sur les réponses communautaires aux changements dans les entreprises[6].

Le présent livre innove ensuite par la place qu'il accorde à l'industrie automobile et au transport routier. Il se situe ici clairement dans le sillage des recherches impulsées par le GERPISA, réseau que le sociologue Michel Freyssenet et moi avons créé en mars 1981 et qui est devenu international en 1991[7]. En son sein a du reste été créé en 2003 un groupe de travail sur l'État, la politique et l'industrie automobile, connu sous le sigle anglais SAPAI, dans lequel on retrouve des contributeurs de la rencontre de Louvain[8]. Les articles rassemblés ici montrent l'importance concrète de deux enjeux centraux pour les entreprises qui tous deux sont bien antérieurs à la création du Marché commun : les tarifs douaniers et les normes techniques pour le transport routier[9]. L'article sur l'impact des tarifs douaniers européens sur la politique de produits de Fiat de Giuliano Maielli est très neuf. Il met en évidence les tentatives de Fiat et Renault entre 1962 et 1965 pour persuader la Commission européenne d'introduire des quotas de production dans l'industrie automobile européenne, puis il suggère qu'après 1968 la protection douanière est remplacée par une protection de marché imposée par les constructeurs européens grâce à une collusion implicite. Il montre en parallèle les déchirures internes à Fiat entre les ingénieurs des études et recherches et les commerciaux sur les implications de tout ceci en matière de politique des produits. Cependant il gagnerait à être replacé dans une durée plus longue et à souligner l'élargissement à l'Europe de l'intérêt ancien de Fiat pour les politiques publiques. De même il pourrait être utilement rapproché du beau livre que le gestionnaire français Rodolphe Greggio a tiré de sa thèse de doctorat sur « croissance externe horizontale et cohérence stratégique : le cas du groupe Fiat dans l'auto-

---

[6]   Stéphane de La Rosa, « Aperçu des réponses normatives du droit communautaire aux changements de l'entreprise », *Entreprises et Histoire*, juin 2004, p. 45-57.

[7]   Michel Freyssenet, « Formes de coopération en sciences sociales et résultats de recherche. Brèves remarques sur deux réseaux interdisciplinaires et internationaux : l'IMVP et le GERPISA », *Genèses*, juin 2001, p. 128-144 ; « La caractérisation des modèles d'entreprise par une approche comparative pluridisciplinaire : l'expérience du GERPISA », *Entreprises et Histoire*, juin 2004, p. 7-13.

[8]   Voir également les travaux en cours de Sigfrido Ramirez Perez, doctorant en histoire à l'Institut universitaire européen de Florence.

[9]   Cf. Mira Wilkins, « Multinational Automobile Enterprises and Regulation: an Historical Overview », in Douglas H. Ginsburg and William J. Abernathy (eds.), *Government, Technology, and the Future of the Automobile*, New York, McGraw-Hill, 1980. Bien que déjà ancien, ce gros livre est encore plein d'intérêt pour les sujets abordés dans le présent livre.

mobile »[10]. Au-delà de Fiat, une vue plus large du secteur devrait comparer les attitudes des Européens et celles des Américains, en prenant appui sur le grand article de l'historien anglais Steven Tolliday sur les difficultés initiales d'adaptation des firmes multinationales américaines de l'automobile au Marché Commun et, en conséquence, sur la transformation de la gamme de Ford en Europe dans les années 1960[11]. Les articles de Marine Moguen-Toursel et Jean-François Grevet sur le transport routier, eux aussi très originaux, mettent en lumière les compromis difficiles, la référence aux usages américains et le délicat apprentissage qui ont marqué l'élaboration puis la transformation des normes européennes successives. On voit ainsi se faire jour la préoccupation du développement durable.

Cependant on peut aussi les lire dans une autre perspective, et les relier alors à l'article d'Arthe Van Laer sur l'ouverture des marchés publics en Europe dans l'informatique et les télécommunications. La question qu'en effet posent en commun ces trois textes est de savoir pourquoi sur des sujets très sensibles (les normes routières, la politique de commandes publiques de matériel informatique ou de télécommunications) la Communauté Européenne met des années et des années à s'accorder pour prendre une décision, avec toutes les conséquences que de tels délais peuvent avoir sur la compétitivité des produits et des firmes européens : par exemple, l'Europe doit ainsi dire adieu aux grands ordinateurs. Tous ces textes font valoir un certain nombre d'explications pertinentes : le fait que la Communauté européenne reproduit les pratiques de prise de décision des organisations internationales (Marine Moguen fait par exemple référence à celles de la Commission économique pour l'Europe des Nations unies), les désaccords entre producteurs nationaux d'une même branche (thème commun à Marine Moguen et Jean-François Grevet), les désaccords entre ministères d'un même pays (Arthe Van Laer), l'extraordinaire complexité, voire la difficulté, des coopérations et alliances entre firmes à l'échelle de l'Europe occidentale, l'inégale capacité des firmes à mener des grandes manœuvres, la précarité des premiers lobbies installés à Bruxelles (comme l'ADPVI pour le poids lourd), l'importance des problèmes techniques en eux-mêmes, qu'aucun interlocuteur ne maîtrise vraiment tout à fait, l'ampleur des restructurations nécessaires et, comme on pouvait s'y

---

[10] Rodolphe Greggio, *Fiat, une crise automobile. Croissance externe et management de marque*, Paris, Éditions de l'Officine, 2003.

[11] Steven Tolliday, "American Multinationals and the Impact of the Common Market : Cars and Integrated Markets, 1954-1967", in Franco Amatori, Andrea Colli and Nicola Crepas (eds.), *Deindustrialization and Reindustrialization in 20th Century Europe*, Milan, Franco Angeli, 1999.

attendre, le caractère difficilement réductible de certaines oppositions entre États, comme on le voit pour les télécommunications. Mais avouons que nous restons un peu sur notre faim sur certains points, qui pourraient constituer les éléments de recherches à venir. Il nous manque encore bien des clés sur l'apprentissage que la Commission fait de son territoire et de ses fonctions (par rapport à la puissance américaine, par rapport aux États membres, par rapport à ses Conseils des ministres et par rapport à sa propre administration), ainsi que sur ses moyens de connaissance et ses outils de gestion. Il est bon de voir émerger les tactiques de la douceur : la Commission fermant les yeux sur des violations caractérisées du traité de Rome pour amener les coupables à résipiscence, les réunions des fonctionnaires spécialistes des États membres, le recours à des institutions internationales fonctionnant bien pour débroussailler un dossier épineux, ce qui permettra ensuite l'élaboration plus facile d'une directive européenne (Arthe Van Laer). Il est bon aussi de voir que dans les années 1967-1970 la Commission a imaginé une « préférence européenne » par le biais d'un groupement européen de commandes publiques de produits de haute technologie (notamment d'une très grande calculatrice) ... et a échoué dans ce projet, devant l'opposition de l'Allemagne. Nous aurions cependant besoin de mieux connaître les fortes personnalités (on voit ici poindre le Britannique Christopher Layton, mais on aimerait voir d'autres Bruxellois à l'œuvre). Nous voudrions savoir si les différents acteurs deviennent les prisonniers de ces discussions à répétition, comme dans les processus économiques de dépendance par le cheminement[12], ou s'il y a des moments – de crise ou de grâce – où ils peuvent réellement mettre un dossier à plat et reprendre la question à fond. Nous voudrions comprendre quel est l'effet du lobbying des entreprises sur les décideurs européens et si certains sont sensibles à l'idéal allemand d'une sphère économique autonome. Nous nous demandons enfin si l'idée d'une association spécifique des plus grandes entreprises européennes – ce que va être l'European Round Table, née en 1982 – ne s'esquisse pas en réponse précisément à ces processus bruxellois parfois d'une longueur vertigineuse[13].

---

[12] W. Brian Arthur, *Increasing Returns and Path Dependence in the Economy*, Ann Arbor, University of Michigan Press, 1994.

[13] Maria Green Cowles, "Setting the Agenda for the New Europe : the ERT and EC 1992", *Journal of Common Market Studies*, December 1995, p. 501-520, "The European Round Table of Industrialists : The Strategic Player in European Affairs", in Justin Greenwood (ed.), *European Business Alliances*, Herts, Prentice-Hall, 1995, p. 225-236, et « L'européanisation de l'action politique des multinationales », *Politique étrangère*, été 1997, p. 309-324.

À vrai dire, dès qu'on a écrit cela, on sent que ces histoires de normes techniques et de commandes publiques, bien que leur premier jet ait été écrit en 2003, éclairent la situation politique créée en 2005. L'Europe économique a pris un rythme de travail, une manière d'avancer qui ne sont pas au diapason de ceux de beaucoup d'entreprises, ni des citoyens. Même les affrontements que l'on trouve dans ces trois textes sont partiellement déconnectés de la pratique des acteurs économiques.

On en tirera deux conclusions, sans doute trop lapidaires. L'une est que le problème ainsi posé ne date pas du refus de la Communauté Européenne de Défense et de l'absence corrélative de construction d'une Europe politique : l'on retrouve ici les séquelles des façons multiples dont les hommes d'affaires du continent se sont mis à penser la construction européenne depuis la fin du XIXe siècle[14]. L'autre est que sur ces bases néanmoins entre entreprises, fonctionnaires, commissaires et ministres des normes ont quand même fini par se créer successivement et quelques politiques communes s'esquisser, mais plus défensives qu'offensives et ne reposant pas toujours sur une solidarité effective entre les nations européennes. Ce livre montre donc que, contrairement à certaines vues à la mode, un marché concurrentiel a besoin de règles pour être véritablement efficace. Mais l'exécutif bruxellois qui les élabore et les négocie est presque toujours pris entre deux feux : son désir de stratégie à part entière et les pressions des entreprises et des États. Jusqu'ici l'Europe des nations a donc surtout été une longue patience.

---

[14] Patrick Fridenson, « Yoropa Tengou niokeru Furansu. Seijika no Yoropa ka Kigiyo no Yoropa ka (1920-1990) », in Yoichi Kibata (ed.), *Yoropa Tougou to kokusai kankei*, Tokyo, Nihon Keizai Hyoronsha, 2005, p. 35-52.

Postface

Patrick FRIDENSON

Directeur d'études
École des Hautes Études en Sciences Sociales

For a long time firms have been put aside in many publications on the history of European integration by statesmen and high-ranking officials who conceived, negotiated, and implemented the Community framework. Another level of study appeared more recently: that of long term policies led by Nation-States toward European integration[1]. Nevertheless, from different angles, in particular in Belgium, Italy, Germany, the United Kingdom, France, and also the United States, works which give back to firms and professional organisations (usually also called employers' associations) a role in the implementation and development of what has been called for a long time the European Economic Community, before giving birth to the European Union, are becoming more common. These works have also made it possible to highlight the characteristics which in the second part of the XXth century distinguished European firms from others[2].

The workshop of young researchers which was held in Louvain-la-Neuve on June, 11-13, 2003, and on which this collective book is based, is obviously situated in this historiographical wave which has been supported for a long time in Europe by the universities of Louvain-la-Neuve, Paris I and IV, Aix-Marseille I, the École des Hautes Études en Sciences Sociales, the London School of Economics, the University of Glasgow, the Technische Universität of Munich and, of course, the European University Institute. The twin question that the reader can have after the lecture of this book is to know what the present contribu-

---

[1] Alan S. Milward, *The United Kingdom and the European Community*, vol. I: *The Rise and Fall of a National Strategy 1945-1963*, London, Frank Cass, 2003. The second volume is currently being prepared.

[2] Youssef Cassis (dir.), « L'entreprise européenne », *Entreprises et Histoire*, octobre 2003.

261

tions have brought more than precedent works and if, by their emphasis put on firms, they have given the possibility to better understand the "no" of France and the Netherlands to the European constitutional treaty in 2005.

The first novelty of this book is obviously its central issue: the relationship between the firms and the real functioning of the European Economic Community highlighted in all the contributions.

The second interest of this book lies in the sectors studied. Until now we have seen mostly sectoral work on coal and steel, in particular in Germany, Italy, and France. More recently, Belgium has come to the forefront. Cédric Lomba's PhD, in particular, highlighted the complexity of the way the different actors interacted as sectoral firms, political and trade-union forces in Belgium, and European institutions dealt with the crisis of the Belgian steel industry around the 1980s[3]. The current PhD of Roch Hannecart studies the same issues for Belgian coal industries in an earlier period[4]. At the European level, Tobias Witschke's PhD focussed on the evolution of the control of mergers by the ECSC authorities, showing how it allowed a "reconcentration" of the steel industry of the Ruhr[5]. We can predict without taking a big risk that the purchase by the Indian firm Mittal of the European champion Arcelor in 2006 under the laws of Luxemburg will give a new drive to research on the steel industry. The current book innovates first while covering the very progressive emergence of elements shaping the European business system under construction: the slow transformation of national champions into European champions thanks to economies of scale made possible by the emergence of a big European market, the growing regulation of state aids by the Commission in Brussels, the persistent absence of implementation of the ambitious statute of a European society until the issuing of a much more modest regulation and directive in 2004, the difficult harmonisation of indirect taxation considered through the opinion of British industrialists, who were at the same time critical about their national taxation and uncertain vis-à-vis European taxation. We are struck by the convergence between these different approaches

---

[3]   Cédric Lomba, « L'incertitude stratégique au quotidien : trajectoire d'entreprise et pratique de travail. Le cas de l'entreprise sidérurgique Cockerill-Sambre, 1978-1998 », PhD in sociology, École des Hautes Études en Sciences Sociales, 2001.

[4]   Ph.D. in progress at the European University Institute.

[5]   Tobias Witschke, « Gefahr für den Wettbewerb ? Die Fusionskontrolle der Europäischen Gemeinschaft für Kohle und Stahl (EGKS) und die Rekonzentration der Ruhrstahlindustrie 1950-1963 », PhD in history, European University Institute, 2003.

and other recent works on Community answers to changes achieved in firms[6].

In addition the present book innovates by the place it gives to the automobile industry and road transport. It is clearly situated in the wave of research driven by the GERPISA network that the sociologist Michel Freyssenet and I have created in March 1981 and which became international in 1991[7]. Within its framework a working group was created on the state, politics and automobile industry, known according to its English abbreviation as SAPAI, in which contributors to the Louvain meeting are working[8]. Current contributions show the real importance of two major points for firms which both appeared before the creation of the Common Market: tariffs and technical standards for road transport[9]. The article dealing with the impact of European tariffs on the product policy of Fiat written by Giuliano Maielli is really innovative. It highlights the attempts of Fiat and Renault between 1962 and 1965 to persuade the European Commission to introduce production quotas in the European car industry, and then it suggests that after 1968 the tariff protection was replaced by a market protection imposed by European car makers thanks to implicit collusion. It shows in parallel the opposition inside the firm between research engineers and marketing staff on the implications in terms of product policy. Nevertheless it would be worth placing the article in a longer perspective and to underline the enlargement to a European level of Fiat's existing interest in public policy. Similarly, it could usefully be compared with the book that the French specialist in management Rodolphe Greggio has drawn from his PhD on "external horizontal growth and strategic coherence: the case-study of the Fiat group in the automobile industry"[10]. Beyond Fiat, a broader view of the sector should compare the attitudes of Europeans

---

[6] Stéphane de La Rosa, « Aperçu des réponses normatives du droit communautaire aux changements de l'entreprise », *Entreprises et Histoire*, June 2004, p. 45-57.

[7] Michel Freyssenet, « Formes de coopération en sciences sociales et résultats de recherche. Brèves remarques sur deux réseaux interdisciplinaires et internationaux : l'IMVP et le GERPISA », *Genèses*, June 2001, p. 128-144 and « La caractérisation des modèles d'entreprise par une approche comparative pluridisciplinaire : l'expérience du GERPISA », *Entreprises et Histoire*, June 2004, p. 7-13.

[8] See also work in progress by Sigfrido Ramirez Perez, PhD student in history at the European University Institute in Florence.

[9] Cf. Mira Wilkins, « Multinational Automobile Enterprises and Regulation: An Historical Overview », in Douglas H. Ginsburg and William J. Abernathy (eds.), *Government, Technology, and the Future of the Automobile*, New York, McGraw-Hill, 1980. Although quite ancient, this heavy book is still full of interest for the issues considered in the present book.

[10] Rodolphe Greggio, *Fiat, une crise automobile. Croissance externe et management de marque*, Paris, Éditions de l'Officine, 2003.

and Americans, beginning with the major article by the English historian Steven Tolliday on the initial adaptation difficulties of American car multinationals to the Common Market, and consequently, on the transformation of Ford's range of products in Europe during the 1960s[11]. The contributions of Marine Moguen-Toursel and Jean-François Grevet on road transport, also very original, highlight the difficult compromises, the reference to American practices and the ticklish learning which influenced first the elaboration, and then the transformation, of successive European standards. And appears the preoccupation of sustainable development.

They can also be read from another perspective and then be related to the article of Arthe Van Laer on the opening of public markets in Europe for computer and telecommunications industries. The question which is common to these three texts is to know why on very sensitive issues (road standards, the policy of public procurement of computer or telecommunications material) the European Community was so slow to reach a common decision, with all the consequences that such delays could provoke for the competitiveness of European products and firms: for instance, Europe has to forget any ambition concerning big computers. All these contributions bring some relevant explanations: the fact that the European Community reproduced the decision-making process of international organisations (Marine Moguen quotes, for instance, that of the European Economic Commission of the United Nations), disagreements between national industrialists of a same sector (issue that Marine Moguen and Jean-François Grevet develop in parallel), disagreements between ministries of a same country (Arthe Van Laer), extraordinary complexity, if not difficulty, of co-operations and alliances between firms at a European level, the unequal capacity of firms to lead big manœuvres, the simplicity of the first lobbies implemented in Brussels (as the ADPVI for heavy goods vehicle), the importance of technical problems in themselves, that no interlocutor has really under control, the broadness of necessary restructurations and, as we could have assumed, some oppositions between national states almost impossible to overcome, as we can see for telecommunications. But we would have expected more on some points, which could constitute elements for coming researches. We still miss explanatory tools on the learning by the European Commission of its territory and its functions (in relation to the American power, to the member states, to the Councils of Ministers

---

[11] Steven Tolliday, "American Multinationals and the Impact of the Common Market : Cars and Integrated Markets, 1954-1967", in Franco Amatori, Andrea Colli and Nicola Crepas (eds.), *Deindustrialization and Reindustrialization in 20th Century Europe*, Milan, Franco Angeli, 1999.

and to its own administration), as well as on its ways of knowledge and management tools. We appreciate to see some tactics of mildness emerge: the Commission ignoring obvious infringements of the Treaty of Rome during the period of time necessary for guilty people to modify their attitudes, meetings of civil servants from the member states specialised in these matters, reference to international institutions which are well working in order to make some improvements on difficult subjects, which would afterwards allow an easier elaboration of a European directive (Arthe Van Laer). We also appreciate to see during the years 1967-1970 that the Commission thought of a « European preference » through the European association of public procurement of high technological products (in particular a very big computer) … and failed in its project, because of the German opposition. We would need a better knowledge of key people in the European Institutions (we have some indications on the British man Christopher Layton, but we would like to know more about other key high-ranking officials). We would like to know if these different actors became prisoners of these continuous discussions, as in economic process of path dependence[12], or if there are some periods – of crisis or grace – when they really have the ability to put oppositions aside and begin from the very beginning on difficult issues. We would like to understand what the impact of the lobbying of the firms on European leading officials is and if some of them are sensitive to the German ideal of an autonomous economic sphere. Last, we are wondering if the idea of a specific association of the bigger European enterprises – which will become the European Round Table, created in 1982 – is not precisely related to these very slow Brussels decision-making processes[13].

To be honest, having written that, we can feel that these stories of technical standards and public procurement, even if they were first written in 2003, enlighten the political situation created in 2005. Europe has adopted working processes which do not go along with those of most enterprises, or citizens. Even the confrontations that we found in these three texts are partially disconnected from the practice of economic actors.

---

[12] W. Brian Arthur, *Increasing Returns and Path Dependence in the Economy*, Ann Arbor, University of Michigan Press, 1994.

[13] Maria Green Cowles, "Setting the Agenda for the New Europe: the ERT and EC 1992", *Journal of Common Market Studies*, December 1995, p. 501-520; "The European Round Table of Industrialists: The Strategic Player in European Affairs", in Justin Greenwood (ed.), *European Business Alliances*, Herts, Prentice-Hall, 1995, p. 225-236, and « L'européanisation de l'action politique des multinationales », *Politique étrangère*, Summer 1997, p. 309-324.

We can draw two conclusions, which would have probably needed longer explanations. The first one is that the problem considered does not have its origin in the refusal of the European Defence Community and the related lack of elaboration of a political Europe: we found here some elements of the various ways according to which businessmen in Europe have thought the European integration since the end of the XIX[14] century. The other one is that nevertheless some standards have been successively completed by firms, civil servants, commissioners and ministries, and some common policies drafted, but they are more defensive than offensive and they do not always lie on an effective solidarity between European nations. This book shows that, unlike some fashionable ideas, a competitive market needs regulation to be really efficient. But the European administration which elaborates and negotiates these regulations is almost always in the middle of two kinds of tensions: its own strategic plans and the pressures from the firms and the states. Until now the Europe of Nations was therefore mostly a long patience.

---

[14] Patrick Fridenson, « Yoropa Tengou niokeru Furansu. Seijika no Yoropa ka Kigiyo no Yoropa ka (1920-1990) », in Yoichi Kibata (ed.), *Yoropa Tougou to kokusai kankei*, Tokyo, Nihon Keizai Hyoronsha, 2005, p. 35-52.

Liste des contributeurs / Contributors

Julien De Beys

Licencié en droit de l'Université catholique de Louvain (Belgique) et en droit européen de l'Université libre de Bruxelles, Julien De Beys est assistant à la Faculté de droit de l'Université catholique de Louvain. Actuellement aspirant du Fonds national pour la recherche scientifique (FNRS), il prépare une thèse de doctorat sur le contrôle des aides d'État.

Graduated in law at the Université catholique de Louvain (Belgium), Master in European Law at the Université libre de Bruxelles, Assistant at the Faculty of Law of the Université catholique de Louvain, he is currently financed by the Fonds national pour la recherche scientifique (FNRS) for preparing a PhD on the control of state aids.

Contact : julien.debeys@int.ucl.ac.be

Jean-Christophe Defraigne

Jean-Christophe Defraigne (MSc in Economic History à la London School of Economics, docteur en économie de l'Université libre de Bruxelles) est chercheur à l'Institut d'études européennes de l'Université catholique de Louvain. Ses travaux portent sur l'analyse comparative des processus d'intégration régionaux, de leurs liens avec les stratégies des entreprises multinationales et des changements technologiques.

Dr Jean-Christophe Defraigne has completed a MSc in Economic History at the London School of Economics and a PhD in Economics at the Université libre de Bruxelles. He is currently a member of the Institute for European Studies at the Université catholique de Louvain. His research focuses on the comparative analysis of regional integration processes, their links with the strategies of transnational corporations and technological changes.

Contact : jdefraigne@yahoo.com

Patrick Fridenson

Patrick Fridenson est directeur d'études à l'École des Hautes Études en Sciences Sociales (EHESS, Paris). Ses premiers travaux, à l'occasion de sa thèse, ont porté sur l'histoire des usines Renault de 1898 à 1939. Au-delà de son expertise dans l'histoire automobile, il s'est illustré sur des thèmes variés d'histoire économique. Ses recherches en cours portent sur l'histoire économique comparée des industries de consommation au Japon et en France, ainsi que les types nationaux d'industries en France et en Allemagne.

Patrick Fridenson is *directeur d'études* at the École des Hautes Études en Sciences Sociales (EHESS, Paris). Its first studies, completed for its PhD, focussed on the history of the Renault factory from 1898 to 1939. Since he got its expertise in the history of the car industry, he illustrated himself on various issues in economic history. Its current research is dealing with a compared economic history of consumption industries in Japan and in France, as well as national types of industries in France and in Germany.

Contact : Patrick.Fridenson@ehess.fr

Jean-François Grevet

Jean-François Grevet, enseignant en lycée, a soutenu sa thèse en décembre 2005 à l'Université Lille III sous la direction de Jean-Pierre Hirsch. Elle s'intitule : « Au cœur de la révolution automobile : l'industrie du poids lourd du Plan Pons au regroupement Berliet-SAVIEM. Marchés, industries et État en France 1944-1974 ».

Jean-François Grevet, teacher in a secondary school, defended its PhD in December 2005 at the Lille III University. His supervisor was Jean-Pierre Hirsch. It is entitled : « Au cœur de la révolution automobile : l'industrie du poids lourd du Plan Pons au regroupement Berliet-SAVIEM. Marchés, industries et État en France 1944-1974 ».

Contact : jeanfrancois.grevet@free.fr

Giuliano Maielli

Giuliano Maielli est *Lecturer* en management opérationnel et théories de management à l'École des affaires et du management de la Queen Mary University of London. Après des études de sciences sociales, Giuliano a effectué un cours de spécialisation en histoire des entreprises et économie des affaires à l'Université de Bari (Italie). Il a obtenu son doctorat en 2003 en histoire économique auprès de la London School of Economics. Ses domaines de recherche tournent autour de la relation entre l'accumulation en capital corporel, l'investissement en capital incorporel et la prise de décision stratégique dans les grandes entreprises, avec un intérêt particulier pour l'histoire d'entreprise du secteur automobile.

Giuliano Maielli is a Lecturer in Operations Management and Theories of Management at the School of Business and Management at the Queen Mary University of London. Giuliano graduated in Humanities, and completed a post-graduate course (Corso di specializzazione post lauream) in Business History and Business Economics at Bari University. In 2003, he received his PhD in Economic History from the London School of Economics. Giuliano's research interests revolve around the relationship between tangible capital accumulation, intangible capital formation, and strategic decision-making in large-scale manufacturing, with a focus on the Business History of car manufacturing.

Contact : g.maielli@qmul.ac.uk

Frédéric Mertens de Wilmars

Frédéric Mertens de Wilmars, avocat et attaché du Consulat de la Belgique à Valence (Espagne), est doctorant à la faculté de droit de l'Université de Valence et collaborateur scientifique de l'Institut d'études européennes de l'Université catholique de Louvain (Belgique). Le champ actuel de ses investigations concerne les aspects juridiques de la coopération transfrontalière et inter-territoriale en Europe.

Frédéric Mertens de Wilmars, attorney and attaché of the Belgian Consulate of Valencia (Spain), is achieving a PhD at the Faculty of Law of the University of Valencia and he is a scientific collaborator of the Institute for European Studies of the Université catholique de Louvain (Belgium). His main research interests concern the legal aspects of the cross-border and inter-territorial co-operation in Europe.

Contact : fmertens@alumni.uv.es

Marine Moguen-Toursel

Marine Moguen-Toursel est docteur en histoire contemporaine de l'Université Paris X Nanterre. Elle est chercheur au Centre de recherches historiques de l'École des Hautes Études en Sciences Sociales (EHESS). Elle a consacré l'essentiel de ses recherches à la représentation des intérêts industriels auprès des gouvernements nationaux et des institutions européennes. Son étude actuelle porte sur l'innovation, l'appréhension du risque et l'élaboration de standards communautaires pour les industries automobile et du médicament depuis les années 1970.

Marine Moguen-Toursel completed a PhD in contemporary history at the Université Paris X Nanterre. She is currently doing research at the Centre for Historical Research of the École des Hautes Études en Sciences Sociales (EHESS). She worked mostly on the representation of industrial interests upon national governments and European Institutions. Her present research focuses on innovation, risk apprehension and the elaboration of Community standards for automobile and pharmaceutical industries since the 1970s.

Contact : Marine.Moguen-Toursel@ehess.fr

Neil Rollings

Neil Rollings, docteur en histoire, est *Senior Lecturer* au département d'histoire économique et sociale de l'Université de Glasgow. Ses principaux domaines de recherche concernent l'industrie britannique et l'intégration européenne et, plus généralement, la politique économique britannique depuis 1945.

Dr Neil Rollings is Senior Lecturer in the Department of Economic and Social History, University of Glasgow. His main research interests are British industry and European integration and, more generally, British economic policy since 1945.

Contact : econnr@arts.gla.ac.uk

Arthe Van Laer

Arthe Van Laer est doctorante en histoire à l'Université catholique de Louvain, aspirante du Fonds national pour la recherche scientifique (FNRS). Sa thèse porte sur la politique des Communautés européennes dans le secteur des technologies de l'information et des télécommunications (1965-1984).

Arthe Van Laer is doing a PhD in history at the Université catholique de Louvain financed by the Fonds national de la recherche scientifique (FNRS). Her thesis deals with the European Communities policy in the sector of information technologies and telecommunications (1965-1984).

Contact : vanlaer@euro.ucl.ac.be

Index

EUROCLIO – Ouvrages parus – Published Books

N° 37 – *Stratégies d'entreprise et action publique dans l'Europe intégrée (1950-1980). Affrontement et apprentissage des acteurs. Firm Strategies and Public Policy in Integrated Europe (1950-1980). Confrontation and Learning of Economic Actors.* Marine MOGUEN-TOURSEL (ed.), 2007.

N° 36 – *Quelle(s) Europe(s)? Nouvelles approches en histoire de l'intégration européenne / Which Europe (s)? New Approaches in European Integration History.* Katrin RÜCKER & Laurent WARLOUZET (dir.), 2006, 2ᵉ tirage / 2ⁿᵈ printing 2007.

N° 35 – *Milieux économiques et intégration européenne au XXᵉ siècle. La crise des années 1970. De la conférence de La Haye à la veille de la relance des années 1980.* Éric BUSSIÈRE, Michel DUMOULIN & Sylvain SCHIRMANN (dir.), 2006.

N° 34 – *Europe organisée, Europe du libre-échange ? Fin XIXᵉ siècle - Années 1960.* Éric BUSSIÈRE, Michel DUMOULIN & Sylvain SCHIRMANN, 2006.

N° 33 – *Les relèves en Europe d'un après-guerre à l'autre. Racines, réseaux, projets et postérités.* Olivier DARD et Étienne DESCHAMPS, 2005.

N° 32 – *L'Europe communautaire au défi de la hiérarchie.* Bernard BRUNETEAU & Youssef CASSIS (dir.), 2007.

N° 31 – *Les administrations nationales et la construction européenne. Une approche historique (1919-1975).* Laurence BADEL, Stanislas JEANNESSON & N. Piers LUDLOW (dir.), 2005.

N° 30 – *Faire l'Europe sans défaire la France. 60 ans de politique d'unité européenne des gouvernements et des présidents de la République française (1943-2003).* Gérard BOSSUAT, 2005, 2ᵉ tirage 2006.

N° 29 – *Réseaux économiques et construction européenne – Economic Networks and European Integration.* Michel DUMOULIN (dir.), 2004.

N° 28 – *American Foundations in Europe. Grant-Giving Policies, Cultural Diplomacy and Trans-Atlantic Relations, 1920-1980.* Giuliana GEMELLI and Roy MACLEOD (eds.), 2003.

N° 27 – *Inventer l'Europe. Histoire nouvelle des groupes d'influence et des acteurs de l'unité européenne.* Gérard BOSSUAT (dir.), avec la collaboration de Georges SAUNIER, 2003.

N° 25 – *American Debates on Central European Union, 1942-1944. Documents of the American State Department.* Józef LAPTOS & Mariusz MISZTAL, 2002.

N° 23 – *L'ouverture des frontières européennes dans les années 50. Fruit d'une concertation avec les industriels ?* Marine MOGUEN-TOURSEL, 2002.

N° 22 – *Visions et projets belges pour l'Europe. De la Belle Époque aux Traités de Rome (1900-1957).* Geneviève DUCHENNE, 2001.

N° 21 – *États-Unis, Europe et Union européenne. Histoire et avenir d'un partenariat difficile (1945-1999) – The United States, Europe and the European Union. Uneasy Partnership (1945-1999).* Gérard BOSSUAT & Nicolas VAICBOURDT (eds.), 2001.

N° 20 – *L'industrie du gaz en Europe aux XIXᵉ et XXᵉ siècles. L'innovation entre marchés privés et collectivités publiques.* Serge PAQUIER et Jean-Pierre WILLIOT (dir.), 2005.

N° 19 – *1848. Memory and Oblivion in Europe.* Charlotte TACKE (ed.), 2000.

N° 18 – *The "Unacceptables". American Foundations and Refugee Scholars between the Two Wars and after.* Giuliana GEMELLI (ed.), 2000.

N° 17 – *Le Collège d'Europe à l'ère des pionniers (1950-1960).* Caroline VERMEULEN, 2000.

N° 16 – *Naissance des mouvements européens en Belgique (1946-1950).* Nathalie TORDEURS, 2000.

N° 15 – *La Communauté Européenne de Défense, leçons pour demain ? The European Defence Community, Lessons for the Future?* Michel DUMOULIN (ed.), 2000.

N° 12 – *Le Conseil de l'Europe et l'agriculture. Idéalisme politique européen et réalisme économique national (1949-1957).* Gilbert NOËL, 1999.

N° 11 – *L'agricoltura italiana e l'integrazione europea.* Giuliana LASCHI, 1999.

N° 10 – *Jalons pour une histoire du Conseil de l'Europe. Actes du Colloque de Strasbourg (8-10 juin 1995).* Textes réunis par Marie-Thérèse BITSCH, 1997.

N° 9 – *Dynamiques et transitions en Europe. Approche pluridisciplinaire.* Claude TAPIA (dir.), 1997.

N° 8 – *Le rôle des guerres dans la mémoire des Européens. Leur effet sur leur conscience d'être européen.* Textes réunis par Antoine FLEURY et Robert FRANK, 1997.

N° 7 – *France, Allemagne et « Europe verte ».* Gilbert NOËL, 1995.

N° 6 – *L'Europe en quête de ses symboles.* Carole LAGER, 1995.

N° 5 – *Péripéties franco-allemandes. Du milieu du XIXᵉ siècle aux années 1950. Recueil d'articles.* Raymond POIDEVIN, 1995.

N° 4 – *L'énergie nucléaire en Europe. Des origines à l'Euratom.* Textes réunis par Michel DUMOULIN, Pierre GUILLEN et Maurice VAÏSSE, 1994.

N° 3 – *La ligue européenne de coopération économique (1946-1981). Un groupe d'étude et de pression dans la construction européenne.* Michel DUMOULIN et Anne-Myriam Dutrieue, 1993.

N° 2 – *Naissance et développement de l'information européenne.* Textes réunis par Felice DASSETTO, Michel DUMOULIN, 1993.

N° 1 – *L'Europe du patronat. De la guerre froide aux années soixante.* Michel DUMOULIN, René GIRAULT, Gilbert TRAUSCH, 1993.

Réseau européen Euroclio
avec le réseau SEGEI

Euroclio European Network
together with the SEGEI Network

Coordination : Chaire Jean Monnet d'histoire
de l'Europe contemporaine (Gehec)
Collège Erasme, 1, place Blaise-Pascal, B-1348 Louvain-la-Neuve

Allemagne/Germany
Jürgen Elvert
Wilfried Loth

Belgique/Belgium
Julie Cailleau
Jocelyne Collonval
Yves Conrad
Gaëlle Courtois
Pascal Deloge
Geneviève Duchenne
Vincent Dujardin
Michel Dumoulin
Roch Hannecart
Pierre-Yves Plasman
Béatrice Roeh
Corine Schröder
Caroline Suzor
Pierre Tilly
Arthe Van Laer
Jérôme Wilson
Natacha Wittorski

Espagne/Spain
Enrique Moradiellos
Mercedes Samaniego Boneu

France
Françoise Berger
Marie-Thérèse Bitsch
Gérard Bossuat
Éric Bussière
Jean-François Eck
Catherine Horel
Philippe Mioche
Marine Moguen-Toursel
Sylvain Schirmann
Matthieu Trouvé
Laurent Warlouzet
Emilie Willaert

Hongrie/Hungary
Gergely Fejérdy

Italie/Italy
David Burigana
Elena Calandri
Eleonora Guasconi
Luciano Segretto
Antonio Varsori

**Luxembourg/
Luxemburg**
Charles Barthel
Etienne Deschamps
Jean-Marie Kreins
René Leboutte
Robert Philippart
Corine Schröder
Gilbert Trausch

**Pays-Bas/
The Netherlands**
Anjo Harryvan
Jan W. Brouwer
Jan van der Harst

Pologne/Poland
Józef Laptos
Zdzisiaw Mach

Suisse/Switzerland
Antoine Fleury
Lubor Jilek